新三板系列丛书

新三板研究

全国股转系统课题成果选编 2018

谢 庚 徐 明 主编

中国金融出版社

责任编辑：石　坚
责任校对：李俊英
责任印制：陈晓川

图书在版编目（CIP）数据

新三板研究：全国股转系统课题成果选编 2018 / 谢庚，徐明主编. —北京：中国金融出版社，2019. 10
(新三板系列丛书)
ISBN 978－7－5220－0222－4

Ⅰ. ①新…　Ⅱ. ①谢…②徐…　Ⅲ. ①中小企业—企业融资—科研课题—成果—汇编—中国—2018　Ⅳ. ①F279. 243

中国版本图书馆 CIP 数据核字（2019）第 167125 号

新三板研究：全国股转系统课题成果选编 2018
Xinsanban Yanjiu：Quanguo Guzhuan Xitong Keti Chengguo Xuanbian 2018
出版
发行　中国金融出版社
社址　北京市丰台区益泽路 2 号
市场开发部　(010)63266347，63805472，63439533（传真）
网 上 书 店　http：//www. chinafph. com
(010)63286832，63365686（传真）
读者服务部　(010)66070833，62568380
邮编　100071
经销　新华书店
印刷　北京市松源印刷有限公司
尺寸　185 毫米×260 毫米
印张　20. 75
字数　300 千
版次　2019 年 10 月第 1 版
印次　2019 年 10 月第 1 次印刷
定价　58. 00 元
ISBN 978－7－5220－0222－4
如出现印装错误本社负责调换　联系电话(010)63263947

丛书序

中小微企业是推动我国经济发展不可或缺的力量，是创业就业的主要领域、技术创新的重要主体、国家税收的重要来源。党中央、国务院始终高度重视金融服务实体经济，尤其是民营中小微企业的发展。在这一背景下，新三板市场应运而生。目前，整个市场民营企业占比93%，中小微企业占比94%，新三板已成为服务民营企业、中小微企业的主阵地。

自2013年成立以来，新三板始终不忘初心，坚持服务创新型、创业型、成长型中小微企业的市场定位，汲汲以求探索资本市场服务中小微企业的有效路径。以支持实体为使命，以改革创新为钥匙，不断提升服务挂牌企业的各项功能。面对资本市场的改革开放，面对新时代下的新使命，我们矢志不渝，我们一直努力。

2019年，我们隆重推出“新三板系列丛书”，希望其能成为凝聚共识、引领新三板市场建设的专业智库，成为指导改革实践的决策内参，成为汇聚产学研各方智慧的桥梁纽带。“新三板系列丛书”由“市场发展报告系列”“研究课题系列”“制度规则系列”“市场服务系列”几个子系列组成。其中，“市场发展报告系列”为每年的市场发展报告；“研究课题系列”以每年的委托课题研究成果为主要内容；“制度规则系列”是向市场出版最权威的制度规则指引；

“市场服务系列”是针对新三板业务中广受关注的疑难问题，形成汇编和总结。推出“新三板系列丛书”的目的是更好地服务挂牌公司、中介机构、投资者等市场参与主体。当然，这个系列是开放的，未来会动态成长。

我们希望，“新三板系列丛书”成为一扇开放的窗户，通过这扇窗户，市场各方能对新三板市场有更加深刻的了解；也希望“新三板系列丛书”成为一根紧实的纽带，连接着投融资两端，连接着市场各方。真诚地期待学界业界各位专家能多多关心支持“新三板系列丛书”，共同参与谱写资本市场蓬勃发展的新篇章！

丛书编辑部
2019 年 8 月

前　言

资本市场通过发挥优化资源配置的功能，在服务实体经济方面发挥了重要作用。交易场所作为连接投资者、企业、中介机构等各方的纽带，通过为资本市场功能发挥提供了平台。新三板作为我国多层次资本市场的重要组成部分，是改革创新的产物。新三板不断进行制度、业务、服务、监管模式创新，市场发展迅速，业务线条多样，服务了万家企业。

为促成市场各方加深对新三板市场改革思路和具体实施路径的理解、凝聚共识，扩大市场影响力，增加外界对新三板的关注度，进而形成研究合力，全国股转公司自2018年起实施年度对外委托课题研究计划，本书收录其中三篇研究成果。

北京大学课题组就公众公司的制度机理与监管规则开展了研究。通过对海外法域公众公司制度与监管规则的梳理，分析新三板挂牌公司监管问题及成因，并对新三板相关制度改革提出参考建议。核心结论是现行《证券法》为新三板制度建设提供法理支持不足，新三板制度建设所需的《公司法》法源的后劲不足，并建议新三板市场改革需尽快引入公众公司法律制度安排。

武汉大学课题组就资本市场服务创新型中小微企业的境外实践与启示开展了研究。通过分析美国资本市场实践发现，为支持新经济企业的发展，监管机构和交易所不断创新监管模式和服务模式。结合我国创新发展战略背景，提出新三板市场在服务创新型企业发展过程中应在满足企业融资、流动性需求的基础上，实施差异化的服务机制的建议。

上海华证指数信息服务有限公司就新三板市场指数编制理论与实践开展了研究。通过结合境外小市值股票指数发展实践，立足于新三板市场定位和挂牌公司特征，采用非活跃股票估值方法，并引入 ESG 因子，探索构建了适用于新三板市场的指数编制方法。

目　录

第一篇

公众公司的制度机理与监管规则研究*

* 本课题承接方为北京大学。课题负责人：洪艳蓉；课题组成员：孙点婧、彭雨晨、李忱、宋悦、白芸、万子芊。

摘　要

原初意义上，公众公司是公司章程对股票转让作出限制的股份有限公司，晚近以来，作为本质上隐含着面向资本市场属性的公众公司，其被赋予向社会公众发出公开募集资金或者公开交易股票的内涵，从而建立起与资本市场，尤其是多层次资本市场相辅相成、共同繁荣的密切联系。

从海外法域经验来看，公众公司是英美法系的用法，但晚近以来大陆法系在资本市场及其法制建设上深受前者影响，已在相关立法上呈现对公众公司制度的认同。就公众公司的类型而言，存在着法律规定的公众公司和事实形成的公众公司两种类型，前者主要是指因公开发行同时也获得公开交易权的股份有限公司，以及虽未经历公开发行，但在各证券交易场所公开交易的股份有限公司，后者是指从社会经济意义上考虑，具备一定的总资产规模且股东人数达到一定数量，存在较大公共性的股份有限公司，一旦其在这些指标上不符合，将不再作为公众公司进行监管。

基于公众公司与资本市场的密切联系，其界定及持续监管更多的是由证券法制统筹。公众公司的监管基于公共利益监管理论，并在晚近以来引入公共选择理论，建立多元化的监管主体进行协作监管，其中以上市公司的监管为典型代表；在监管举措上，基于“有效市场假说”理论采用强制信息披露规则建立“卖者有责”与“买者自慎”相结合的市场秩序。基于公众公司的多样性，我国多层次资本市场在监管规则的设计中奉行分类监管和差异化信息披露的理念。从具体的监管内容看，既包括对公众公司一般公众性要素的登记与公开，也包括对公众公司证券公开发行/公开交易情况的信息披露要求，以及便于社会公众参与的公司治理机制与外部监督等监管内容。在这些监管事项上，可以基于公众公司的大中小规模及其他特征，进一步细分市场，精细化监管要求，从而更好地节约公司的监管负担并体现监管的有效性。在不同证券交易场所交易的公众公司股票，由于其股票交易的公开性，在符合所在市场准入条件的情况下，可以通过不同市场之间建立的快速通道实现转板，以充分利用多层次资本市场服务于公众公司的需求。

我国新三板市场设立之初，为加大资本市场对中小微企业的包容和支持力度，允许不经公开发行而直接挂牌、设置包容性的挂牌准入条件，并建立快速、小额、灵活的定向发行制度等，同时考虑中小微企业风险相对较高，从平稳起步考虑，设置了500万元的自然人投资者准入门槛。市场发展前期，前述制度安排有力地支持了中小微企业挂牌融资，但随着市场的发展和企业需求的变化，相关制度安排与企业需求的契合度有所下降。挂牌公司作为公众公司无法进行公开发行，不仅无法满足其融资需求，更影响市场功能和参与主体的预期，加之市场投资者数量极为有限，导致许多公司挂牌后股权分散度未有实质增加。新三板市场发展亟须制度层面的改革。针对现行《证券法》为新三板制度建设提供的法理支持不足，《公司法》法源的后劲不足等问题，后续可以引入公众公司制度丰富我国公司监管类型，建立公开发行与公开交易之间的有机联系，对应于多层次资本市场发展的需要而构建我国行之有效的公众公司监管机制。针对挂牌公司众多而带来的监管考验问题，可以引入公众公司标准分流挂牌公司并建立豁免信息披露的公众公司标准，从中挑选符合条件的公司成为新三板重点扶持的中小微公司，同时对股东人数未能达到“公众性”标准的股份有限公司，适当减少监管介入，并保持在反欺诈上对投资者的救济。此外，根据市场化处置原则进一步完善退市系统和摘牌公司的管理，将有限的监管资源集中用于发展新三板预定的政策目标。

第一章 引 言

公司制促使人们从事商业活动的组织形式从行会、合伙等类别逐步走向更为规范和体系完整的公司形式，[①] 有限责任的引入极大地调动了社会闲置资金参与投资，促进了现代商业的发展与繁荣。公司作为一种社团组织，几百年逐步发展出适应现代商业发展的属性，特别是体现为社会个别资本集中形态的股份制、[②] 有限责任、法定资本制、信息公开、公司治理等相关要素的引入，进一步完善了公司的经济和社会公功能，最终使之成为商业社会主流的组织形式。

在现代，公司作为法律规定的产物，需经过登记方可成立，取得相应的法人资格。各国基于其历史传统、法制环境及国家行政管理权力分配等，在公司设立及管理的操作上不尽相同，但晚近以来，随着社会经济生活的日益深化、跨国公司的发展以及世界经济一体化联系的加强，各国均立足于繁荣商业的经济目的，通过放松行政管制，给予商业组织更多自治来激发其活力和竞争力；与此同时，金融作为子系统已在现代经济社会占据核心地位，维护作为公司股东/债权人的投资者的信心，保障金融市场的安全稳健发展，也已成为监管者的工作重心。如此，在充分激发公司活力，减轻公司监管负担与保护投资者之间做好平衡，是监管者在推动商业发展和繁荣资本市场目标上最重要的工作，

① 罗纳德·拉尔夫·费尔摩里．现代公司法之历史渊源［M］．虞政平，译．北京：法律出版社，2007.

② 大冢久雄．股份公司发展史论［M］．胡企林，等，译．北京：中国人民大学出版社，2002.

从而也使现代公司处于《公司法》和《证券法》一体两面监管体制格局的特色更显明。

正如早稻田大学的上村达男教授所指出的，“与其他企业形态相比，股份公司这一企业形态的显著特征在于能够运用巨大的证券市场”，资本市场的改革、股份公司法的改革必须是“为股份公司制度有效运用证券市场的组织结构并能够真正地运用证券市场”而进行的修改。[①] 在充分利用资本市场，调动社会闲置资金用于发展商业这一方面，本质上属于股份公司，股份可自由转让，可以向公众公开发出证券要约的公众公司（Public Company）的功能尤甚。

尽管各国对公众公司的界定及相关监管未必统一，但充分利用公众公司向资本市场公开融通资金的属性，同时又基于其公共性而施与信息公开、公司治理等方面的监管，已是各发达国家/地区资本市场监管者的共识。当然，监管者在区分私人公司（Private Company）与公众公司的开放性、公共性等差异而施行分别监管之外，更要根据公众公司在股东人数、公司总资产、营业额、负债额、雇工人数等方面的差别而施行对应的信息披露及其他监管举措，对公司所受监管负担与投资者保护需求进行再平衡，以最大限度地激发资本市场和金融制度的弹性与活力。以公众公司更好地回应现代商业社会需求，以多层次资本市场建设和差异性的监管举措满足公众公司的发展需要，正在成为考验金融监管者监管能力和确保一国监管竞争力的重要内容。

回顾全国中小企业股份转让系统（以下简称新三板）的筹建和发展过程，其根据《国务院关于全国中小企业股份转让系统有关问题的决定》（国发〔2013〕49号，以下简称第49号文）于2013年在中关村代办股份转让系统的基础上正式建立，属于经国务院批准，依据证券法设立的全国性证券交易场所，主要为创新型、创业型、成长型中小微企业发展服务（以服务中小微企业发展为定位）。境内符合条件的股份公司均可通过主办券商申请在全国股份转让系统挂牌，公开转让股份，进行股权融资、债权融资、资产重组等，是我国

① 上村达男．公司法改革：公开股份公司法的构想（中日文对照版）［M］．中国证券监督管理委员会，译．北京：法律出版社，2015.

多层次资本市场建设重要的增量改革成果。伴随2013年1月1日《非上市公众公司监督管理办法》的施行，新三板市场迎来了迅猛的发展，从2013年末的356家挂牌公司迅速增加到2018年底的10691家挂牌公司，位居全球之冠，取得了展示中小微企业和服务实体经济发展的初步成效。

然而，近年来随着新三板市场规模的逐步扩大，中小微企业发展的需求也在不断变化，差异化特征使市场相关制度安排与企业需求的契合度有所下降。

一方面，新三板作为资本市场功能的问题。新三板设立之初，为了加大资本市场对中小微企业的包容和支持力度，允许不经公开发行而直接挂牌、设置包容性的挂牌准入条件，没有充分考虑其公共性或公众性，超过70%的公司的股东人数少于50名，未能体现新三板作为非上市公众公司股票公开转让市场的预定目标。与此同时，考虑中小微企业风险相对较高，从平稳起步考虑，设置500万元的自然人投资者准入门槛，无法通过提供良好的资金融通和流动性功能，实现公司和投资者在资本市场进行交易的目标（融通资金、价格发现、风险管理等）。同时，颁布在先的《证券法》未给后续设立的新三板市场留有充足的法理支持，传统的证券公开发行并到证券交易所上市的监管框架导致许多具有潜力的公司无法在新三板实现预期目标或者成功转板，只能通过摘牌再重新申请证券公开发行并上市的途径达成夙愿，在一定程度上抑制了新三板市场功能的发挥。

另一方面，来自新三板发展规模与监管举措如何匹配的问题。如上所述，新三板挂牌公司的数量已高达上万家，在公司股东人数、经营规模、所属行业、是否发行新股融资以及进行相关股票交易等方面千差万别，但挂牌公司作为非上市公众公司又需要遵循法律法规及新三板的相关规定进行信息披露，接受全国中小企业股份转让系统有限责任公司（以下简称全国股转公司）的自律监管，由此引发有限的监管资源与差异化市场需求之间的不匹配。全国股转公司在2017年12月22日发布新的《全国中小企业股份转让系统挂牌公司分层管理办法》，并于2018年4月调整了创新层和基础层的准入条件，但总体上对挂牌公司的分类管理要求还不够精细，相关的信息披露规则指引还未能充分匹配千差万别的挂牌公司的实际生产经营状况；与此同时，对于信息披露不到位或不适当的行为，全国股转公司在适用《证券法》等有关信息披露违法及滥用市场行为等方面的惩处上，欠缺足够的法理依据。

因此，有必要通过考察海外成熟资本市场关于公众公司的制度机理，以及公众公司与多层次资本市场建设的法治经验，提炼在本质上具有充分利用资本市场属性的公众公司的特点、运作机制及行之有效的监管，以此整合我国《公司法》《证券法》及其内部关于公司公开发行与公开转让股票的法律逻辑与监管理念，理顺证券交易所、新三板及其内部分层等多层次资本市场各组成部分的定位与功能衔接，建立能够更好地激发公司活力、提高监管效率和有效地保护投资者合法权益的法律制度与监管机制，真正实现新三板市场预设的政策目标，从而更好地为中小微企业服务。

第二章 公众公司的界定及其制度功能

第一节 公众公司的历史起源及其界定

相对概念的公众公司

作为人格的公司，起源于法人；[①]现代公司的起源，始于1602年荷兰东印度公司的设立，尽管此时的公司还是国王特许令下享有专营垄断权的社会组织，但已具有公司主要特征的雏形，由此揭开四五百年的现代公司发展史。落后于公司在实践中的发展，现代意义上单行的公司法诞生于英国，即《1856年合股公司法》，从而开启通过相对简单的法定注册取得有限责任保护开展生产经营活动，并遵循自《1844年合股公司法》确立的强制公开原则，向股东们披露信息的制度逻辑，后者在现代意义上第一次确立了公开主义的管制制度。[②]

在实践发展和法制建设的双重推动下，后续的公司作为一种商业组织更为成熟且在经济生活中发挥日益重要的作用，而相应的公司法制也走向更适应自由市场和商业社会发展的理性道路。在公司发展的进程中，英国制定的《1908年公司法》确立了公众公司作为公司形式的"常态"，并引入私人公司作为公司形式的"例外"，正式确立公众公司与私人公司的分野及其法律地位，并大幅度整合之前的系列规则，强化对公众公司的招股说明书、公开账目、抵押登

① 邓峰．普通公司法［M］．北京：中国人民大学出版社，2009.
② 盛学军．证券公开规制研究［M］．北京：法律出版社，2004.

记等方面的规定,[①] 最终形成世界上第一部统一的《公司法》，在公司及其法制发展史上写下浓墨重彩的一笔。此后，各国纷纷发展出契合本国国情和嵌入本国法制系统的公司类型与相关制度，使公司法域呈现既有公司机理的共性，又有地方性的异质。

如上所述，公司作为一种可以集合人力、物力、知识与技能等多种资源开展商业活动的组织形式，总是与其他社会组织存在竞争关系，其内部也因为各生产要素配置和需求的不同而呈现多样性，只有能够有效回应社会进步需求，满足商业发展需要的组织形式，才能最终成长为社会主流的商业组织形式。从世界范围来看，公众公司已然成为最主流的商业组织形式，在经济生活中发挥着重要的作用。

不过，由于历史和国情等方面的差异，各国在界分公司类型及公众公司的要素上存在差异，传统上看公众公司的名称更多地被英美法系所使用，其更加注重股东身份的公开性和股票的可转让性；大陆法系则更加关注公司的社团法人属性，区分公司的人合性与资合性（有限责任公司与股份有限公司）,[②] 但晚近以来，一些大陆法系国家/地区受到英美法系资本市场立法的影响，也在公司类型和相关资本市场制度上呈现一定的“欧美”风格。从具体的主要资本市场发达国家/地区的相关立法来看,[③] 还是能够从中找到关于公众公司的共性。

英国作为最早区分公众公司与私人公司的国家，在《1908 年公司法》中直接定义了私人公司的概念，即只有同时满足：（1）限制股份的流转；（2）除了公司雇员之外的公司成员不得超过 50 人；（3）禁止向公众发出股份或者债券的要约这 3 个条件的公司才是被法律承认为“例外形式”的私人公司形态，否则为公众公司。在施行 70 多年后，英国在《1980 年公司法》中改变默认公众公司为公司常态的传统，转而确立私人公司为公司的常态形式，公众公司需要满足特定条件才能设立。根据最新修订的《2006 年公司法》，公众公司是指以

① 葛伟军．英国公司法要义［M］．北京：法律出版社，2014.

② 李建伟．公司组织形态重构与公司法结构性改革［J］．财经法学，2015（5）：6－7.

③ 英美法系和大陆法学国家/地区有关公众公司的制度与监管内容，详见下文第三部分、第四部分，这里仅做简要介绍。

下股份有限公司或者具有股份的保证有限公司——（a）其设立时载明其是公众公司；（b）在相关日期或该日期之后，与其相关的本法或先前公司法规关于登记或重新登记为公众公司的要求，已经得到遵守（如最低资本要求、信息披露等）。而私人公司是指不是公众公司的任何公司。在经历过晚近以来的放松管制改革后，对私人公司和公众公司的区分已不再过度强调客观指标，更多地取决于公司的意思表示，但在公司管理上却始终要求所有公司都要遵循信息公开的监管原则，只是在具体要求和程度上有所区分。

我国香港地区在公司法传统上与英国法一脉相承，同样存在私人公司与公众公司的区分，根据《公司条例》第 11 条、第 12 条，二者的区别在于：（1）成员是否超过 50 人；（2）公司章程是否限制成员转让股份的权利；（3）是否允许公开认购公司的股份或债权证；（4）是否属于担保有限公司。由于立法上不要求公众公司进行等额划分股份，有限责任公司（股份公司的一种）和无限公司也有可能属于公众公司。

美国在联邦层面没有统一的《公司法》，公司立法权限归属各州，因监管竞争的存在，呈现多样化色彩，在表述上更多地采用封闭公司与公众公司的分类法，关注公司股份是否可以自由流转。例如，为众人所熟知的《特拉华州公司法》规定，要成为封闭公司，必须满足：（1）股东人数通常应少于 30 人；（2）股份不能公开发行；（3）对股份转让设定了限制。由于存在强大的全国性证券交易场所以及联邦层面统一而强大的证券法体系，无法在州层面得以统一的公司形态，通过《1934 年证券交易法》规定的需向美国证券交易委员会（SEC，以下简称美国证监会）注册并履行相应信息披露义务的所谓“报告公司”（reporting company），创立了证券法监管视角下的“公众公司”概念及监管体系。根据这一套系统，成为“报告公司”主要有 3 条途径：（1）依据《1933 年证券法》进行公开发行，但不在全国性证券交易所上市的公司，受《1934 年证券交易法》15（d）规则的约束，但如果该公司某一类证券的持有人少于 300 人，则相应的证券注册和信息披露义务中止；（2）在全国性证券交易所上市，受《1934 年证券交易法》12（b）规则的约束；（3）持股股东和总资产达到一定规模，受《1934 年证券交易法》12（g）规则的约束。目前的总资产规模超过 1000 万美元，股东人数达到或超过 2000 人，或者非获许投资者（accredited investor）的人数达到或超过 500 人。

根据《2001 年公司法》第 112 条，澳大利亚的公司类型也可分为私人公司和公众公司两类。私人公司的非雇员股东不得超过 50 名，可以向特定对象募集资金，但不能从事任何向公众披露信息和要约的融资活动；公众公司是指私人公司以外的公司，需要编制并披露年度财务报告，并接受注册审计师对此的审计，在公司治理上也有更高的要求。

根据《2006 年公司法》《证券和期货法》等法律规定，新加坡的公司也分为私人公司和公众公司，其主要的区分标准是人数。私人公司是指章程载明限制成员转让股份的权利且成员人数不超过 50 人的公司，公众公司是私人公司以外的公司。公众公司可以通过向公众提供股票或者债券来筹集资金，但必须向监管部门新加坡金融管理局登记招股说明书之后才能公开发行股票和债券。公众公司需要每年提交年度财务报告。

大陆法系传统的国家/地区的公司主要遵循有限公司与股份公司的划分传统，没有专门采用英美法系的私人公司、公众公司的法律类型划分，但在其具体标准上，还是可见这两种公司的特点，因而事实上也存在公众公司的形态。

韩国尽管对具有公众公司特点的公司在商法上只要求登记为股份公司，但在《股份公司外部审计法》第 2 条却规定，任何股份公司在前一个营业年度末达到规定的资产总额、负债额、雇员人数等标准的，应当接受外聘审计师的会计审计；而根据《〈股份公司外部审计法〉施行令》的规定，其具体标准为：（1）截至上一个营业年度末，股份公司年度总资产达到 120 亿韩圆；（2）截至上一个营业年度末，其负债总额和资产总额均至少为 70 亿韩圆的股份公司；（3）在上一个营业年度结束时雇员人数达到至少 300 人的股份公司，其资产总额至少为 70 亿韩圆；可以说是从外部审计的角度勾画出来大中型公司的标准。而与此同时，韩国的《金融投资服务与资本市场法》则从界定“公开发行”的角度对公众公司予以探索，其第 9 条规定，如果发行人向 50 名以上的投资者公开劝诱购买该公司新发行的股票，则被视为“公开发行”，如果要进行公开发行，需要向监管部门韩国金融服务委员会提交相关文件，向公众披露信息。

尽管日本传统上属于大陆法系国家，但晚近以来因学习欧美资本市场的发展经验，在公司与证券法制上呈现一些英美法系的特点。日本《公司法》中的公众公司被称为公开会社，是指关于以转让方式取得公司所发行的全部或一部分股份的内容，章程未规定必须得公司承认的股份有限公司，其核心要素是章程未对股份转让设置限制条件。根据公司规模的大小（资本额5亿日元或者负债200亿日元），又细分为大型公众公司和中小型公众公司，它们只需登记为股份有限公司，无须其他特别登记。相比其他类型的公司，公开会社在设立、融资和公司治理等方面有较高的规范要求。根据日本《金融商品交易法》，公开募集是指公司向多数投资者公开劝诱其购买公司股票的行为，公开销售是指公开劝诱多数投资者购买已经发行的该公司股票的行为。上述的多数投资者是指50人以上的投资者，在计算时排除了适格机构投资者；公众公司进行公开募集或公开销售需要提交有价证券申报书，履行相应的信息披露。需要注意的是，如果公众公司的注册资本达到5亿日元以上，且最近5年中有一年股东人数达到一定标准（1000人），即使没有上市，也要接受监管部门日本金融厅的监管，每年提交有价证券报告书，履行信息披露义务。但如果该公司最近5年每年最后一日所有股票持有者的数量累计不到300名，就可以豁免持续披露信息的义务。

我国台湾地区在《公司法》和《证券法》上也没有“公众公司”的专门概念，但与之最相近的一个概念为“公开发行公司”，指的是“具有公开发行股票资格的股份有限公司”，值得注意的是台湾地区的法制中还存在一种“闭锁性股份有限公司”（close corporation），其指的是“股东人数不超过50人，并于章程定有股份转让限制之非公开发行股票公司”。公开发行公司根据其股票交易场所的不同，分为上市公司、上柜公司、兴柜公司和未上市或未在证券商营业处所买卖之公开发行公司，所有公开发行公司都要履行信息披露义务。公开发行公司如要公开募集股份，需要向监管部门“金融监督管理委员会”申请办理公开发行审核程序，且必须申请上市或者上柜，因此也对应地需要遵守相关市场的信息披露及其他要求。

综合以上主要发达国家/地区的资本市场立法例，很难对公众公司下一个统一的定义，但其共同点都集中于如何判断公司的“公众性”，从而施以相应的监管，以保护公众投资者的合法权益并维护资本市场和经济社会的稳健发展。

概括而言，公众公司的标准，包括事实上和法律层面上的两个标准，事实层面上只要股份有限公司的一些主要指标，如资本额、股东人数达到大型公司的要求（保持动态的衡量），那么从公司的社会经济意义出发，则认为其具有“公共性”，因而需要施以必要的监管。有学者又将这类公众公司称为“事实公众公司”①。法律层面上，则遵循了两条进路，一条是公司法的视角，即公司章程未对股份的流转作出限制；另一条是证券法的视角，即在多层次资本市场公开发行或公开转让股票②，当然在不同的国家/地区，什么构成“公开发行”又有不同标准，比较共同的一点是向不特定对象发行或者采用公开劝诱的方式构成公开发行，但往往又对发行对象的人数有所要求，例如日本和韩国要求50人以上算多数投资者，而我国《证券法》第10条规定的向特定对象发行证券累计超过200人。

第二节　公众公司的主要特点

作为公司的一种形态，公众公司具有一般公司的特征，也有其基于“公众性”而焕发的特色。总结而言，公众公司具有如下特点：

一、在公司属性上一般属于股份有限公司

公司在其产生的第一天起，就流淌着面向社会公众募集资金的血液，股

① 陈颖健．事实公众公司制度研究［J］．证券市场导报，2016（4）．

② 事实上，还应包括债券、优先股等公众公司利用自身信用在资本市场发行和流通的各类金融工具。限于篇幅和本文的目的，主要讨论股票这一类型。

权/股份的设计，是为迎合募集资金与转让的便利而设置。股权被份额化更容易体现公司资产与股东权利之间的对应性，以及股东之间的平等地位，增强社会公众投资的信心，而晚近以来，被份额化的股权为有价证券这一实物形体所承载，甚至在电子化时代进一步异化为无纸化、数据化，大大推动了公众公司与社会资本的深入结合。正如台湾学者史尚宽教授指出的，“将一切财货使之证券化，而谋资本之流通，为现代经济生活之趋势，从而关于有价证券之法律关系，占有重要之地位”，[①] 现代经济社会创造性地将有价证券用于表征权利，使股权这一抽象物得以有体化，既便利了权利的流通，也大幅提高了交易安全程度，“在有价证券被广泛地用于沟通抽象物与具体物并进行流转的同时，有价证券逐渐扬弃其工具性而获得了一定的独立价值”，[②] 公众公司与承载等额股权的股票形成血肉相连的共生关系而发展壮大，正是建立在股份有限公司这一公司形态之上。

二、章程不限制公司股份对外流转，隐含着向公众募集资金的权利

公司可以基于其人合性、社团性的考虑将股东限于有限而熟悉的个体中，从而可以更好地保护公司的商业秘密，更有效地贯彻执行股东的意志并保障业务标准的一致性，对于源于家族的企业或者基于某项技术或特定业务而发展起来的企业，更容易在公司对外关系上奉行闭锁性。但对于公众公司而言，为实现其向公众融通资金的目标，也为了便利股东在有需要时可以更高效地流转或变现股票，则需要打破闭锁性而对外开放，用面向外界的资合性取代人合性赋予公众对公司的更多信心与参与，而这其实也是公众公司本质上作为股份公司的特点，或者说，公司章程不限制公司股份对外流转，保障了股份的可转让性，即股份的可转让原则，其包括两方面的内容：一方面，股东转让他在公司的权益是否对公司可利用的资源造成负面影响。这是从公司角度谈转让的便利性。另一方面，在股东想转让股份的任何时候，是否被合法授权或实际上能够

---

① 史尚宽．有价证券之研究［M］//郑玉波．民法债篇论文选辑（下）．台北：五南图书出版公司，1984.

② 覃天云，申海恩．论资产证券化的有价证券制度基础［J］．中国法学，2005（2）.

这样做。这是从股东角度讲转让的便利性。[①] 晚近以来的《证券法》和证券交易场所无不在很大程度上为保障股份的可转让性而做了大量贡献，也因此公众公司的繁荣与《证券法》的发达和证券交易所的兴盛和层次多样性，存在着密不可分的关系。

当然，股份可转让性并非是绝对的原则，在现代社会，有些法域的法律也允许公司章程对股份有限公司的股份转让作出限制。例如，1995 年修改后的《韩国商法》规定，原则上股份有限公司的股份可以自由转让，但同时也允许公司章程加以限制或者禁止。[②] 再如，上述的我国台湾地区创设的“闭锁性股份有限公司”，也存在着公司章程对股份转让的限制。虽然现代公司法赋予公司更多自主权，允许公司通过章程限制股份有限公司的股权转让（只应限制记名股东，而不适用于无记名股东），一旦如此约定，那么其将丧失对外开放的窗口，从而也就无法成为名副其实的公众公司，尽管在本质上仍是股份有限公司。

三、通常需要遵循信息公开要求，向公众及时披露

从《公司法》的历史来看，英国最早的《公众公司法》，一开始就是面向资本市场的，因而公开原则自始存在，即使在 1908 年改私人公司为公司的常态，也隐含着其面向公开市场的潜能（未来可能利用资本市场助力公司成长），因而对所有的公司都强调了公开原则的适用。

信息不对称是人类社会交往过程中的普遍现象，如果因为无法充分而及时地获取信息，人们难免陷入恐慌或者混乱，势必延迟或者无法对如何行为作出判断，导致不占有信息一方的逆向选择并可能诱发掌握信息一方的道德风险。在抽象的公司权利交易和虚拟的证券市场中，这种信息不对称的状况更为严重，也因此，当公众公司面向公众融通资金或者股东拟转让股票时，都需要令潜在的投资者有效知悉被投资公司的主要状况，才能促成交易，维护交易安全和市场稳定。在当代，大部分国家/地区的《公司法》《证券法》都建立了公众公司的强制性信息披露制度，并认为这是保护公众投资者必不可少且强有力的

---

① 保罗·戴维斯. 英国公司法精要［M］. 北京：法律出版社，2007.

② 施天涛. 公司法论（第四版）［M］. 北京：法律出版社，2018.

监管举措，“强制性信息披露规则极大地限制了公司保持沉默的权利”，[①] 可以配合反欺诈规则给予投资者有效的保护。当然，如何执行信息公开，可能各法域存在着差异，也与公司规模及其所嵌入的多层次资本市场的具体约束有关。

四、建有利于解决股东与经理人之间委托—代理问题的公司治理机制

社会公众的加入，既为公司带来充沛的发展资金，也使公司的股东群体打破封闭性，变得开放而人数众多，且在现代更可能出现分散各地且彼此不曾见面或是熟识的状况。然而，正像所有经济学要面临的问题一样，一旦股东将企业的生产经营权交给专业的经理人，就伴随着产生委托—代理问题。在股东一方，如何保障分散而人数不菲的股东可以高效地形成决议，主张合法权益并对公司发展予以指导与监督；在股东与经理人关系上，如何激励与约束经营者，保障其发挥专长又不会陷入内部人控制的危险中；对于非专业的社会公众股东，如何有效地行使监督公司的权力，保障自己的合法权益；对于公司而言，在股东与经理层进行权利平衡的过程中，如何尽量地减轻公司的负担，避免公司的业务经营受到不必要的影响，等等。诸如此类问题，是人合性的闭锁公司所不需要考虑的，但对于公众公司而言，则是影响社会公众对其信任与否，避免“用脚投票”的关键性问题，也因此，公众公司通常需要遵循一国对公司治理的基本要求，对如何保障股东的合法权益，限制经营者滥权，维护公司的正常经营作出适当的安排，予以公布并接受外部监督。

第三节　成为公众公司的利弊

是否成为公众公司，在很大程度上取决于公司自愿，或者只有在衡量成为公众公司的利弊之后，才能作出适当的选择。上市公司是典型的公众公司，在其身上最集中地体现了公众公司的利弊，可以美国证监会在其官网上通过成本—收益分析列举的上市的利弊[②]来对此进行更具代表性的解说。

---

① 罗伯塔·罗曼诺．公司法基础（第二版）[M]．罗培新，译．北京：北京大学出版社，2013.

② 资料来源：https：//www. sec. gov/smallbusiness/goingpublic/companygoingpublic，2019 年 1 月 3 日最后访问。

成为公众公司的好处，主要包括：（1）筹集资金并可能扩大未来获得资本的机会；（2）增加公司股票的流动性，使员工和股东更容易出售股票；（3）用上市公司的股票（作为支付对价）收购其他业务；（4）用上市公司的股票和股票期权吸引员工及对他们进行补偿；（5）更好地宣传公司，为公司创造品牌知名度或者声望，等等。尽管一般公众公司的益处不如上市公司那么明显，但显然在这些方面公众公司也都能受益。特别是仅仅贴上“公众公司”的标签，也能很好地宣示公司的开放性及在监管规则下的公司治理、业务经营的规范性与透明度，从而有效提升公司知名度或者增进信用，这对于以信用和声誉为衡量风险基准的商业社会和资本市场而言，无疑能够便利公司广开商业渠道，并大幅度降低融资等方面的费用。

就公众公司可能承受的弊端而言，主要包括：（1）公司的公开募股需要耗费时间和金钱才能完成；（2）公司将因此承担新的义务，如向监管部门提交报告，以及让股东和市场了解公司的业务运营、财务状况和管理，这些可能需要花费大量时间并因此导致额外成本；（3）如果公司未能满足上述新的法律义务，股东及公司可能为此需要承担责任；（4）在管理公司事务方面可能会丧失一定的灵活性，特别是公众股东必须批准公司的行为时；（5）有关公司的财务报表和重大合同、客户和供应商的信息等，将向公众（包括公司的竞争对手）披露，等等。很显然，一般的公众公司也会在这些方面受到影响，甚至可能因为一些由家族企业或者关系紧密的股东组建的，后续转型而来的公众公司，依赖行为习惯或者还难以有效区分法人财产与股东财产关系的，很容易因此踩到法制“地雷”而受罚，使声誉和财富遭受损失。在中国语境下，一些公司在未挂牌之前业务经营不甚规范，为满足挂牌要求而系统地规范公司的股份制改造、整顿公司业务和内部治理的合规性等各项各种，而在挂牌之后，却可能受限于内外条件未进行融资也没有活跃的股票交易，却因此要每年承担各种费用和信息披露义务。

第三章　新三板市场发展的挑战与公众公司制度需求

第一节　新三板市场的发展现状与面临的挑战

按照国务院第 49 号文的规定，新三板市场被定位于全国性证券交易场所，主要服务于中小微企业，具有公开转让的功能，也能通过定向发行为企业提供资金融通，企业符合一定的条件但未必需要营利或具备股权分散性即可申请到新三板市场挂牌，并被纳入非上市公众公司进行管理。从 2013 年底新三板正式成立之初，短短五六年，新三板挂牌公司突破万家，成为全球挂牌企业最多的证券交易市场，为中小微企业提供了一个良好的展示平台，也通过公司治理、信息披露等方面的约束规范了中小微企业的经营，为中小微企业提供了资金融通和股票转让的途径。

截至 2019 年 1 月 17 日，新三板市场挂牌公司家数 10632 家，其中基础层挂牌公司 9719 家，创新层挂牌公司 913 家，数量仍然位居全球之冠。对数据进行统计分析①，挂牌公司的公众性差异较大。

（1）从挂牌公司的股东人数看，人数不足 50 人的有 8749 家，人数 200 人以上的有 366 家，大部分为 5～200 人（见表 1）。

① 图表中的数据统计截至 2017 年底，当年底的挂牌公司家数为 11630 家。

表 1　　　　挂牌公司股东人数分布情况

股东数量	公司数量	占比
<5	2111	19.76%
5~10	2502	23.42%
10~20	2057	19.25%
20~35	1366	12.79%
35~50	713	6.67%
50~100	1037	9.71%
100~200	532	4.98%
200~300	169	1.58%
300~400	80	0.75%
400~500	39	0.37%
500~1000	57	0.53%
>1000	21	0.20%

（2）从挂牌公司的员工数量看，人数在300人以上的有1873家，100人以下的有4590家，占比43.69%（见表2）。

表 2　　　　挂牌公司员工人数分布情况

员工人数	公司数量	占比
<50	1981	18.86%
50~100	2609	24.83%
100~200	2801	26.66%
200~300	1242	11.82%
300~400	625	5.95%
400~500	372	3.54%
500~1000	599	5.70%
>1000	277	2.64%

（3）从挂牌公司的总股本来看，总股本2000万股以上的有7835家，占比73.33%，也存在一些总股本上亿元，甚至达到公开发行股份标准的公司（见表3）。

表 3　　挂牌公司总股本分布情况

总股本（单位：万股）	公司数量	占比
0～2000	2850	26.67%
2000～5000（2000 是创业板标准）	4129	38.64%
5000～10000（5000 是 IPO 标准）	2512	23.51%
10000～40000	1085	10.15%
>40000（40000 公开发行股份不得少于 10%）	109	1.02%

（4）从挂牌公司的流通股所占比例来看，流通股占 30% 以上的有 7499 家，呈现一定的股权分散度（见表 4）。

表 4　　挂牌公司流通股本分布情况

流通股本所占比例	公司数量	占比
=0	924	7.96%
<10%	1248	10.75%
10%～30%	1936	16.68%
30%～50%	3540	30.50%
50%～80%	2990	25.76%
>80%	969	8.35%

（5）从挂牌公司的资产规模来看，总资产 5000 万元以上的有 7535 家，占比 70.83%（见表 5）。

表 5　　挂牌公司总资产分布情况

总资产额（单位：万元）	公司数量	占比
<1000	250	2.35%
1000～3000	1477	13.88%
3000～5000	1377	12.94%
5000～10000	2464	23.16%
10000～50000	4247	39.92%
50000～10000	502	4.72%
>100000	322	3.03%

（6）从挂牌公司的营业收入来看，营业收入 3000 万元以上的共有 8044

家，5000 万元以上的共有 6505 家（见表 6）。

表 6　　挂牌公司总资产分布情况

营业收入（单位：万元）	公司数量	占比
<1000（退市标准）	668	6.29%
1000~3000	1905	17.94%
3000~5000（3000 是创新层标准）	1539	14.50%
5000~10000（5000 是创业板标准）	2451	23.09%
10000~50000（10000 是 IPO 标准）	3497	32.94%
>50000	557	5.25%

（7）从挂牌公司的净利润来看，净利润 500 万元以上的共有 4810 家，将近一半的公司具备盈利能力（见表 7）。

表 7　　挂牌公司 2017 年净利润分布情况

净利润（单位：万元）	公司数量	占比
<0	2544	23.94%
0~500	3271	30.79%
500~1000（500 是创业板标准）	1452	13.67%
1000~3000（1000 是创新层和 IPO 标准）	2367	22.28%
3000~5000	584	5.50%
>5000	407	3.83%

（8）从净资产的数量来看，达到 2000 万元以上的有 8451 家，在所在地区和所处行业相对较好的公司（见表 8）。

表 8　　挂牌公司净资产分布情况

净资产合计/股东权益合计（单位：万元）	公司数量	占比
<0	82	0.77%
0~2000	2102	19.76%
2000~5000（2000 是创业板标准）	3023	28.43%
5000~10000（5000 是 IPO 标准）	2432	22.87%
10000~50000	2670	25.11%
50000~100000	224	2.11%
>100000	102	0.96%

（九）从历年股票成交的情况①来看，近年来有所下降（见表9）。

表9　　挂牌公司交易情况分布

年份	成交数量（亿股）	成交金额（亿元）	成交笔数	换手率（%）
2013	2.02	8.14	989	4.47
2014	22.82	130.36	9.27万	19.67
2015	278.91	1910.62	282.13万	53.88
2016	363.63	1912.29	308.81万	20.74
2017	433.22	2271.80	282.99万	13.47
2018	236.29	888.01	150.84万	5.31

基于上述统计数据，新三板市场目前主要面临两方面的挑战：

其一，新三板挂牌公司监管存在法理不足问题。

如上所述，新三板在设定之初被定位为全国性证券交易场所，具有公开转让等功能，为此证监会出台《非上市公众公司监督管理办法》，提出要全面而有层次地支持中小微企业股本融资、股份转让、公司重整等活动，并为此放松行政管制，简化许可程序等。② 但从挂牌公司的发展状况及股票交易情况来看，新三板设立之初，为加大资本市场对中小微企业的包容和支持力度，允许不经公开发行而直接挂牌、设置包容性的挂牌准入条件，并建立快速、小额、灵活的定向发行制度等，同时市场发展前期，前述制度安排有力地支持了中小微企业挂牌融资，但随着市场的发展和企业需求的变化，相关制度安排与企业需求的契合度有所下降。挂牌公司作为公众公司无法进行公开发行，不仅无法满足其融资需求，更影响市场功能和参与主体的预期，加之市场投资者数量极为有限，导致许多公司挂牌后股权分散度未有实质增加。

其二，监管存在问题对市场改革进程产生不利影响。

新三板挂牌公司高达万家，在公司股东人数、经营规模、所属行业、是否

① 表格数据来自全国股转公司发布的《2018年新三板市场统计快报》，2018年12月28日发布，资料来源：http://www.neeq.com.cn/static/statisticdata.html，2019年1月5日最后访问。

② 2012年6月15日发布的《证监会关于〈非上市公众公司监督管理办法（征求意见稿）〉起草说明》。

发行新股融资以及股票交易等方面千差万别，但作为非上市公众公司又需遵循法律法规及新三板的有关规定进行信息披露，接受全国中小企业股份转让系统有限责任公司（以下简称全国股转公司）的自律监管，由此引发如何有效配置有限监管资源的问题。尽管全国股转公司于 2017 年 12 月发布新的《挂牌公司分层管理办法》，并于 2018 年 4 月调整了创新层和基础层的准入条件，但总体上对挂牌公司的分类管理还不够精细，未能充分匹配挂牌公司的特点和需求。与此同时，对于新三板违法违规行为的处理，还欠缺足够法律依据。无疑，这些因素都影响了新三板作为全国性证券公开交易场所的建设和发展前景。

第二节　新三板市场发展困境的根源与法理逻辑

新三板市场如今面临的发展困境，如果从法律制度及其逻辑中寻找根源的话，那么可以归结为四个方面。

一、新三板设立目标的选择性及其局限

从新三板设立之初公司可以申请挂牌的条件来看，只要是业务明确、具有持续经营能力，公司治理机制健全、合法合规经营，股权明晰，股票发行与转让行为合法合规，已存续满 2 年的股份有限公司在主办券商的推荐和持续督导下就可以到新三板申请挂牌，没有主板市场一样的盈利要求，也没有在证券交易所上市所需要具备的股东人数及股权分散性要求，其更多地考虑了加大资本市场对中小微企业的包容和支持力度，设置包容性的挂牌准入条件，并建立快速、小额、灵活的定向发行制度等，同时市场发展前期，前述制度安排有力地支持了中小微企业挂牌融资，但随着市场的发展和企业需求的变化，相关制度安排与企业需求的契合度有所下降。挂牌公司作为公众公司无法进行公开发行，不仅无法满足其融资需求，更影响市场功能和参与主体的预期，加之市场投资者数量极为有限，导致许多公司挂牌后股权分散度未有实质增加。与此同时，对于这类没有盈利指标把关的中小微公司以及具有以往不同市场发展的新三板的建设，因缺少可借鉴的经验，为保护投资者，防范市场系统性风险，设

置了较高的投资者准入标准（高达500万元），限制了市场投资者数量，也制约了挂牌公司的融资和股票交易频率。

二、我国《公司法》的简化公司类型与放松管制

我国《公司法》承继大陆法系国家的传统，一直秉承有限责任公司与股份有限公司的简要两分法，并规定了相对比较概括的公司治理机制，随着近年来经济生活的深化和多层次资本市场的推进，这种相对简单且多年来未有重大修改的《公司法》规则饱受诟病，已有不少知名学者专门撰文提出要修改公司的法律形态结构，完善《公司法》，以便为商业发展提供更有利的支持。[①]

《公司法》的相关规定，不仅没有关于公众公司的只言片语，更缺少对非上市公众公司的规范，在2005年《公司法》《证券法》同步进行大幅度修改之后，原本在《公司法》中的有关信息披露内容被转移到《证券法》中，而随着近年来行政监管上对公司的放松管制，《公司法》在很大程度上变成公司自治之外的补充法，从而也就很难为新三板建设及其挂牌公司的监管提供有力的法律依据。

三、市场初级阶段的证券法逻辑与固有缺陷

相比于海外发达的资本市场，我国资本市场的建设始于20世纪90年代，《证券法》也不过是1999年才开始施行，尽管在证券市场的发展速度与效果上已受世人瞩目，但总体上我国证券市场还处于初级阶段，《证券法》的相关内容也与这种市场建设初级的状况相适应，更重要的是将有限的社会闲散资金通过证券发行核准，通过证券发行并上市一体化的安排主要输送给国有大中型企业，服务于国民经济建设需要。在证券市场发展过程中，我国曾经也有过20世纪80年代末至90年代初的分散各地的股权交易市场，但为整顿金融秩序建立全国集权的证券交易监管，因此在1990年、1991年上海证券交易所、深圳证券交易所正式营业之后，证券交易逐步集中到这两大全国证券交易所，在很长的一段时间内再未设立全国证券交易场所（直至2013年国务院批准设立全国

① 王保树．公司法律形态结构改革的走向［J］．中国法学，2012（1）．

第三家证券交易场所——新三板）；尽管党中央在2003年的《完善社会主义市场经济体制若干问题的决定》中就提出“建立多层次资本市场体系，完善资本市场结构，丰富资本市场产品”的内容，但在很长一段时间内（至少是2013年新三板市场筹建之前）没有更进一步的实施举措。

与这种监管价值取向相一致，《证券法》在相关内容上规定了严格的公开发行条件（包括2005年创设200人标准作为公开发行核准的指标），并将公开交易限定于证券交易所（2005年修改时才进一步调整为证券交易场所），把公开交易的获得与公开发行相绑定，把在证券交易所交易股票的公司称为上市公司，并始终围绕着“上市公司”这一主体展开相关的市场建设与监管规则改进，始终没有关于私募发行、老股转让、小额发行以及后续交易（包括公开交易）等证券市场应该具备的发行与交易内容作出系统的规则安排，更缺乏生长公众公司的多层次资本市场（证券交易场所）这一金融基础设施以及公众公司的历史与发展传统。因此，当后续新三板市场建立并希望突出服务于非上市公众公司时，《证券法》不能为其提供上位法依据，反而因其更高的法律位阶给制度的创新和试点造成困扰。

四、新三板原始发展诉求《公司法》法源，未来发展有待《证券法》法源支持

如上，1998年制定的《证券法》定位于服务国有大中型企业融资，且通过证券发行审批以及发行与上市的一体化而使社会闲散资金更多地按国家意志要求流向预定的领域，尽管《证券法》在2005年进行重大修改时对这种价值导向有所调整，但并未作出根本性改变，在2005年立法修改时补充的“国务院批准的其他证券交易场所”条款，直至2013年才被国务院第49号文所突破，筹集新三板市场。也因此，在新三板成立之初，事实上无法从《证券法》中得到有力的法律制度安排的支持。

尽管有国务院第49号文为新三板的市场定位提供依据并概括了相关的权能，但在具体施行上，新三板仍然需要找到更直接有力的法律依据，如果《证券法》因历史原因和价值取向选择在未修改之前已难以提供援助，那么新三板筹建过程中为寻求依据，最根本的是基于挂牌公司的股份有限公司的属性而到

规范一般企业的《公司法》中寻求依据，更多地倚重其中关于“股份有限公司的股份发行与转让”章节的相关内容，这也就不难理解，到新三板公开转让股票的公司，不能一样称为《证券法》下的“上市公司”而只能称为“挂牌公司”或者“非上市公司”，在新三板公开转让股票，只能依循《公司法》的规定称为“挂牌”以及“公开转让”，而不是称为《证券法》下的“上市”或“证券交易”。如此种种，揭示的是在《证券法》无法为新三板筹建和机制建设提供法律依据的情况下，新三板只能退而求其次地倚重《公司法》中关于股份有限公司股票发行与转让的规定。

众所周知，《公司法》更多地规定了一般意义上的公司规则与传统方式下的股票转让，只有《证券法》才真正地面向公众和资本市场，将公司的外部融资与资本市场的助力、股东流通权的高效保障紧密地联系在一起。新三板在发展过程中更多地倚重《公司法》法源，尽管在其筹集和初期发展中曾起到一定的帮助作用，但随着市场规模扩大和投资者流动性需求的提高，将逐渐暴露缺失《证券法》法源的重大缺陷并为其所困，也因此在未来发展上，在不放弃《公司法》法源的基础上，有必要引入且更多地倚重《证券法》法源予以发展，才能使新三板回归到作为全国性证券交易场所的功能定位上，推动挂牌公司在多层次资本市场中的发展。

第三节 公众公司制度机理破除新三板市场发展困境的可行性

面对经济生活深化和建立多层次资本市场的强烈需求，有必要引入公众公司制度规则，来充实《公司法》《证券法》等金融法制只适用于市场发展初级阶段的立法内容，用公众公司的制度机理来破除新三板市场发展的困境。鉴于此，公众公司制度机理的可利用之处，主要体现于如下两个方面：

其一，利用公众公司这一新公司形态，丰富我国公司类型，建立公众公司、非上市公众公司（挂牌公司）、上市公司等一系列公司类型之间的逻辑联系，并借助公众公司打通公开发行、私募发行、公开交易、私募发行转公开交易、老股发行、老股公开交易等现实中存在的发行与交易行为与多层次资本市场之间的逻辑关系，借助公众公司的核心要素建立不同板块之间有效转板的审核条件与快速通道，真正使经济生活中有潜力的公司通过公众公司的法律形式充分利用资本市场获得发展。

其二，利用公众公司与一般公司区别监管，以及公众公司内部基于不同要素分类监管的思路与方法，探索全国股转公司划分新三板市场层级以及建立对应信息披露、公司治理等监管指标的具体规则，将有限的监管资源集中使用在最需要监管的地方，发挥监管的最大效用。

第四章　英美法系公众公司制度及多层次资本市场建设考察与述评

第一节　英国和欧盟的制度考察

一、欧盟公众公司监管

欧盟有关公众公司指令的历史与概览

欧盟的公司法规范是围绕《欧盟运行条约》第 50 条第二款（g）项[①]（《欧共体条约》第 44 条第二款（g）项）建立的，根据（g）项，"欧盟机构应当将成员国为了保护成员国利益和他人利益而要求的有关在第 54 条意义上的公司或商行的安全措施协调到必要程度，使这些措施在整个欧盟内是相同的"。以第 50 条为依据制定的指令可以被欧盟理事会按照规定的立法程序采用。

尽管历史上欧盟有关《公司法》的 14 个指令绝大部分已经不再具有法律效力，它们或者始终作为提案稿而存在（如第 5 号指令），或者随着欧盟《公司法》指令的法典化[②]，已经被修改、废止而被整合入全新的指令（如第 1 号

---

① Article 50 (g): by coordinating to the necessary extent the safeguards which, for the protection of the interests of members and others, are required by Member States of companies or firms within the meaning of the second paragraph of Article 54 with a view to making such safeguards equivalent throughout the Union, The Treaty on the Functioning of Theeuropean Union,《欧盟运行条约》。

② 欧盟（欧共体）在 2009 年和 2017 年对欧盟（欧共体）部分公司法指令尝试进行了法典化，分别颁布了《欧共体第 2009/101 号指令》（以下称该指令为第一次法典化）、《欧盟第 2013/34 号指令》（以下称该指令为第二次法典化）和《欧盟第 2017/1132 号指令》（以下称该指令为第三次法典化）。

指令，第2号指令，第4号指令，第8号指令等)，但是其规范对象、规范内容和规范方式具有一致性，现行有效的有关《公司法》的指令仍然保留了原《公司法》指令的基本框架和基本精神，因此出于更好理解规范目的和欧盟《公司法》理论的考虑，下文仍然会以原有指令的框架、以历史的叙述方式介绍欧盟《公司法》指令中有关公众公司的内容。

1. 第一号指令（披露指令）

第一号指令通常被称为《信息披露指令》，正式通过于1968年①，后为适应新电子传媒和电子技术的发展，于2003年修订②（主要修改的部分是信息披露的方式)，并于2009年第一次法典化颁布，最终于2017年第二次法典化颁布。《信息披露指令》是欧盟公司法最早也是最基础的指令，体现了欧盟公司法制度和理论的底色，它主要处理了关于保护第三人利益的3个不同问题③，最重要也与公众公司理论直接相关的是第一个问题：公司及有权约束公司者的基本文件的披露。不同于在内国法上的地位，信息规则在欧盟《公司法》中占有支配地位④。这是因为欧盟《公司法》是依据欧盟条约而设立，根据条约法，如果相关利益可以通过信息披露［第50条第（g）款所称的必要程度］制度来保障，就不允许规定任何强制的实质方案。欧盟《公司法》的公司信息披露机

---

① On co－ordination of safeguards which，for the protection of the interests of membersand others，are required by Member States of companies within the meaning of the second paragraph of Article 58 of the Treaty，with a view to making such safeguards equivalent throughout the Community（EEC68/151，OJ 1968，L65/8)，《关于协调成员国为保护欧共体条约第58条第2项所称的股东及他人利益而制定的保护措施，以使这些保护措施在欧共体内趋同的第1号公司法指令》。

② 《欧共体第2003/58号指令》。

③ （1）公司及有权约束公司者的基本文件的披露；（2）以公司名义所负义务无效的原因限制；（3）对公司设立无效情形的限制以及有关公司设立无效溯及力的规定。阿德里安·德瑞斯丹，等．欧洲公司法［M］．费煊，译．北京：法律出版社，2013.

④ 斯蒂芬·格伦德曼．欧盟公司法上册：基础、公司治理和会计法［M］．周万里，等，译．北京：法律出版社，2018.

构是公司的登记机关①。

根据《信息披露指令》第一条以及第三次法典化后的《欧盟第 2017/1132 号指令》第 13 条②和附录 2，信息披露原则适用于所有公司，不论其在国内法使用何种名称。无论是德国法上股份有限公司和有限责任公司，还是英国法上的公众公司和私人公司，都属于《欧盟第 2017/1132 号指令》附录 2 所列的有限责任公司（英国法上的概念为 Companies Incorporated With Limited Liability）③，都要受到统一的信息披露原则的监管。但正如下文将要介绍的，后续的《公司法》指令会根据公司的具体类型设立不同的信息披露层次。这是理解欧盟《公司法》有关公众公司监管思路的核心所在，即在欧盟《公司法》制度和理论中，不同公司类型的信息披露要求不是有无之分，而是程度之分，即使是私人公司（Private Company）、非上市公司（Unlisted Company），也要进行信息披露。

2. 第二号指令（资本指令）

第二号指令通常被称为《资本指令》④，于 1976 年正式通过。《资本指令》

---

① Article 16: 1. In each Member State, a file shall be opened in a central, commercial or companies register ('the register'), for each of the companies registered therein. Member States shall ensure that companies have a unique identifier allowing them to be unequivocally identified in communications between registers through the system of interconnection of central, commercial and companies registers established in accordance with Article 22 (2) ('the system of interconnection of registers'). That unique identifier shall comprise, at least, elements making it possible to identify the Member State of the register, the domestic register of origin and the company number in that register and, where appropriate, features to avoid identification errors.

② Article 13: The coordination measures prescribed by this Section shall apply to the laws, regulations and administrative provisions of the Member States relating to the types of company listed in Annex Ⅱ.

③ Annex Ⅱ: Types of Companies Referred to in Articles 7 (1) and 13, Articles 29 (1), 36 (1) and 67 (1) and Point (A) of Article 119 (1): — Germany: die Aktiengesellschaft, die Kommanditgesellschaft auf Aktien, die Gesellschaft mitbeschränkterHaftung; — United Kingdom: companies incorporated with limited liability.

④ On coordination of safeguards which, for the protection of the interests of members andothers, are required by Member States of companies within the meaning of the second paragraph of Article 58 of the Treaty, in respect of the formation of public limited liability companies and the maintenance and alteration of their capital, with a view tomaking such safeguards equivalent (EEC 77/91, OJ 1977, L26/1),《关于协调成员国为了保护欧共体条约第 58 条第 2 项所称的股东与他人利益而制定、有关公众有限责任公司的设立及其资本维持与变更的保障措施，以使这些措施趋同的第 2 号指令》。

是专门针对公众有限责任公司（Public Limited Liability Companies）的一个指令[①]，主要规定了三个方面：第一，任何有兴趣的人都可以获得了解该资本构成的信息（有关资本的信息披露）；第二，最低资本制度；第三，资本维持制度；第四，确保同类股东得到同等对待，确保资本变更时债权人得到保护[②]。

因为《资本指令》建立了一套相当严格、极具欧陆德国特色的资本制度，有关《资本指令》正当性的争议从未结束，2005 年，欧盟委员会要求对《资本指令》建立的资本制度的替代制度进行研究，并通过了《2006/68/EC 号修订指令》，但是该修订指令并没有动摇有关公众有限责任公司的资本制度，只是在非现金出资的规制[③]等方面补充和强化了原有的资本制度框架，2012 年，《资本指令》再次作出了修订，并于2017 年第三次法典化颁布。

《资本指令》是欧盟公众公司制度和理论的核心指令，也是欧盟语境下公众公司概念的来源。根据《资本指令》第一条和《欧盟第 2017/1132 号指令》第二条第一款[④]、附录 1[⑤]，指令所称的公众有限责任公司（Public Limited Liability Companies）既包括德国法意义上的股份有限公司，也包括英国法意义上的具有股份的公众公司和公众保证公司。从《资本指令》的内容来看，欧盟《公司法》制度上的“公众公司”的原型更加接近于德国的股份有限公司。由于欧盟《公司法》指令作为法源的优越性，其对欧洲国家尤其是英国《公司法》制度的影响是直接而深远的。

---

① 国内有学者将 public limited liability companies 直接翻译为股份有限公司。刘俊海，译．欧盟公司法指令全译［M］．北京：法律出版社，2000.

② 阿德里安·德瑞斯丹，等．欧洲公司法［M］．费煊，译．北京：法律出版社，2013.

③ 例如 Article10（a）和 Article10（b）等。

④ Article 2：1. The coordination measures prescribed by this Section shall apply to the provisions laid down by law，regulation or administrative action in Member States relating to the types of company listed in Annex Ⅰ. The name for any company of the types listed in Annex Ⅰ shall comprise or be accompanied by a description which is distinct from the description required of other types of companies.

⑤ Annex Ⅰ Types of Companies Referred to in Article 2（1）and（2），Article 44（1）and（2），Article 45（2），Article 87（1）and（2）and Article 135（1）：— the United Kingdom：public company limited by shares，public company limited by guarantee and having a share capital.；— Germany：Aktiengesellschaft.

3. 第四号指令、第七号指令和第八号指令（财务信息披露与审计指令）

第四号指令是有关财务报告和披露的指令，正式通过于 1978 年[①]，第七号指令是有关公司合并的财务报告的指令，正式通过于 1983 年[②]，第八号指令是有关公司财务状况的法定审计的指令，正式通过于 1984 年[③]。

世纪之交，安然丑闻刺激了欧洲公司监管机构更加关注公司治理和财务报告的可信度。2002 年美国的《萨班斯—奥克斯利法案》（*Sarbanes – Oxley Act*，SOX）为上市公司的独立审计人和财务报告提出了新的要求，欧盟委员会对第四号指令、第七号指令和第八号指令作出以下方面的重大修订：（1）在欧盟层面强化董事会成员对财务报告和关键性非财务信息的集体责任；（2）增加非上市公司与关联方之间交易的透明度；（3）改善有关资产负债表外安排的信息；（4）建立上市公司出具年度"公司治理声明"的义务[④]。这些修改体现为了《欧盟 2006/43 号指令》（审计师指令）和《欧盟 2006/46 号指令》（财务会计报告和关键非财务信息指令）。

除了上述基调是强化监管、提高信息的完整真实公允性、扩展需要进行特别信息披露的公司范围的大幅度修改，欧盟《公司法》随后又进行了一轮旨在增强中小公司竞争力、减轻中小公司不必要的财务披露负担的大幅度修改[⑤]，同时进行了第二次法典化，将第四号指令和第七号指令合并到《欧盟第 2013/34 号指令》，目前欧盟《公司法》有关财务和关键非财务信息披露的主要指令

① 《Based on Article 54（3）（g）of the Treaty on the Annual Accounts of Certain Types of Companies》（EEC 78/660，L222/11），《欧共体理事会基于条约第五十四条第 3 款第（g）项关于特定类型公司年度财务报表的四号公司法指令》。

② 《欧共体第 83/349 号指令》。

③ 《based on Article 54（3）（g）of the Treaty on the Approval of Persons Responsible for Carrying Out the Statutory Audits of Accounting Documents》（（84 / 253 / EEC），《基于条约第五十四条第 3 款第（g）项关于许可负责对财务会计文件进行法定审计的第 8 号公司法指令》。

④ 阿德里安·德瑞斯丹，等．欧洲公司法［M］．费煊，译．北京：法律出版社，2013.

⑤ 《欧盟第 2013/34 号指令》"鉴于"部分第（2）点：On 18 December 2008 the European Parliament adopted a non – legislative resolution on accounting requirements as regards small and medium – sized companies，particularly micro – entities（5），stating that the Accounting Directives are often very burden some for small and medium – sized companies，and in particular for micro – entities，and asking the Commission to continue its efforts to review those Directives.

即《欧盟第 2013/34 号指令》。

欧盟公司法有关财务和关键非财务信息披露的制度和理论是理解欧盟公众公司制度的另一核心要点。

第一，有关财务和非财务信息、报表的披露直接延续了《信息披露指令》中的全口径要求，特别是非上市公司、私人公司，原则上也需要以某种方式向社会公众披露自身的财务信息和关键非财务信息①。“至少从英国法来看，财务报表的披露事项最具争议，也最为重要。在德国与法国，所披露的消息被认为涉及大量商业秘密，公开这些信息会给公司带来损害，在英国却没有类似的实务例证”②，如果说在公众公司的资本制度方面，以德国为代表的欧洲国家先下一城甚至做到“先入为主”，那么在公司财务和关键非财务信息披露模式方面，以英国为代表的英国模式则明显对欧盟《公司法》产生了更大影响。

第二，考虑到中小公司的情况，欧盟《公司法》制度在财务信息的披露和报告方面做了详细的对公司类型的分类③，欧盟《公司法》理论对不同类型公司承担不同类型披露义务（以及法定审计义务）的判断标准集中在《欧盟第 2013/34 号指令》，具体标准为资产总额、净营业额和平均雇员数量。在《第四号指令》中，欧盟《公司法》区别了小型公司（第十一条④）和中型公司（第

① 《欧盟第 2013/34 号指令》“鉴于”部分第（8）点重申了公司承担最低限度的披露责任的重要性：It is necessary, moreover, to establish minimum equivalent legal requirements at Union level as regards the extent of the financial information that should be made available to the public by undertakings that are in competition with one another.

② 斯蒂芬·格伦德曼．欧盟公司法上册：基础、公司治理和会计法［M］．周万里，等，译．北京：法律出版社，2018.

③ Article 3：Categories of undertakings and groups.

④ Article 11：The Member States may permit companies which on their balance sheet dates do not exceed the limits of two of the three fo llowing criteria：

— balance sheet total：1 000 000 EUA,

— net turnover：2 000 000 EUA,

— average number of employees during the financial year：50

to draw up abridged balance sheets showing only those items preceded by letters and roman numeralsin Articles 9 and 10, disclosing separately the information required in brackets in D（Ⅱ）under ‘Assets’ and C under ‘Liabilities’ in Article 9 and in D（Ⅱ）in Article 10, but in total for each.

二十七条[1])，《欧盟第2013/34号指令》增加了一种微型公司（第三条第一款[2])，不同的公司需要披露的内容、文件和格式要求有所不同[3]。

第三，欧盟《公司法》的信息披露制度相较于资本市场法的信息披露制度具有独立性。《欧盟第2013/34号指令》指明，“日常的财务报告追求多种目标而且并不仅仅在于为资本市场的投资者提供信息，还在于对公司过去状况的记录以及改善公司治理”[4]。但是客观上，公司法规定的信息披露制度对资本市场投资者也有功能性的价值。

4. 作为草案的《第五号指令》

1972年欧盟委员会作出关于公众公司结构的《第5号公司法指令》议案[5],《第五号指令》追求的是建立一个统一的公众有限责任公司（Public Limited Liability Companies）的组织和治理机构，争议的核心点在于采用“单层制”还是“双层制”，或者如何处理二者的关系。有的成员国例如英国是单层制，即只有一个管理机构（董事会)。有的成员国例如德国是双层制，除了董事会之外，还有独立的监事会负责对管理机构进行监督。但在实践中，即使是单层

---

① Article 27：The Member States may permit companies which on their balance sheet dates do not exceed the limits of two of the three fo llowing criteria：

— balance sheet total：4 million EUA,

— net turnover：8 million EUA,

— average number of employees during the financial year：250.

② Article 3：Categories of undertakings and groups 1. In applying one or more of the options in Article 36, Member States shall define micro – undertakings as undertakings which on their balance sheet dates do not exceed the limits of at least two of the three following criteria：

(a) balance sheet total：EUR 350 000；

(b) net turnover：EUR 700 000；

(c) average number of employees during the financial year：10.

③ Eg. Article 36 Exemptions for micro – undertakings 1. Member States may exempt micro – undertakings from any or all of the following obligations.

④ 《欧盟第2013/34号指令》“鉴于”部分第（4）点：Annual financial statements pursue various objectives and do not merely provide information for investors in capital markets but also give an account of past transactions and enhance corporate governance. Union accounting legislation needs to strike an appropriate balance between the interests of the addressees of financial statements and the interest of undertakings in not being unduly burdened with reporting requirements。

⑤ 《根据条约第五十四条制定的有关公众公司组织机构及其机关的权力与义务的第五号公司法指令修改稿》(COM（91）372号最终稿)。

制，也区分了执行董事与仅限于监督职能的非执行董事。《第五号指令》的意见是，“强制性地全面引进双层制是不切实际的，但是这种制度至少应当成为所有公众有限责任公司都可以选择的一种模式”，如果单层制被赋予某些与双层制功能相似的特点，那么仍然可以维持单层制。

《第五号指令》虽然是直接针对公众公司而设立的有关公司治理的规则，但是其背后的争议是贯穿于两大公司法传统的普遍性的争议。最终各成员国除了在公众公司层面需要公司法的强制性规定这一点上达成了共识之外，并没有在具体需要什么公司法强制性规定上达成共识。

二、欧盟资本市场法中有关“公众”的内容

欧盟《公司法》中有独立的公众有限责任公司，而欧盟资本市场法也规定了公司向公众发出证券要约的规则，但是公众有限责任公司与向公众发出证券要约的公司是两个独立法域的概念。

欧盟资本市场法中有关公司向公众发出要约的监管规则集中在欧盟2017年颁布的《当证券向社会公众被发出要约或者被允许在受监管的市场交易的时候将公布的招股说明书指令》（以下简称《向公众发出证券要约指令》）①，这一规则取代了2003年颁布的《当证券向社会公众被发出要约或者被允许交易的时候将公布的招股说明书指令》②。

《向公众发出证券要约指令》第2条（d）定义了向公众发出要约的概念：“以任何形式和任何方式向人们传达有关要约条款和要提供的证券的充分信息，以便投资者决定购买或认购那些证券。该定义也适用于通过金融中介机构配售证券”③。《向公众发出证券要约指令》第1条第4款规定了不视为向公众发出

① On the prospectus to be published when securities are offered to the public or admitted to trading on a regulated market, and repealing Directive 2003/71/EC (2017/1129/EC).

② On the prospectus to be published when securities are offered to the public or admitted to trading and amending Directive (2003/71/EC).

③ Article 2 (d): offer of securities to the public' means a communication to persons in any form and by any means, presenting sufficient information on the terms of the offer and the securities to be offered, so as to enable an investor to decide to purchase or subscribe for those securities. This definition also applies to the placing of securities through financial intermediaries.

要约的情形，第 4 款第（1）项规定了合格投资者（Qualified Investors）豁免的制度，第（2）项规定"向每个成员国 150 名不是合格投资者的自然人或法人发出要约"①。根据该条款，如果公司在一个成员国境内，除了合格投资者的股东数量超过 150 名，可能会触发披露招股说明书并得到批准的法定要求。

除了合格投资者和人数标准，欧盟《向公众发出证券要约指令》还规定了一些特别的豁免制度，例如发行证券的单位面值达到一定标准或者每个投资者的认购金额达到一定的标准等。

三、欧盟法律中有关公众公司监管的理论和制度

在欧盟《公司法》理论和制度中，存在公众有限责任公司的概念，但是总的来说，没有形成围绕该概念建立的制度体系，也没有针对非上市的公众公司特别的监管制度。对于其他法域实践中出现的有关非上市公众公司的现实问题，例如以公司入股为名向公众发行证券诈骗、如何认定公众公司并实施针对性的监管、要求非上市公众公司信息披露的限度、要求非上市公众公司改造公司治理结构的限度等问题，欧盟《公司法》能够以其自成体系的公司理论和制度来解决，而无须极度依赖于公众公司的理论。根据现有的材料，下面略述相关问题：

（一）向公众发行证券诈骗的问题

初步理解认为，在欧盟《公司法》理论和制度中，《公司法》与《证券法》更接近于两极的关系，中间没有《证券法》意义上或者《公司法》意义上的独立的"非上市公众公司"范畴和制度。《公司法》规定公司本身的性质和规范，《证券法》（资本市场法）则是围绕证券发行和交易行为展开，上市公司相关规范并不当然从属于欧盟证券法的范畴。

因此对于向公众发行证券诈骗的问题，原则上属于狭义的欧盟证券法范畴，而不需要援引公司法制度或者公司法原理来解决。

---

① Article 1. 4. (b): an offer of securities addressed to fewer than 150 natural or legal persons per Member State, other than qualified investors.

(二) 如何认定公众公司并实施针对性的监管

根据上述《公司法》指令，欧盟《公司法》层面的所谓公众有限责任公司首先是一个集合性的概念，它以集合各成员国单独规定的“公众公司”“股份有限公司”的面目出现，并没有对公众有限责任公司做内涵的界定[①]。在囊括类似公众公司、股份有限公司概念的基础上，集中在《资本指令》的欧盟《公司法》指令主要以法定资本制度的相关规则强制改造成员国的公司法，因此欧盟《公司法》中认定公众公司的实质条件集中在资本领域[②]，包括资本公示、最低资本、资本维持等。基于资本制度的举措更多是通过司法途径事后救济实现的。

(三) 要求非上市公众公司信息披露的限度

如何对于不同阶段、不同情况或者所谓“公众性不同”的公司做差别化的信息披露要求一直是我国非上市公众公司监管的问题或疑惑，这个问题有一个重要的背景在于依据我国公司法律法规，并不是所有的公司都有信息披露的义务尤其披露经过法定审计的财务报告的义务。因此差别化信息披露要求一直是一个没有上位法明确确定和交易惯例支持的问题。

但是，根据欧盟公司财务报告、审计等指令，所有的欧盟公司都有信息披露义务，在过去的很长一段时间内，中小公司负有相当程度的披露财务报告的义务，《第四号指令》虽然对中小公司作出区分，但仍然保留对小型公司披露报告摘要的义务，保留了对中型公司披露可以省略一部分格式的完整报告的义务[③]，而对于资产规模、营收额和雇员人数较大的公司，其信息披露的文件更加复杂，不仅仅包括财务报告。总的来说，欧盟《公司法》规定的整体信息披露成本本来就处于一个较高的水平。

---

① 《欧盟第2017/1132号指令》：Annex Ⅰ Types of Companies Referred to in Article 2 (1) and (2), Article 44 (1) and (2), Article 45 (2), Article 87 (1) and (2) and Article 135 (1): — the United Kingdom: public company limited by shares, public company limited by guarantee and having a share capital.; — Germany: Aktiengesellschaft.

② 阿德里安·德瑞斯丹，等. 欧洲公司法［M］. 费煊，译. 北京：法律出版社，2013.

③ 《第四号指令》第11条和第27条。

欧盟《公司法》在整体规定信息披露框架的同时，使用资产规模、营收额和雇员人数3个标准区分了公司的类型，但并没有用股东人数的标准来区分。初步认为难以用利益相关者理论直接解释，因为股东才是最重要的利益相关者，更加合理的解释应当是“社会经济意义”方面的。

（四）要求非上市公众公司改造公司治理结构的限度

从作为草案的《第五号指令》从未实施来看，欧盟《公司法》层面并未形成统一的公众公司治理规范，各国《公司法》对公众公司（股份有限公司）的治理要求也是各不相同，主要分为以英国为代表的单层制度和以德国为代表的双层制度。

虽然欧盟法律层面并没有统一的对非上市的公众公司的有效规范，但是欧盟有一些组织，如ecoDA提出了一些改善和统一欧洲非上市公司治理体系的动议[①]，动议的内容集中在增强对运营层关联交易的程序控制、保障小股东有足够的参与公司治理的途径等。

四、英国公众公司监管

（一）英国有关公众公司的法律的历史与概览

1. 1908年以前的英国公司立法与公司类型

一般认为，最早的合股公司（Joint Stock Company）是1600年在英国设立的东印度公司，在这一时期，公司通过女王特许设立，一般享有某种贸易的垄断专营权，公司有权刻制印章并以公司名义诉与被诉[②]。

南海公司和1720年《泡沫法》（The Bubble Act）在英国公司和《公司法》历史上具有重要的意义。南海公司是一家特许公司，被赋予了南美贸易的垄断权力，当时的人们相信南美有储量巨大的矿藏，因此信任南海公司有美好的发展前景，竞相认购南海公司股票，南海公司的股票价格疯涨，同时带动了整个

① ecoDa：Corporate Governance Guidance and Principles for Unlisted Companies in European Initiative of ecoDa，ecoDA关于欧洲非上市公司治理的规则和原则。

② 罗纳德·拉法尔·费尔摩里．现代公司法之历史渊源［M］．虞政平，译．北京：法律出版社，2007.

社会对股票的狂热追捧。这时民间出现了一些没有取得政府特许即没有合法成立的“公司”，它们也向公众发售股票，政府意识到这种状况可能会对整个社会带来巨大的冲击，因此出于加强对非法人合股公司（Unincorporated Joint Stock Company）的监管、取缔非法成立的“公司”的目的，颁布了《泡沫法》。《泡沫法》是英国最早的公司立法，该法案对设立合股公司及取得法人资格做了种种限制，规定只有法人团体才能发行股票，同时对擅自以公司名义活动的经济实体做了禁止性规定。《泡沫法》并没有达到立法者期望的效果，在实践中甚至事与愿违，促使社会认识到公司股票的泡沫性，投资者顿时对股票失去了信心，从而形成了历史上著名的“南海公司泡沫危机”，“它不是正本清源、努力改革引发投机狂潮的行政性垄断和法人社团特许制度，而是指望通过强化法人团体许可制度、阻碍合股公司取得法人资格、减少法人社团数目来避免另一次危机”①。《泡沫法》无疑是一部失败的法律，在其颁布的一百多年时间里，英国公司制度几乎陷入停滞的状态。

直到1844年，在英国《公司法》发展史上具有里程碑意义的《1844年合股公司法》（*The Joint Stock Companies Act* 1844）颁布，标志着英国公司现代公司制度的正式出现，标志着法人准则设立主义的诞生，在此之前，设立合股公司只有通过烦琐的程序获得议会的私人法案或者皇家特许状才有可能实现②。合股公司必须具有25人以上的股东，公司信息必须公示，国家有责任建立公司的登记机关和信息披露制度③。

《1844年合股公司法》虽然可以让公民通过注册而非特许的程序设立具有法人资格的公司，但是并不意味着股东必然享有有限责任，直到《1855年有限责任法案》的颁布，才一般性地赋予了公司股东的有限责任地位。1856年，新的《合股公司法》（*The Joint Stock Companies Act* 1844）吸收了1855年法案有关有限责任的规定，成为1908年《公司法》［*Companies*（*Consolidation*）*Act*］之

① 方流芳．中西公司法律地位历史考察［J］．中国社会科学，1992（4）．

② 保罗·戴维斯．英国公司法精要［M］．樊云慧，译．北京：法律出版社，2007.

③ 《1844年合股公司法》第23条。

前英国公司法的基石性法律。

《1856年合股公司法》与公众公司最相关的内容在于，它通过出资人人数的标准区分了公司组织形式与其他商事组织形式，法案允许7人及7人以上的人设立公司，同时禁止20人以上的出资人设立盈利性合伙，即有20人以上的“股东”就必须根据法案成立“合股公司”①。

2. 首次规定私人公司的《1908年公司法》

《1856年合股公司法》颁布以后，英国社会产生了不足7人法定人数，但却需要成立公司、获得有限责任保障的需求，最典型的是基于家庭利益建立的商事交往组织。另外，古老而强大的信托法律制度，为利用信托契约形式建立商业联合体，并使信托受益人成为事实上的有限责任人提供了可能，商事实践中也大量出现了“事实上的”7人及以下的“有限责任公司”②。

为了应对实践中出现的现实情况，在一系列判例的推动下，《1908年公司法》正式将“私人公司”（Private Company）的概念引入正式的立法，私人公司作为一般公司的“例外形式”纳入公司立法。《1908年公司法》第121条直接定义了私人公司的概念③，私人公司应当同时满足三个要求：（a）限制股份

---

① Gower, L. C. B.. The English Private Company. 18 Law and Contemporary Problems, pp. 534 – 545.

② Gower, L. C. B.. The English Private Company. 18 Law and Contemporary Problems, pp. 534 – 545.

③ 121. — (1) For the purposes of this Act the expression "private company" means a company which by its articles—

(a) restricts the right to transfer its shares; and

(b) limits the number of its members (exclusive of persons who are in the employment of the company) to fifty; and

(c) prohibits any invitation to the public to subscribe for any shares or debentures of the company.

(2) A private company may, subject to anything contained in the memorandum or articles, by passing a special resolution and by filing with the registrar of companies such a statement in lieu of prospectus as the company, if a public company, would have had to file before allotting any of its shares or debentures, together with such astatutory declaration as the company, if a public company, would have had to file before commencing business, turn itself into a public company.

(3) Where two or more persons hold one or more shares in a company jointly they shall, for the purposes of this section, be treated as a single member.

的流转[①]；（b）除了公司雇员之外的公司成员不得超过50人[②]；（c）禁止向公众发出股份或者债券的要约[③]。

对于（b）公司成员数量和（c）禁止向公众发出股票或者债券的邀请，如何在实践中实施，判例Park v. Royalties Syndicate，Ltd. 认为，“一个公司是不是私人的，不取决于它在事实上是否有少于50人的公司成员或者是否向公众发出邀请，而取决于它的章程是否限制了公司成员的人数和能否向公众发出邀请”[④]。因此判断是不是私人公司的标准，仍然在于注册时选择的公司形式和披露的内容。如果注册选择的是私人公司，日常运营时不符合私人公司的标准，将会按照实际信息与披露信息不一致进行处罚和处理。

注册成为私人公司能够受到较少的公司法强制性规范的约束，包括信息披露、公司治理、公司程序等方面，还包括特殊的最低公司人数，主要包括：

第一，私人公司的最低法定公司成员数量为2人，一般公司的数量为7人[⑤]。最低董事人数为1人，一般公司的数量为2人[⑥]。

第二，不用制作和披露招股说明书，并且它的董事不需要向公共登记机构提交书面的法定报告[⑦]。

---

① 没有法律法规规定何为限制股份的转移，但是根据商业实践，主要包括不可撤销地赋予董事拒绝股份转让的权利，或者在章程中约定股东优先购买权，见Gower，L. C. B. . The English Private Company. 18 Law and Contemporary Problems，pp. 534 –545.

② 根据第二十四条，公司股份的认购者是公司的成员，其他认为自身是公司的成员并登记的人也是公司的成员：24. —（1）The subscribers of the memorandum of a company shall be deemed to have agreed to become members of the company，and on its registration shall be entered as members in its register of members. （2）Every other person who agrees to become a member of a company，and whose name is entered in itsregister of members，shall be a member of the company.

③ 根据第八十二条，公司在配发股票或者债券时必须制作招股说明书，招股说明书应于公司登记部门登记，私人公司可以免于适用。Article 82：A company which does not issue a prospectus on or with reference to its formation，shall not allot any of its shares or debentures unless before the first allotment of either shares or debentures there has been filed with the registrar of companies a statement in lieu of prospectus signed by every person who is named thereinas a director or a proposed director of the company or by his agent authorised in writing，in the form andcontaining the particulars set out in the Second Schedule to this Act. This section shall not apply to a private company or to a company which has allotted any shares ordebentures before the first day of July nineteen hundred and eight.

④ Park v. Royalties Syndicate，Ltd.，［1912］1 K. B. 330.

⑤ Article 2.

⑥ Article 48.

⑦ Article 181.

第三，登记后可以立即开展运营并不需要像公众公司那样满足不同的要求而获得“贸易证书”。它也不需要制作法定报告给公司成员和在“贸易证书”颁发给公司时召开法定会议①。

第四，不需要向公共登记机关提交会计报告并因此使公众了解它的财务状况②。

第五，公司可以向它的董事提供贷款——其他类型的公司不允许这样做③。

3.《1948 年公司法》和《1969 年公司法》限制了私人公司的信息披露例外

《1948 年公司法》是一次大的修改，强调了公司会计公开，将会计原则写入法条，使它们上升到法律的高度，规定只有私人公司可以不公开资产负债表，但是其股份被公司持有的私人公司，也应当公开资产负债表。

《1967 年公司法》是一次大的转折，它废除了对私人公司的披露例外条款，要求所有的有限公司都必须将全部账户登记备案，只有重新登记为无限公司的特定有限公司例外④。

4. 受到欧盟《公司法》指令影响的《1980 年公司法》和《1981 年公司法》

《1980 年公司法》引入《第二号指令》（资本指令），欧盟的指令首次在英国公司成文法中确立了公众公司与私人公司的基本分野。在 1980 年之前，公众公司是“公司”的默认形式，私人公司是一种例外，需要满足特定的条件。但在 1980 年之后，私人公司成为“公司”的默认形式，公众公司需要满足特定的条件。公众公司条件和标准的一个核心因素在于法定资本，尤其是法定资本最低数量，并且要求其实缴达到一定比例。

《1981 年公司法》吸收了《第四号指令》（财务会计披露指令），在已经建立的全口径公司信息披露制度的基础上，引入小型公司、中型公司的划分。

5. 1998 年开始的《公司法》改革以及《2006 年公司法》

1998 年，英国迎来了大规模的公司法改革，修改的一个主要原因是已经施

---

① Article 130.

② Article 129.

③ Article 190.

④ 葛伟军．英国公司法：原理与判例［M］．北京：中国法制出版社，2007.

行20余年、归纳总结以往公司法规范的《1985年公司法》规定过于烦琐，语言过于晦涩，不易被人理解和操作。另一个主要原因也是本次改革的主题和口号即“公司法的现代化”，2005年11月，公司法改革草案被提交议会审议，草案主要目标中与公众公司主题直接相关的是“首先考虑小公司原则”，2006年11月8日，公司法改革草案获得英国王室批准，即《2006年公司法》，这也是英国当前现行的公司法典①。

《2006年公司法》明确重申了私人公司的“标准公司”地位，致力于减少私人公司的负担。有关公众公司和私人公司的区分，简要概括主要有：

第一，私人公司和公众公司的定义和要求方面。私人公司是指不是公众公司的任何公司，公众公司是指以下股份有限公司或者具有股份的保证有限公司：（a）其设立时载明其是公众公司；（b）在相关日期或该日期之后，与其相关的本法或先前公司法规关于登记或重新登记为公众公司的要求，已经得到遵守②。

私人公司与公众公司主要的两个区别是：第一，私人公司不得向公众发出要约。股份有限或保证有限并具有股本的私人公司不得向公众发出公司任何证券的要约或者在知道向公众发出要约的情况下，配售或者同意配售任何证券③。如果私人公司向公众发出要约，在《公司法》下，受到损害或影响的人（如《公司法》第30部分保护成员免受不公平妨碍项下）有权申请法院执行禁止或者救济的命令，责任承担形式包括登记为公众公司、救济和强制清算等④。第

① 葛伟军．英国2006年公司法［M］．北京：法律出版社，2017.

② Article 4：Private and public companies

（1）A “private company” is any company that is not a public company.

（2）A “public company” is a company limited by shares or limited by guarantee and having a share capital—

（a）whose certificate of incorporation states that it is a public company，and

（b）in relation to which the requirements of this Act，or the former

Companies Acts，as to registration or re－registration as a public company have been complied with on or after the relevant date.

③ Article 755：Prohibition of public offers by private company

（1）A private company limited by shares or limited by guarantee and having a share capital must not—

（a）offer to the public any securities of the company，or

（b）allot or agree to allot any securities of the company with a view to their being offered to the public.

④ Article 757－Article 759.

二，公众公司不得开展经营或行使任何借款权力除非登记官已经向其签发本条之下的证明（“营业证明”），条件是其认为公司已配售股本的名义价值不低于授权最低数额。

第二，公司治理机构方面。根据《2006年公司法》，私人公司不再要求公司秘书、不再要求举办年度成员大会等。

第三，信息披露方面。根据《2006年公司法》，公司被分为受限于小公司体制的公司、有权享受小公司豁免的公司、中等规模公司、非上市公司①和上市公司，其负有的信息披露强度依次递增②。公司划分的标准主要包括社会经济影响规模（总资产、营业额和雇员人数）、是否为公众公司和是否上市等。公众公司在信息披露中的特殊性主要包括：第一，公众公司一定不是小公司和中等规模公司③；第二，公众公司有义务将报告送交成员大会④；第三，当公司未能及时提交账目遭到处罚罚金时，官员应当考虑其是公众公司或是私人公司⑤等。

（二）英国证券公开发行和上市的历史和制度

1. 英国证券监管的历史和概览

英国传统证券管理体系并无专门监管机构对证券市场进行监管，导致对投资人保护不利。为此，1986年10月27日英国通过了《金融服务法》（*Finan-*

---

① 根据Article 358条，非上市公司是指没有上市的公司，即不符合《2000年金融服务与市场法》第6部分的条款并已经被包括在挂牌市场中或者在欧洲或美国交易所正式上市的要求。从逻辑上看，非上市公司是指不是小公司也不是中等规模公司，但同时没有上市的公司。它可以是私人公司也可以是公众公司。

② Article 444 – Article 447.

③ Article 384 and Article 467：384 Companies excluded from the small companies regime

（1）The small companies regime does not apply to a company that is，or was at any time within the financial year to which the accounts relate—

（a）a public company，

（b）a company that—

（i）is an authorised insurance company，a banking company，an e – moneyissuer，an ISD investment firm or a UCITS management company，or

（ii）carries on insurance market activity，or

（c）a member of an ineligible group.

④ Article 437.

⑤ Article 453.

cial Services Act of 1986），推动证券市场各项改革措施，即所谓的“金融大爆炸”。设立证券投资局（Securities and Investment Board，SIB）负责对证券市场进行监管。但该监管架构依然不能提供健全的投资人保障机制。

自1997年起，英国将原金融体系的九大管理机构整合为单一管理机构，逐步改分业监管为混业监管。其中，原证券投资管理局（SIB）于1997年10月更名为金融服务管理局（Financial Services Authority，FSA），整合后的FSA不仅继续行使1986年《金融服务法》所赋予的管理投资活动、监督交易所及结算机构等权限，更发挥了监管银行、货币市场、外汇市场以及管理其他组织的作用，使FSA承担了混业监管的职权。2000年6月14日，《金融服务及市场法》（*Financial Services and Market Act*，FSMA）通过，正式成为管理英国金融市场的主要法律，有关证券公开发行上市的制度集中规定在第六部分（Part 6，*Official Listing*）。FSA独立行使金融监管职权。自此，英国证券市场开始逐渐由自律监管型向政府监管型过渡。

FSA一分为二后，证券发行监管的职能转移到金融行为局（The Financial Conduct Authority，FCA），根据FSMA（2012）法案的授权，FCA是英国证券正式上市（Official Listing）的主管当局①（The Authortity）。FCA下属的股票发行监管机构英国上市局（UK Listing Authority，UKLA）是具体的证券发行核准执行机构，负责全英境内的股票发行审核、上市审核和信息披露，这也是欧盟指令的具体体现。UKLA行使职能的制度和规则集中在FCA监管手册（*FCA Hand Book*），有关上市监管的规则主要有上市规则（Listing Rules，LR），招股说明书规则（Prospectus Rules，PR）和披露与信息透明度规则（Disclosure and Transparency Rules，DTR）②。

英国的证券发行和证券上市是两套相对独立的制度，UKLA既依据《招股说明书规则》（PR）负责对公司的公开发行股票的招股说明书进行审核③，也

---

① FSMA（2012），Article 16.

② https：//www. fca. org. uk/markets/ukla/knowledge－base，2018年12月24日最后访问。

③ 这也是欧盟《向公众发出要约指令》的要求。

负责对已经取得公开发行股票资格的公司上市的行政审核，其中对公开发行招股说明书的审核是对上市审核的前提[①]。也就是说，已经取得了公开发行股票资格的公司若想在主板上市，还需要 UKLA 另行批准。

2. 英国界定证券的公开发行

英国界定公开发行的标准和欧盟《向公众发出要约指令》的界定标准完全一致，它没有正面界定什么是公开发行，也没有直接使用公众性或者公众公司的概念，而是采取从反面豁免的方式界定非公开发行，非公开发行不用 UKLA 的批准，符合下列情形之一的构成非公开发行：

（1）向合格投资者发行；（2）除了合格投资者之外的发行人数不足 150 人；（3）任何人根据要约获得的可转让证券可能支付的对价至少 100000 欧元；（4）所提供的可转让的单笔证券价值至少 100000 欧元；（5）在欧盟经济区发行的证券总价值少于 100000 欧元。

在公开发行审核制度中，PR 主要规定了招股说明书一般需要披露的信息，并将审查集中在披露信息的真实完整和企业合规等方面，主要考察企业是否按照要求设定股票发行与上市方案，是否具有明确的发行目的，是否拟定待发行股票的种类，是否采用适当方式确定了价格，董事会是否对发行股票的重要事项形成一致意见等，这些审查的事项均是程序性和形式性的，UKLA 不对具体的实质性内容例如价格确定是否合理等进行明显的干预。

3. 英国的上市标准

英国的证券上市采取双重核准制度，即申请在伦敦证券交易所主板市场上市的公司须经历两项程序：一是 FCA 下属的上市管理部门 UKLA 依据 FCA Hand Book 中的《上市规则》[②]（LR）审核上市文件并核准证券上市；二是伦敦

① PR 1. 2. 1；FSMA 86 and 87 section.

② 需要说明的是，Listing rules 在历史上曾是英国一份独立的证券上市审核的基石性法案，它由 FSMA（2000）法案授权 FSA 制定，最后修改于 2005 年，现在作为一个整体仍然有效。FSA 一分为二后，FCA 在上市标准方面对 Listing rules 做了较多的改动并被统一编入 FCA 的手册之中（FCA Hand Book），因此目前 FCA Hand Book 中的 Listing，Prospectus and Disclosure 一节是现代意义上的 LR，PR 和 STR。

证券交易所负责核准在其市场交易，交易所的审核标准是《准入和披露标准》(2018)[①]。这两项审核程序是同时进行的，英国主板市场的审核制度核心为核准制。申请上市的企业需要向 UKLA 和伦敦交易所主板同时申请。

根据 LR 2.2 Requirements for all securities，英国的普通（Standard）上市标准主要包括：

第一，企业标准。如果是英国的企业，则必须是依据英国公司法合法组织起来的公司。由于上市的前提条件是公开发行获得批准，结合英国公司法对公众公司界定的标准，其必须为公众公司。对于主板上市的公司必须是公众公司（Public Company），由 FSA 制定的 Listing Rules（2005）曾有过明确的说明[②]，但在当前的版本中，这一说明被删除，但结合相关制度可以得到验证。

第二，经营标准。上市申请企业必须拥有不少于三个年度的经过审计的连续经营业绩记录，必须拥有独立收入的主营业务。

第三，提交报表。向 UKLA 和伦敦交易所上市委员会提交年度报告、半年报告和中期报告。

第四，企业合规和采取公认的会计标准，上市的决议获得充分的授权。

第五，如果是股票，必须是可以自由转让的，且上市的股份总价值不得低于 700000 欧元。

第六，公众持股比例不低于总发行股本的 25%[③]。

4. 英国的多层次资本市场

（1）主板市场

伦敦证券交易所在主板市场设有 3 个不同等级的子市场，分别是优质市场（Premium Market）、标准市场（Standard Market）和高速发展市场（High Growth Segment）。优质市场是主板市场中等级最高的股票市场，它采用高于欧洲股票市场最低上市标准的高等上市规则（Super－Equivalent），旨在筛选出最优质的

① https：//www. londonstockexchange. com/companies－and－advisors/main－market/documents/admission－and－disclosure－standards－new2018. pdf，2018 年 12 月 24 日最后访问。

② LR 3. 2.

③ LR 14. 2. 3.

企业，为投资者提供最稳定和安全的投资渠道。英国的主板市场虽然内部有分层，但是它们均构成欧盟指令意义上的受监管的市场，是公开的市场，因此即使在上市标准方面有所区别，它们仍要受到UKLA和交易所的双重监管，在3个主板市场上市的企业也都需要经过UKLA和交易所的双重批准。

优质市场（Premium Market）的上市标准和相关制度在LR中占据篇幅较大，LR7、LR8、LR10－13、LR16、LR16都集中讨论了优质市场的上市标准、原则的特别规定，其中最明显的区别是在优质市场上市必须有保荐人（Sponsor）、关联交易（Significant Transaction）方面的限制、关联人（Related Person）方面的限制、更严格的自我回购股份限制。根据LR对优质市场和标准市场规制原则的阐述①，一个在优质市场上市的公司需要遵循的准则为：

第一，必须采取合理的措施使它的董事会成员理解他们的责任和义务；第二，必须正直地对待股东和潜在的股东；第三，同样类型的股份具有同样类型的权利，当上市公司有不同类别的股份时，这些股份加总起来的表决权应当与其在股份总额的比例中保持相称的比例；第四，上市公司应当有效地向其股东或者潜在的股东传递信息以避免其受到误导。

而相应标准市场上市的公司的要求则简单许多②：

第一，上市公司必须采取合理的措施建立和保持适当的公司程序和公司控制以确保它能够满足义务和要求；第二，上市公司必须采取开放和合作的态度对待FCA的措施。

（2）AIM（Alternative Investment Market）市场

除主板市场外，伦敦交易所还存在着AIM市场，业界一般将其归为“二板市场”，AIM市场上的公司可以不是上市的公司，因此不需要UKLA的批准，只需要伦敦交易所上市委员会依据AIM公司规则（AIM Rules for Companies）进行批准。但是AIM市场也可以接纳经过UKLA批准的公开发行的公司，AIM市场既可以为公开发行的公司提供股份交易的场所，也可以为非公开发行的公

① LR 7. 2. 1A.

② LR 7. 2. 1.

司提供交易的场所，AIM 市场更多强调的是一种物质的和技术的场所属性。当 AIM 为非公开发行的公司提供交易服务时，为了避免编制招股说明书时发生复杂的情况进而触发 UKLA 的审批程序，大部分在 AIM 进行的 IPO 都是采用向机构、合格投资者或者少量非合格投资者（150 人以下）进行配售的形式。

根据 AIM 公司规则，在 AIM 上市的公司必须有特定的顾问（出于习惯，以下称为"保荐人"）辅导其上市，保荐人的责任是终身的，无论保荐人以何种原因造成信息的缺漏，都会造成正在申请上市的被保荐企业的上市申请审核立即终止、已上市企业的股票交易立即停止。AIM 市场的特色是以保荐人制度为核心的，将公司的信息披露、公司治理等问题集中在保荐人本身。

AIM 公司规则对其公司的其他要求较为宽松：1）对经营记录没有要求，而主板市场要求三年；2）对股本没有要求，主板要求发行股份的价值应当在 700000 欧元以上；3）对公众持股和股份分散性没有要求，主板要求有 25% 的股份掌握在公众手中；4）对于信息披露、公司治理和经营能力，AIM 市场并没有强制性的要求，但实际上是通过控制保荐人的行为和资质来间接筛选，并通过事后的处罚和处理确保保荐人发挥良好的中介职能。

值得注意的是，在公司形式方面，AIM 市场要求来此上市的公司应当有类似于（similar to）英国公众公司（Public Limited Company）的组织结构，这也意味着来 AIM 市场融资的公司可以不采取狭义的英国《公司法》上的公众公司的组织结构。但是由于保荐人的作用，来 AIM 市场融资的公司或多或少应当具备英国《公司法》上的公众公司在信息披露、公司治理等方面的特别要求。

（三）英国公众公司监管的制度和理论

英国公众公司监管的制度和理论与上述欧盟公众公司监管的制度和理论有明显的继承或血缘关系，在如何处理以公司发行证券为名的欺诈行为、如何认定公众公司并予以监管、如何处理非上市公众公司信息披露的限度问题、如何处理非上市公众公司治理机构的限度问题等方面有类似的经验和制度。但结合现有资料，英国公众公司监管制度和理论在以下方面与欧盟相关方面相比有值得关注之处。

1. 如何认定狭义的公众公司并予以监管方面

英国公众公司认定标准比欧盟标准多了一项即能否向公众发出要约，这一要求在《1908年公司法》中就有所体现［有关私人公司认定标准的121条第（c）项］，可以认为是英国法传统的认定公众公司的标准。但是这种标准如何理解本身就是一个问题，从上文介绍来看，正面界定主要有三种观点：（1）看事实上是否向公众发出要约；（2）看章程中是否记载了能否或者计划向公众发出要约；（3）公众公司只是向公众发出要约的必要条件之一，即只有公司组织结构为公众公司的公司才有资格向公众发出要约，但合法地向公众发出要约还需要满足其他条件，如以合法合规的方式制作招股说明书、获得主管机关的批准等。

但是如果结合英国证券法尤其是招股说明书的相关规则PR，这一传统界定公众公司的正面标准已经不具有实践意义，因为监管机关主要是从反面豁免的角度界定任何向“公众”发出要约的行为，主要包括合格投资者、150人人数标准等。

从历史上来看，《1908年公司法》还规定了股东（公司成员）的人数即50人作为判断私人公司（以及其反面——公众公司）的标准，虽然这一标准已经不见诸现代英国《公司法》，但该标准被证券法规则吸收，作为“不视为向公众发出要约”的一种行为类型，任何向150人以下非合格投资者发出的证券要约不被视为公开发出要约。现代英国证券法规则或者欧盟证券法规则中并不包括公众公司理论。

《1908年公司法》还规定股份的可转让性作为判断私人公司（以及其反面——公众公司）的标准，从相关文献来看，这里的可转让性主要是指董事对公司股份转让的否定权力和股东优先购买权，这一要求实际上已经被现代的英国证券法所吸收，要求任何上市的公司没有股权转让方面的负担。

总的来说，传统公司法层面的公众公司理论（上述的三要素）在英国的公司设立、公司公开发行股份和公司上市中已不再发挥重要的基准作用。

2. 如何处理非上市公众公司信息披露的限度问题

欧盟受到英国全口径披露公司财务信息制度的直接影响。在基于信息披露目的的公司分类方面，英国比欧盟做得更加彻底和细化，增加了两个种类（享受小公司豁免待遇的公司和非上市公司），更加值得注意的是，英国《公司法》将公众公司与私人公司的分类加入公司信息披露的分类中，将公众公司彻底排除在中型公司和小公司之外。欧盟《公司法》指令没有类似的规定，这是因为在欧盟《公司法》指令的规范中，公众公司与股份有限公司是相等的，而小公司是按照经济社会意义规模来划分的，现实中存在规模非常小的股份有限公司，所以股份有限公司也可能构成欧盟法上的小公司，进而部分豁免相关信息披露义务。在英国法上，公众公司的内涵更加丰富一点，公众公司的门槛似乎要比德国股份有限公司的门槛高（如公司秘书是必备职位等），虽然也是可以依声明注册而成立，但是它具有更为复杂的公司治理体系和高成本的信息披露要求。

3. 如何处理非上市公众公司治理的限度问题

英国《公司法》不仅提供了整体成本更高的信息披露体系，似乎还提供了更为程式化和多层次的公司治理体系。私人公司和公众公司在治理要求方面的差距整体较大，至少与我国《公司法》中有限责任公司和股份有限公司之间的差距相比，英国《公司法》上的公众公司的治理要求要显著更高一点。假设我国《公司法》对股份有限公司确实是水平较低的，这可能说明我国非上市公众公司的公司治理要求，在客观上还有提升的空间。

（四）英国公司和证券法律中的“公共性”因素

正如上文所述，狭义的英国语境下的“公众公司”及其理论只在公司分类等理论层面仍然具有重要的作用，但是在具有公众公司属性公司的监管、公司股票的公开发行、公司的上市以及多层次资本市场的建设等方面并没有非常现实和实际的意义。

但这并不能说明公司的公众性或者“公共性”因素在英国法中不具有重要的地位，只是公司的公共性和狭义的“公众公司”的理论历史未必具有一一对应的关系。

对于公司公共性的标准，国内有学者将其归纳为：（1）股东的人数和异质性程度；（2）公司的成立依据和在社会中的职能承担；（3）公司实际运行中的独立性程度；（4）公司的财产组成方式和来源四方面①。如果参考这些标准，我们可以发现英国《公司法》和《证券法》上的一些制度非常准确地体现了公司公众性的指导原则。

1. 股东人数和股东异质程度

欧盟和英国的证券法律制度认为，向 150 人以下的非合格投资者发出购买股份的要约不被视为公开发行，而根据英国《公司法》，公开发行又是公众公司的核心定义标准之一，这表明欧盟和英国仍然承认股东人数在判断公司公众性的重要地位。对于股东异质性程度，在上文介绍伦敦交易所主板市场中的优质市场和标准市场时，LR 强调优质市场上市的公司应当在类别股的对待上更加审慎，进而受到直接的规则控制，如必需类别股的总计投票额应当保持合适的比例等，而在标准市场上市的公司则更加尊重其对类别股的投票权安排的自治性，从这里我们也能看出对股东异质性的考量及其背后折射的公司公众性程度是英国判断多层次资本市场分类的重要标准。

2. 公司的成立依据和在社会中的职能承担

英国上市规则 LR 对申请上市者的公司设立要求排除了公共部门公司发行者（Public Sector Issuer②）的适用，事实上，英国的《公司法》也不适用于公共部门，英国法下的公共部门包括各种类型的国有企业和组织、国际组织等。在英国法的语境下强调公司的公众性，公司的成立依据和在社会中的职能承担也是一个不可回避的话题，它不仅是一个公司立法选择即采取一元化的立法方式或者多元化的立法方式的问题，而是一个整体的系统问题，本文提及的证券上市的例外就是一个著例。

① 邓峰．普通公司法［M］．北京：中国人民大学出版社，2009.

② LR 2，2，1：states and their regional and local authorities，state monopolies，state finance organisations，public international bodies，statutory bodies and OECD state guaranteed issuers.

3. 公司实际运行中的独立性程度

公司实际运行中的独立性程度本身也是有层次的，这一点可以从英国上市规则中的优质市场、标准市场和 AIM 市场对公司治理的表述中发现。AIM 市场上市的公司的治理要求最低，只要求类似于英国《公司法》的标准，在理论上甚至不要求注册为狭义的公众公司。

标准市场上市的公司的独立性程度的表述为：上市公司必须采取合理的措施建立和保持适当的公司程序和公司控制以确保它能够满足义务和要求，其核心要求是确保法律（主要是英国《公司法》）和章程规定的公司程序和公司控制得以有效的运行。

而优质市场上市的公司需要满足的标准则更加高级和严格，表述为：第一，必须采取合理的措施使它的董事会成员理解他们的责任和义务；第二，必须正直地对待股东和潜在的股东。LR 对优质市场上市公司治理的整体要求从满足形式上的公司程序和公司控制到更接近于实质结果的、穿透到管理层个人的忠诚勤勉，再联系在优质市场上市所要求的强制保荐制度中对保荐人提升公司治理水平的要求，可以发现，虽然英国证券法律并没有明显的治理要求，但是其监管哲学是非常明确和统一的。

英国《证券法》和《公司法》没有很多明确的甚至死板的要求，但正是这种在清晰的监管哲学指导下的原则监管的理念才是英国《证券法》和《公司法》的精髓所在。

4. 公司的财产组成方式和来源

欧盟和英国《公司法》的一个非常有特色和值得借鉴的制度就在于，它们不仅将股东、董事、债权人等公众的“人”的因素纳入公众性以及公司分类的考量之中，还将资产的规模、营业收入、雇员规模等“物”的因素纳入公司分类的直接标准，形成从微小公司、小公司、中型公司到公众公司等丰富的公司分类结构，并根据详细的公司分类制定了详细的信息披露和公司治理的差异标准。在英国公司和证券法律制度中，客观的物的因素也是公众性的重要标准之一。

第二节　我国香港地区的制度考察

一、香港公众公司分类标准概述

根据《公司条例》第11条和第12条的规定，香港公司可以分为私人公司和公众公司，区分的标准主要是以下四个：第一，成员是否超过50人①；第二，公司章程是否限制成员转让股份的权利；第三，是否允许公开认购公司的股份或债权证；第四，是否属于担保有限公司。也即，在同时满足公司章程规定成员人数不限于50人、公司章程未限制成员转让股份的权利、公司章程允许邀请公众人士认购该公司的任何股份或债权证以及公司不属于担保有限公司四个条件时，该公司属于公众公司。而资产规模、股权分散程度、公司雇员人数、公司股权流动性等因素并非区分私人公司和公众公司的标准。

但是，根据香港证监会出台的没有法律强制性效力的《公司收购、合并及股份回购守则》的规定，在确定公司是否为在香港的公众公司时，会综合考虑公司所有情况，并进行经济或商业上的测试，主要顾及香港股东的人数、股份在香港买卖的程度及其他因素。

① 根据《公司条例》第11条的规定，计算成员人数时，不包括：(a) 本身是有关公司雇员的成员；及 (b) 曾同时是成员及有关公司雇员，但不再是该公司雇员后仍继续是成员的人；(c) 就本条而言，如2名或多于2名人士联名持有公司股份，他们须视为一名成员。

香港公司还可分为有限公司（股份有限公司、担保有限公司）和无限公司[①]。根据《公司条例》的规定，股份有限公司是指：（1）公司的章程细则将其成员的法律责任限于该成员所持有的股份的未缴款额的公司；（2）就第（1）款而言，如某原有公司的组织章程大纲中，有某条件述明成员的法律责任是有限的，而该条件凭借第98条被视为该公司的章程细则的条文，则该公司成员的法律责任，即视为按该公司的章程细则而限于该成员所持有的股份的未缴款额。

担保有限公司是指：（1）没有股本，同时该公司的章程细则将其成员的法律责任限于该成员借该章程细则承诺在该公司清盘时支付作为该公司资产的款额的公司；（2）如有关的公司于2004年2月13日之前，根据《旧有公司条例》组成或成为担保有限公司，则不适用"该公司没有股本"的要求。

无限公司是指公司成员的法律责任并无上限的公司。

香港公众公司并不要求等额划分股份，因此有限责任公司和无限公司都可能属于公众公司。

综上，根据《公司条例》第66条的规定，香港公司具体有以下五类：公众股份有限公司、私人股份有限公司、有股本的公众无限公司、有股本的私人

---

① 《公司条例》7. 有限公司

就本条例而言，如某公司属股份有限公司或担保有限公司，该公司即属有限公司。

《公司条例》8. 股份有限公司

（1）就本条例而言，如某公司的章程细则将其成员的法律责任限于该成员所持有的股份的未缴款额，该公司即属股份有限公司。

（2）就第（1）款而言，如某原有公司的组织章程大纲中，有某条件述明成员的法律责任是有限的，而该条件凭借第98条被视为该公司的章程细则的条文，则该公司成员的法律责任，即视为按该公司的章程细则而限于该等成员所持有的股份的未缴款额。

《公司条例》9. 担保有限公司

（1）就本条例而言，如某公司符合以下说明，该公司即属担保有限公司——

（a）该公司没有股本；及

（b）该公司的章程细则将其成员的法律责任限于该成员借该章程细则承诺在该公司清盘时支付作为该公司资产的款额。

（2）如有关的公司于2004年2月13日之前，根据《旧有公司条例》组成或成为担保有限公司，则第（1）（a）款不适用。

《公司条例》10. 无限公司

就本条例而言，如某公司的成员的法律责任并无上限，该公司即属无限公司。

无限公司、无股本的担保有限公司。

同时，根据股票是否上市可以将香港公司分为上市公司和非上市公司。根据《香港联交所有限公司证券上市规则》（以下简称《主板上市规则》）、《香港联合交易所有限公司 GEM 证券上市规则》（以下简称《GEM 上市规则》）[①]，上市公司必须为公众公司，私人公司均属于非上市公司。

香港公众公司不能等同于上市公司。对于非上市公众公司，只要其章程细则没有对之作出限制，使之符合私人公司的条件，它们仍作为公众公司而存在。

二、香港非上市公众公司内部治理要求与监管相关规范

对于公众公司的监管要求，香港仅仅区分上市与非上市公司，上市公司除遵守《公司条例》外，还需遵守《上市规则》《证券与期货条例》等相关规范；就非上市公众公司而言，香港并未以规模、类型为标准予以差异化监管，相关监管规范主要规定于《公司条例》，主要的监管措施为要求公司履行信息披露义务。

（一）《公司条例》相关规范

结合前文所述，在香港，非上市公众公司有非上市的公众股份有限公司、有股本的公众无限公司。

就香港相关法律而言，适用不同规则的标准主要为是否上市、是否为公众公司，并未对非上市公众公司作出过多例外规定。所有公司根据《公司条例》第 2 部、第 7 部、第 9 部、第 12 部等部次的相关规定，都要履行相应的信息披露义务，主要体现在需要按照《公司条例》的规定将如公司登记册、债权证持有人登记册、会计记录、董事登记册、公司秘书登记册等相关文件提交至供公司注册办事处以供公众或公司成员查询。由于香港公众公司不受私人公司必须

---

① 《主板上市规则》8.03

如发行人是一家香港公司，则不得是《公司条例》第 11 条所指的私人公司。

《GEM 上市规则》11.23

（7）在下文第 11.23（10）条的规限下，无论何时，发行人已发行股份数目总额必须至少有 25% 由公众人士持有；……

具备的3个条件的限制[①]，在募集资本、扩大经营规模以及股东通过股份的转让随时转移风险等方面，具有私人公司所不具有的优点，但香港公众公司有更高的信息公开义务。

具体而言，非上市公众公司在内部治理要求与监管方面，具有一定特殊性的相关规范主要有以下七点：

（1）《公司条例》规定的章程细则范本自动适用于有限公司，故非上市的公众股份有限公司将自动适用章程细则范本。

（2）公众公司向私人公司的转化。如公众公司修改其章程细则，以致该章程细则符合第11（1）（a）条[②]，则在该项修改生效的当日，该公司即不再是公众公司。[③]

（3）提交财务报告方面的豁免。只有符合一定条件的私人公司可以豁免提供财务报告，公众公司必须提供财务报告。

（4）对董事要求。公众公司在董事方面有一些特殊要求，首先，公众公司至少要有2名董事（私人公司至少要有1名董事）；其次，法人团体不得成为

---

① 根据《公司条例》第11条的规定，私人公司要受以下3个条件的限制：该公司的章程细则（1）限制成员转让股份的权利；（2）将成员最高人数限于50人；（3）禁止邀请公众人士认购该公司的任何股份或债权证。

② 《公司条例》11. 私人公司

（1）就本条例而言，如某公司符合以下说明，该公司即属私人公司——

（a）该公司的章程细则——

（i）限制成员转让股份的权利；

（ii）将成员最高人数限于50人；及

（iii）禁止邀请公众人士认购该公司的任何股份或债权证；……

③ 《公司条例》95. 影响公众公司的地位的修改

（1）如公众公司修改其章程细则，以致该章程细则符合第11（1）（a）条，则在该项修改生效的日期当日，该公司即不再是公众公司。

（2）除第88（5）条所规定的文件外，有关公司须于有关修改生效的日期后的15日内，将关于更改该公司的地位的通知交付处长登记，该通知须符合指明格式。

（3）如公司违反第（2）款，该公司及其每名责任人均属犯罪，可各处第3级罚款，如有关罪行是持续的罪行，则可就该罪行持续期间的每一日，另各处罚款300美元。

公众公司的董事；再次，公众公司的董事委任需要个别表决[①]。

（5）举办周年成员大会方面。公众公司须就其每个财政年度，在其会计参照期（有关财政年度是参照该限期而决定的）结束后的6个月内，举行一次成员大会，作为其周年成员大会；私人公司或担保有限公司须就其每个财政年度，在其会计参照期（有关财政年度是参照该限期而决定的）结束后的9个月内，举行一次成员大会，作为其周年成员大会。

（6）提交周年申报表方面。公众公司或担保有限公司须就每一个财政年度，在该公司的申报表日期后的42日内，将周年申报表交付处长登记；私人公司须就每一年（其成立为法团当年除外），在该公司的申报表日期后的42日内，将周年申报表交付处长登记。公众公司的周年申报表还需附随公司成员的相关文件。

值得注意的是，如果私人公司实际违反了第11条对私人公司股权转让、人数、公开发行股份的限制，需要在该年按照公众公司的标准提交周年申报表[②]。

（7）公众公司和银行、保险等金融机构类公司不能通过以公司或其任何董

---

① 《公司条例》460. 董事的委任须个别表决

（1）本条适用于——

（a）公众公司；及

（b）担保有限公司。

（2）在公司的成员大会上，如拟动议提出借单一项决议委任2人或多于2人为该公司的董事，须首先在该成员大会上通过一项批准提出该动议的决议，且无人对该决议投反对票，否则不得提出该动议。

（3）任何违反第（2）款而动议的决议属无效，不论当时是否有人反对如此动议该决议亦然。

（4）即使有关决议属无效，在没有另一项委任的情况下，自动再度委任卸任董事的条文（不论该条文是载于有关公司的章程细则，或载于与该公司订立的合约或其他文件）不适用。

（5）就本条而言，批准委任某人的动议，或提名委任某人的动议，须视为委任该人的动议。

② 《公司条例》664（4）尽管有第（3）款的规定，如——

（a）私人公司根据第662（1）条，须就某年交付周年申报表；而

（b）在该年中的任何时间——

（i）该公司在违反其章程细则所施加的限制的情况下，登记该公司股份的任何转让；

（ii）该公司的成员人数，超出第11（1）（a）（ii）条指明的人数；或

（iii）该公司邀请公众人士认购该公司的任何股份或债权证，

该周年申报表须改为载有第（5）款指明的资料，并须随附第（5）款指明的文件。

（5）上述数据及文件是——

（a）附表6就公众公司而指明的数据及文件；及

（b）有关公司的财政年度所关乎的资料及文件，而该财政年度终结的日期，是在有关周年申报表须就之而交付的一年中。

事或成员的名义向公司注册处处长申请撤销注册的方式解散公司。

(二) 香港证监会出台的没有法律效力的《公司收购、合并及股份回购守则》[①] 相关规范

1. 适用范围

根据《公司收购、合并及股份回购守则》第4条的规定，《收购守则》《股份回购守则》适用于影响香港公众公司，其股本证券在香港做第一上市的公司及其单位在香港做第一上市的房地产基金（定义见房地产基金指引注释）的收购、合并和股份回购。因此，一般而言，《收购守则》适用与否，取决于受要约公司、可能的受要约公司或控制权可能有变或获得巩固的公司的性质。不过，《收购守则》规则2也指明在某些情况下，为了落实《收购守则》的目标，有必要同时考虑要约人股东所获得的待遇。对于在香港以外的地方做第一上市的公司，只要香港的股东已获得充分的保障，执行人员通常也会豁免其遵守《股份回购守则》的规定。

2. 非上市公众公司的披露义务

上市公司的相应披露义务应当按照《上市规则》的相应规定作出。非上市受要约公司的公布以付费公布形式，于最少一份主要英文报章及一份主要中文报章刊登。所有非上市受要约公司刊登的文件必须以电子方式交付于执行人员，登载于证监会网站。如果非上市要约人无法按照《上市规则》规定在联交所网站刊登文件，则参照非上市受要约公司规定公布。

同时，根据《公司收购、合并及股份回购守则》的规定，关于上市公司披露交易方面的规定同样适用于非上市公众公司的有关证券交易。

三、公众公司与公开转让的关系

根据《公司条例》第134条的规定，无论是私人公司，抑或是公众公司，其股份均可按照公司章程的规定转让，但私人公司的章程有限制成员转让股份的权利。同时，根据《公司条例》第151条的规定，转让股份的受让人或出让人，须向公司提交转让书以登记有关转让，公司可以拒绝办理登记，但需出具述明拒绝理由的陈述书。如公司拒绝登记一项转让，受让人或出让人可以向法

---

① 包括《公司收购、合并守则》(以下简称《收购守则》) 和《公司股份回购守则》(以下简称《股份回购守则》) 两份守则，虽然无法律效力，但《上市规则》明确规定，守则必须予以遵守。

庭申请命令，请求公司登记有关转让。也即，非上市公众公司也可依据《公司条例》享有一定的股份公开转让权。

四、公众公司各阶段监管举措

与主板相比，在 GEM（Growth Enterprise Market）上市的公众公司风险较大，因此 GEM 上市公司被课以更严格的披露义务。在公开发行阶段，公众公司需根据《主板上市规则》《GEM 上市规则》，向联交所提供资料以证明其具备上市资格，以主板为例，公司需根据《主板上市规则》第八章的规定提供证明其能通过盈利测试或市值/收益/现金流量测试或市值/收益测试的资料。此外，GEM 上市申请人的上市文件中必须详细列出其业务发展历程以及未来的业务计划。

在公开交易阶段，上市公司信息披露文件的类型包括公告、通告、通函、财务报表、环境社会及管治资料、月报表和权益变动情况等。公布内容主要有：业绩公告、周年股东大会及特别股东大会的详情、业务性质的转变、董事人选的改变、股份截止过户日期、须予披露的交易、关联交易、建议进行的供股安排、拟进行的收购活动或私有化，以及就不寻常股价或交投量的波动作出解释等。联交所主板公司的季报属于自愿披露内容，部分公司基于公司策略及商业机密的考虑将不披露季度报告。但 GEM 发行人须每半年就首两个财政年度的业务进展与原定的业务计划做比较，而且除了一般的半年度账目及全年账目外，发行人还须编制季度报告。关于权益披露，公司内幕人士须在以下事件发生时，向联交所及有关的上市公司发出通知：持有上市公司 5% 或以上任何带有投票权的股份类别的权益的个人及公司，必须披露其在该上市公司带有投票权的股份的权益及淡仓；上市公司的董事及最高行政人员必须披露其对某上市公司（或其任何关联实体）的任何股份的权益及淡仓，以及他们对该上市公司（或其任何关联实体）的任何债权证的权益。

在退市阶段，香港上市公司退市监管框架由《主板上市规则》《GEM 上市规则》两部法规以及相关应用指引（主要为主板《第 11 项应用指引》）构成，如表 10 所示。

联交所裁量挂牌公司是否失去上市地位主要取决于发行人能否履行持续责任，退市条件设定主要包括公司主营业务、经营资产、经营合规、证券交易、信息揭露、持股结构等几个方面。

表 10　　　　香港上市公司退市监管框架

序号	退市标准	《主板上市规则》及应用指引	《GEM 上市规则》及应用指引
1	发行人被接管或清盘	《第 11 项应用指引》第 3A 条	第 9.04 条
2	将连续停牌 18 个月（主板）/12 个月（GEM）的证券除牌	第 6.01A 条	第 9.14A 条
3	公众人士持有证券数量不足，未于指定期限作出补救	第 8.08（1）条①、第 6.10 条	第 9.04 条 第 11.23 条②

① 8.08 寻求上市的证券，必须有一个公开市场，这一般指：

（1）（a）无论何时，发行人已发行股份数目总额必须至少有25%由公众人士持有。

（b）对于那些拥有一类或以上证券（除了正申请上市的证券类别外也拥有其他类别的证券）的发行人，其上市时由公众人士持有［在所有受监管市场（包括本交易所）上市］的证券总数，必须占发行人已发行股份数目总额的至少25%。然而，正申请上市的证券类别，则不得少于发行人已发行股份数目总额的15%而其上市时的预期市值也不得少于1.25 亿港元。

附注：（1）发行人应注意，无论何时，证券均须有某一指定的最低百分比由公众人士持有。如由公众人士持有的百分比跌至低于最低限额，则本交易所有权将该证券停牌，直至发行人已采取适当的步骤，以恢复须由公众人士持有的最低百分比为止。就此而言，如公众持股量降至15%以下［如发行人已获得《上市规则》第8.08（1）（d）条下的公众持股量豁免，则有关百分比为10%］，则本交易所一般会要求发行人的证券停牌。……

（d）如发行人预期在上市时的市值逾100 亿港元，另外本交易所也确信该等证券的数量，以及其持有权的分布情况，仍能使有关市场正常运作，则本交易所可酌情接纳介于15%至25%之间的一个较低的百分比，条件是发行人须于其首次上市文件中适当披露其获准遵守的较低公众持股量百分比，并于上市后的每份年报中连续确认其公众持股量符合规定（参阅《上市规则》第13.35 条）。此外，任何拟在香港及香港以外地区市场同时推出的证券，一般须有充分数量（事前须与本交易所议定）在香港发售。

附注：经修订的介于15%及25%之间的较低公众持股量百分比没有追溯效力；2004 年3 月31 日之前已有的安排不会借此作出修订。……

② 11.23……（2）就寻求上市的所有股本证券而言，除第（3）及第（4）分段订明者外：

（a）由公众人士持有的股本证券的市值（于上市时厘定）必须最少为45,000,000 港元；及

（b）于上市时，该等证券必须有不同方面的人士持有。数目将视乎发行的规模及性质，唯作为指引而言，于上市时，公众持有的股本证券须最少由100 个人持有（包括透过中央结算系统持有其证券的人士）；

（3）就寻求上市的可认购或购买股份的期权、权证或类似权利（“权证”）而言：

（a）如属新申请人的情况：

（i）有关权证的市值（于其上市时厘定）必须最少为6,000,000 港元；及

（ii）于上市时，该等权证必须有不同方面的人士持有。数目将视乎发行的规模及性质，唯作为指引而言，于上市时，公众持有的权证须最少由100 个人持有（包括透过中央结算系统持有其权证的人士）；及

（b）如属上市发行人的情况：

（i）有关权证的市值（于其上市时厘定）必须最少为6,000,000 港元；及

（ii）于上市时，该等权证必须有不同方面的人士持有，但如果有以下情况，则不适用：（a）该等权证是以发行红利证券方式向发行人股份的现有持有人派送；以及（b）在拟作红股发行的公告日期前5 年之内，并无情况显示发行人的股份可能集中于几个股东手中。于上市前，该等权证必须有不同方面的人事持有。数目将视乎发行的规模及性质，唯作为指引而言，于上市时，公众持有的权证须最少由100 个人持有（包括透过中央结算系统持有其权证的人士）；

（4）如情况属上市发行人寻求将已上市的证券类别的更多证券上市，则第（2）及第（3）分段所载的限制均不适用；……

续表

序号	退市标准	《主板上市规则》及应用指引	《GEM 上市规则》及应用指引
4	交易所认为发行人无足够业务运作或相当价值的资产，未于指定期限作出补救	第 13.24 条①、第 6.10 条	第 9.04 条 第 17.26 条②
5	交易所认为发行人或其业务不再适合上市，未于指定期限作出补救	《第 11 项应用指引》3A 条：发行人不再适合上市，或成为“现金资产公司”，第 6.10 条、第 14.82 条③	第 9.04 条 第 11.06 条④
6	发行人证券已停牌持续较长时间，妨碍市场正常运作，而发行人无采取适当行动以恢复其上市地位，可能导致被除牌	第 6.04 条、第 6.08 条	第 9.04 条 第 9.14 条
7	经股东大会表决同意转往其他受认可的公开证券交易所上市，不拟在联交所挂牌上市的	第 6.11 条、第 6.12 条、第 6.16 条	第 9.19 条
8	经过股东大会同意撤回上市地位	第 6.11 条	第 9.20 条
9	发行人被全面要约收购或私有化	第 6.15 条	第 9.23 条

---

① 13.24 发行人须有足够的业务运作（不论由其直接或间接进行），或拥有相当价值的有形资产及／或无形资产（就无形资产而言，发行人须向本交易所证明其潜在价值），其证券才得以继续上市。未能符合第 13.24 条规定的发行人的特征包括：

（i）出现财政困难，以致严重损害发行人继续经营业务的能力，或导致其部分或全部业务停止运作；及／或

（ii）发行人于结算日录得净负债，即发行人的负债额高于其资产值。

② 17.26 发行人须有足够的业务运作（不论由其直接或间接进行），或拥有相当价值的有形资产及／或无形资产（就无形资产而言，发行人须向本交易所证明其潜在价值），其证券才得以继续上市。注：未能符合第 17.26 条规定的发行人的特征包括：

（i）出现财政困难，以致严重损害发行人继续经营业务的能力，或导致其部分或全部业务停止运作；及／或

（ii）发行人于结算日录得净负债，即发行人的负债额高于其资产值。

③ 14.82 不论何种原因（包括因为完成一项须予公布的交易或关联交易后出现的实时结果），如上市发行人（《上市规则》第二十一章所界定的“投资公司”除外）全部或大部分的资产为现金或短期证券，则该上市发行人不会被视为适合上市，而本交易所会将其停牌。“短期证券”指年期少于一年的证券，如债券或多种长短期票据。

④ 11.06 发行人及其业务必须属于本交易所认为适合上市者。在不损害本规则的一般性原则下，其资产全部或大部分属现金或短期证券的发行人通常视作不适合上市，除非该发行人或集团只从事或主要从事证券经纪业务。“短期证券”指剩余的年期少于一年的证券，例如债券或各种年期的票据。

续表

序号	退市标准	《主板上市规则》及应用指引	《GEM 上市规则》及应用指引
10	发行人符合《主板上市规则》第9A.02 条规定，由 GEM 转往主板上市后在 GEM 市场除牌的	—	第9.24~9.26 条①

五、多层次资本市场方面

（一）香港主板和 GEM 都未对投资者准入设置特别要求

（二）监管功能与服务功能的协调

联交所具有双重职能，作为上市公司监管的前线机构，其具有监管职能，需要以维护公众、投资者利益为原则行事，维护市场秩序；同时其作为股份公司，有义务为其股东谋取利益，通过为上市公司提供优质、弹性服务，吸引更多证券发行者在联交所上市，获得利润。香港主要通过证监会对联交所实施监督以实现联交所监管功能与服务功能的协调。根据2003 年联交所和证监会签署的《上市事宜谅解备忘录》及 2018 年签署的《上市事宜谅解备忘录之补充文件》，联交所和证监会共同负责香港上市公司监管工作。

联交所在上市公司监管方面承担主导角色，根据法例，联交所负责在合理的切实可行的范围内，确保香港市场是公平、有秩序及信息灵通的。联交所主要是通过监察股价走势及媒体报道，审核重大公告及文件的草拟稿，制定上市公司的企业管治准则及指引以及开展纪律行动等方式确保上市公司及其董事、高管遵守《上市规则》，履行监管职能。在保荐人及独立财务顾问方面，联交所作为市场营运机构，负责制定及执行适用于保荐人及独立财务顾问的《上市

① 9.24（1）其股本证券在 GEM 上市的发行人只要符合《主板上市规则》第9A.02 条的规定，便可申请由 GEM 转往主板上市。有关条文载于《主板上市规则》第九 A 章。（2）对于由 GEM 转往主板上市，本交易所不会视为取消上市地位。因此，《GEM 上市规则》第9.19 条至第9.23 条不适用于此等转板上市的情况。

9.25 转板上市的申请应提交上市科，而上市科可拒绝有关申请，或向主板上市委员会推荐有关申请，由其按《主板上市规则》的规定做最后审批。

9.26 发行人应在合理可行的情况下尽快（但无论如何不迟于为从 GEM 转往主板上市而将申请呈交本交易所当日）发出公告，以知会市场有关实况。

规则》的规定，包括关于尽职审查的应用指引。

另外，香港证监会在上市监管的部分领域具有领导地位。证监会的法定责任之一是监督联交所履行其与上市事宜有关的职能及职责。根据双重存档制度，联交所会将由上市申请人递交的资料的副本送交证监会，如证监会认为有关的上市资料内所做的披露具有载有虚假或具误导性的数据等情况，证监会有权否决有关的上市申请。同时，所有就《上市规则》所做的修订及会强制执行或应用范围广泛的政策决定，均须获证监会批准。此外，在涉及企业失当行为、保荐人及独立财务顾问等工作中，证监会具有法定调查及执法权力。

（三）拒绝上市申请的规定

在发行和上市审核中，香港实行双重存档制，即证券发行上市的申请人，在向香港联交所提交上市申请书后，联交所会将副本交香港证监会存档。联交所是所有上市申请的主要前线监管机构，根据《上市规则》作出决策；证监会作为法定监管机构，在特定情况下有权反对任何上市申请；同时，根据2017年9月公布的《建议改善香港联合交易所有限公司的上市监管决策及管治架构》的联合咨询总结，证监会和联交所还联合成立上市政策小组，作为建议咨询及督导平台，讨论对监管或市场可能有广泛影响的上市政策，但其建议对证监会、联交所无约束力。

在联交所层面，其上市审核标准可以分为客观指标和主观上市适当性要求。首先，当公司无法达到《主板上市规则》第八章和《GEM上市规则》第十一章关于现金流量、股份结构等客观指标时以及当提交资料不完备时，联交所有权拒绝其上市申请；其次，根据《主板上市规则》2.06和《GEM上市规则》2.09的规定，联交所还会根据一般原则酌情决定接纳或拒绝申请①。此处的一般原则为：（1）申请人适合上市；（2）证券的发行及销售是以公平及有序的形式进行，而有意投资的人士获得足够数据，以对发行人及（如属担保发行）担保人及正寻求上市的证券作出全面的评估；（3）上市发行人及（如属担

① 拟成为发行人者（包括上市发行人）应向本交易所寻求非正式及保密的指引，以便及早得知其上市申请建议是否符合要求。

保发行）担保人须向投资者及公众人士提供可能影响其利益的重要数据；（4）上市证券的所有持有人均受到公平及平等对待；（5）上市发行人的董事本着整体股东的利益行事（当公众人士只属上市发行人少数的股东时尤需如此）；及（6）除非现有股东另有决定，否则上市发行人新发行的所有股本证券，均须首先以供股形式售予现有股东。

在证监会层面，证监会就上市申请提出反对的理据载于《证券市场上市规则》第6（2）条。《证券市场上市规则》第6（2）条规定，证监会如觉得出现以下情况，则可反对任何上市申请：（a）该项申请并不符合《证券市场上市规则》第3条所订的某规定［即（i）不符合《上市规则》（获联交所宽免或其没有规定的范围除外；（ii）不符合适用的法律；或（iii）没有载有在顾及该申请人及该等证券的特质下属需要的详情及数据，以使投资者能够就该申请人在申请时的业务、资产、负债及财务状况，以及就该申请人的利润与损失和依附于该等证券的权利，作出有根据的评估］；（b）该项申请在某事关重要的事实方面属虚假或具误导性，或因遗漏某事关重要的事实而属虚假或具误导性；（c）申请人没有遵从向证监会提供该会为执行《证券市场上市规则》授予该会的职能而合理所需的进一步资料的要求，或在看来是遵从该项要求时，向证监会提供在要项上属虚假或具误导性的资料；或（d）让该等证券上市并不符合投资大众的利益或公众利益。

当证监会根据《证券市场上市规则》提出关注事项时，证监会职员将直接与相关申请人及其顾问讨论证监会根据《证券市场上市规则》提出的关注事项。当证监会认为基于已知的事实及情况，较有可能会根据《证券市场上市规则》提出反对时，便会从速直接向上市申请人发出“反对意向书”，当中会详细列出证监会提出关注事项的理由。当证监会职员认为可能有理据支持发出反对意向书，但需向申请人进一步厘清有关事宜时，便会在发出反对意向书前，直接向申请人索取所需数据。证监会将会在《证券市场上市规则》指明的时限内，发出所有索取数据的要求、反对意向书及反对通知书。

（四）对上市公司的自律监管手段

联交所主要是通过要求上市公司及其大股东、董事和高管遵守《上市规则》等相关规定实施自律监管，而《上市规则》规范内容主要是指向公司信息披露义务、禁止失范行为、维持财务指标、股权结构等。

根据《主板上市规则》2A.09 和《GEM 上市规则》3.10 的规定，除停牌、除牌外，联交所还可以通过以下手段对上市公司实施自律监管：（1）发出私下谴责；（2）发出载有批评的公开声明；（3）作出公开指责；（4）向监察委员会或另一监管机构（如财政司、银行监理专员或任何专业团体）或海外的监管机构申报违反规则者的行为；（5）禁止专业顾问或由专业顾问委聘的个别人士在指定期间就上市科或上市委员会规定的事宜代表某指定一方；（6）要求在指定期间内修正违反规则的事宜或采取其他补救行动，包括（在适当情况下）为少数股东委派一名独立顾问；（7）如上市发行人的董事故意或持续不履行其根据交易上市规则应尽的责任，则本交易所可公开声明本交易所认为该董事继续留任将会损害投资者的权益；（8）如董事在根据上文第（7）段发出公关声明后仍留任，则本交易所可停牌或取消发行人的证券或其任何类别证券的上市地位；（9）如上市发行人故意或持续不履行其根据交易所上市规则应尽的责任，则本交易所可指令在指定期间禁止该发行人使用市场设施，并禁止证券商及财务顾问代表或继续代表该发行人行事；（10）酌情采取或不采取其他行动，包括公开根据上文（4）、（5）、（6）、（8）或（9）段所采取的行动。

六、退市方面

香港联交所对不再满足交易所上市和交易条件的上市公司可以行使“除牌”权力，后者因上市地位被撤销而转为非公众公司。香港证券市场并未设场外交易市场，实行“一退到底”制度，因此大部分被强制退市的公司在除牌后即进入破产清算程序。

七、非上市公众公司的数量

根据联交所、注册处发布的统计数据，香港本地非上市公众公司占香港本地公众公司比例呈上升趋势（见表 11）。截至 2017 年 12 月，香港上市公司共 2118 家（主板有 1794 家，GEM 有 324 家），其中香港本地上市公司有 216 家（主板有 207 家，GEM 有 9 家），而香港本地公众公司有 725 家，即香港本地非上市公司有509家，占公众公司总数约70.21%。

表11　　香港本地非上市公众公司数量　　单位：家

类别＼年份	2017年	2016年	2015年	2014年
上市公司数	2118	1973	1886	1752
本地上市公司数	216	212	203	219
本地公众公司数	725	676	634	589
本地非上市公众公司数	509	464	431	370
本地非上市公众公司占本地公众公司总数比	70.21%	68.64%	67.98%	62.81%

八、成为公众公司之因

除了联交所、证监会对上市公司的特殊规定外，根据《公司条例》，香港对于上市公众公司和非上市公众公司在义务、权利、监管要求方面并未予以差异化对待。因此，我们认为，在尚未具备上市资格时，公司选择注册成为公众公司主要是由于与私人公司相比，公众公司在股东人数、转让股份权利、公开认购公司股份或债权证方面不受限。

九、公司注册处对信息披露的监管

根据《公司条例》的规定，公众公司需要将公司登记册、债权证持有人登记册、会计记录、董事登记册、公司秘书登记册等相关文件提交至供公司注册处以供公众或公司成员查询。公司注册处的公司文件注册部负责登记本地及注册非香港公司交付的一般文件、登记押记及解除押记等工作。公众查册部为公众查阅及取得公司资料提供服务。公司成立及条例执行部下设的法规执行组负责向没有遵从公司条例的规定责任的公司及其责任人采取检控行动。

对于在订明时限内未有或逾期交付法定申报表的失责公司，公司注册处处长可在裁判法院向公司发出传票，予以检控。处长也会考虑对触犯《公司条例》其他条文的公司采取检控行动。公司触犯《公司条例》内轻微的规管罪行，一经法院定罪，可被法院判处罚款。如未有遵从规定制备和交付周年申报表的公司可被处最高定额罚款50000元，以及按日计算的失责罚款每日1000

元。一般情况下，对公众公司和上市公司处以的罚则会较私人公司严厉。

第三节　美国的制度考察

一、基本法律：《公司法》与《证券法》上的规定

（一）《公司法》上的界定

美国法上所有的公司都是有限责任性质的公司，在美国公司法理论和实务中，一直存在着封闭公司（Close Corporation）和公众公司（Public Corporation）的公司分类。美国一些州公司法，如加利福尼亚州、特拉华州还为封闭公司制定了专门的法律规则，用于解决封闭公司治理的特殊问题。

但是二者如何具体区分，并没有一个确定的标准，实际上存在大量介于二者之间的中间型公司。最早关于封闭公司的定义是在伊利诺伊州高级法院在审理 Galler v. Ganer 一案中作出的，法院在本案中认为，封闭公司的股东人数较少，几乎不允许这种公司的股票上市。美国法学会（American Law Institute，ALI）在其颁布的《公司管理原则：分析与建议》中将封闭公司定义为“股份证券由少数人持有，且证券不得在交易市场进行交易的公司”。哈佛大学法学院前院长、著名的公司法学家克拉克教授则认为：“封闭公司，即封闭持股企业的简称，可以定义为只有少数个体股东（如少于 30 人），并且股东的股份不得在正式认可的证券交易所或柜台市场进行交易的公司。”按照特拉华州《公司法》，要成为封闭公司，必须满足以下条件：（1）股东人数通常应少于 30 人；（2）股份不能公开发行；（3）对股份转让设定了限制。

ALI 在其《公司管理原则：分析与建议》中根据公司的人数和资产规模将公众公司区分为“公众公司”和“大型公众公司”。所谓公众公司是指股东人数 500 人以上，公司总资产 500 万美元以上；如果连续两个财政年度低于 500 万美元则不能维持公众公司地位。大型公众公司则是指股东人数 2000 人以上，公司总资产 1 亿美元以上；如果连续两个财政年度低于 1 亿美元则不能维持大型公众公司身份。ALI 关于公众公司的定义至少部分来源于 1934 年《证券交易

法》第12节（g）（1）款，以及Rule 12g－1的规定。根据该规定，ALI定义下的公众公司可能需要履行1934年《证券交易法》第13节的报告义务。而大型公众公司的定义实际上源于纽约证券交易所的上市标准，该定义下的大型公众公司至少已经符合纽约证券交易所的主要上市标准。

在美国各州《公司法》没有关于封闭公司股东人数的统一规定。亚利桑那州普通公司法规定封闭公司的股东不得超过10人，而特拉华州普通《公司法》规定的封闭公司股东人数的最高限额为30人。

制定法上关于封闭公司的规定主要有以下几种形式：（1）专门章节的形式，即在公司制定法中加入专门的一章或一节，规定有关封闭公司的制度，如特拉华州《公司法》第十四节（第341～356条）“封闭公司特殊规定”；（2）分散条款的形式，有关封闭公司的条款分散在公司制定法的各个章节中，如1975年的加州《公司法》；（3）认可变通的方式，即在制定法中不提及封闭公司，但规定公司可以自行作出各种不同于公司法传统要求的变通规定，实际上是允许采用适合封闭公司需要的各项制度。《美国标准商事公司法》第1.42节“股东人数”的规定中，指明封闭公司，参见《标准法定封闭公司补充规范》。

关于封闭公司规定的主要特殊之处在于：（1）关于限制股份转让的规定；（2）关于股东与董事权利分配的规定；（3）关于维护少数股东利益的规定；（4）关于帮助封闭公司摆脱公司僵局的规定。相关内容其实和我国对有限责任公司作出的不同于股份有限公司的安排相似。

在《公司法》上，对公众公司和封闭公司分类的目的是解决商事公司的三大代理问题：股东与经营者之间的冲突，控股股东与小股东、非控股股东之间的冲突，公司自身（股东）与利益相关者（债权人、职工和顾客）之间的冲突。因为封闭公司在公司治理上具有特殊性，因此《公司法》立法也主要是针对封闭公司作出不同于一般有限责任公司的特殊规定。

（二）《证券法》上的界定

通常认为，公众公司与封闭公司区别在于：（1）股东人数的多少以及股东参与公司管理的程度；(2) 股份的发行是否采取公开发行方式；(3) 是否存在一个股份交易的公开市场，这个市场或者为证券交易所或者为柜台市场。

美国证券法律界定公众公司经历了一个逐步扩大的过程，经常使用的是"报告公司"（Reporting Company）的概念。成为《1934 年证券交易法》下的"报告公司"有 3 条不同的途径（Gateways）：（1）依据《1933 年证券法》进行公开发行，受 15（d）规则的约束；（2）在全国性的证券交易所上市，受 12（b）规则的约束；（3）持股股东和总资产达到一定规模，受 12（g）规则的约束。[①]

表 12　　报告公司的范围

界定路径	规则	时间
公开发行	15（d）	1936 年设立
在全国性证券交易所上市	12（b）	1934 年设立
股东和总资产达到一定规模	12（g）	1964 年设立，2012 年修改

1. 1934 年初设第 12（b）条

1934 年通过《证券交易法》时，仅把股票在全国性证券交易所上市交易的公司界定为报告公司。[②] 这主要是因为交易所是有形的、实实在在的、为公众所熟知的机构，而场外交易市场对于立法者来说更短暂。[③] 第 12（b）条要求股票在全国性证券交易所上市交易的发行人必须按照《1934 年证券交易法》进行股票注册，并承担持续信息披露义务。但问题是美国的"发行"与"上市"是分开的，公开发行并不意味着证券会在全国性的证券交易所上市，很多证券会选择在场外市场进行交易。

由此美国关于披露的立法区分为"公司注册"和"证券注册"。《1933 年

---

① Langevoort, Donald C. and Thompson, Robert B.. "Publicness" in Contemporary Securities Regulation after the JOBS Act. Georgetown Law Faculty Publications and Other Works, 2013, p. 976.

② See Securities Exchange Act of 1934, ch. 404, § 12, 48 Stat. 892 [as codified at 15 U. S. C. § 781 (a) - (b)].

③ Langevoort, Donald C. and Thompson, Robert B.. "Publicness" in Contemporary Securities Regulation after the JOBS Act. Georgetown Law Faculty Publications and Other Works, 2013, p. 976.

证券法》以“证券”为出发点，要求每次发行证券时都要进行披露和注册，《1934 年证券交易法》以“公司”为出发点要求符合要求的“公众公司”进行持续披露。随后很长时间里，两法各自独立，1968 年科恩指出两个独立的体系所带来的问题，建议合二为一，他认为披露制度应首先着眼于持续披露，所以《1934 年证券交易法》中关于持续披露的规定应当大幅度完善，而《1933 年证券法》中关于交易性披露的规定如与《1934 年证券交易法》重复，则应予以删除。[①]

1982 年，一个统一的披露制度出台。为享受该制度的待遇，发行人须达到一些标准（主要为在过去的 12 个月内，公司曾依《1934 年证券交易法》作出报告，并且公司财务状况良好），证券也要符合一定要求。如果二者满足的话，发行人就可采用一种简单的注册表（招募书）。注册表须载有交易针对性的资料并以提述方法纳入依《1934 年证券交易法》已注册的其他一般资料。[②]

2. 1936 年增加第 15（d）条

为了在交易所与场外市场之间创造一个公平竞争的环境，1936 年第 15（d）条被加入《1934 年证券交易法》，该条要求按照《1933 年证券法》注册公开发行的公司需要履行股票注册和报告义务，将公开发行但未在全国性证券交易所上市的公司纳入。

3. 1964 年增加第 12（g）条

由于一些公司股票既没有公开发行，也没有在全国性交易所上市交易，但一直在进行场外交易，完全不受监管，散户投资者购买到的非交易所股票不受法定披露义务的限制。[③] 1964 年，增加了第 12（g）条，要求同时符合下列两项条件的发行人应该注册其证券：在会计年度的首日：a. 资产超过 1000 万美

---

① Milton Cohen. Truth in Securities. Revisited, 79 HARV. L. REV. 1340, 1341 (1966).

② 何美欢．公众公司及其股权证券（上册）[M]．北京：北京大学出版社，1999.

③ SEC 在其报告中将这一时期的场外交易描述为“金融体系的谜团之一”，参见 SEC, Report on the Feasibility and Advisability of the Complete Segregation of the Functions of Dealer and Broker 78 (1936)。

元[①]；b. 其同一类证券的在册股东达到或超过 500 人。关于人数和财产标准的确定，立法资料未对此作出解释，有学者指出这是国会在 SEC 和证券业之间折中调和的产物，依据 12（g）的规定与早前 SEC 向国会的提议相比，有 1600 家公司被从法案的覆盖范围中剔除。[②]

4. 2012 年 JOBS 法案对 12（g）进行修订

在此后的近 50 年时间里，12（g）的资产标准进行了四次调整，但人数标准一直未作出调整，很多学者认为该条设置的人数标准使很多本不必要纳入监管的公司需要进行注册并持续披露信息，增加了合规成本，阻碍了公司的资本形成。尤其 2011 年 Facebook 因持股人数即将达到 500 人而触发 12（g）条款成为报告公司，但 Facebook 选择了 IPO，触发 15（d）而成为报告公司。人数标准的修订受到更多关注。2012 年《JOBS 法案》对人数标准进行了修订，修订后的 12（g）保留了 1000 万美元的资产条件，但将在册股东标准修改为两者之一：a. 达到或超过 2000 人；b. 非获许投资者的人数达到或超过 500 人。且修改了“在册”的定义，通过众筹获得的证券和通过有资格的员工持股计划获得的证券都被排除在外。

但是，仍有学者指出，公司具备活跃的二级场外市场会导致股东数量增长，但股东数量增长并不意味着公司一定有活跃的场外二级市场，因此用股东数量作为判断公共性的标准并不合理，用股票在二级市场的笔数和交易数量为标准来判断公共性更具合理性。[③]

5. 终止注册

如果报告公司想要终止注册转化为私人公司，满足以下两个条件之一则可以向 SEC 提交表格 15 终止报告义务：a. 发行的该类股股东人数少于 300 人；

---

① 初始规定是 100 万美元，后考虑到通货膨胀等因素，资产标准分别在 1982 年提高为 300 万美元，1986 年提高为 500 万美元，1996 年提高为 1000 万美元。

② Joel Seligman. The Transformation of Wall Street：a History of the Securities and Exchange Commission and Modern Corporate Finance. 315（3d Ed. 2003）.

③ Sjostrom William K.. Questioning the 500 Equity Holders Trigger. Harvard Business Law Review Online, March 2011. Langevoort，Donald C. and Thompson，Robert B.. Publicness in Contemporary Securities Regulation after the JOBS Act. Georgetown Law Faculty Publications and Other Works，2013，p. 976.

b. 发行的该类股股东人数少于 500 人且注册人总资产最近 3 个财政年度每一年度的最后一天不超过 1000 万美元。

（三）信息披露要求

一旦被纳入“报告公司”的监管范围内，《1934 年证券交易法》的所有注册性要求都会适用于该公司，除了初始注册时的信息披露外，公司还会受到持续性信息披露规则、要约收购规则、委托书规则、公司治理规则以及内部人遵守股权交易的报告和短线利润规则等约束。以下具体介绍信息披露的要求。

1. 注册时的信息披露要求

公司到 SEC 进行注册的披露要求主要规定于《1934 年证券交易法》的 12（b）中，要求披露的内容主要包括公司的基本信息和公司证券发行信息。

公司的基本信息包括公司的基本情况，组织、财务结构和营业性质。最核心的财务信息包括不超过前 3 个财政年度的资产负债表、损益表以及 SEC 认为对保护投资者是必要的任何其他财务报表；核心人员的薪酬信息，董事、高管、承销商和持有超过 10% 任何权益证券持有人的报酬，除董事和高管外，超过 20000 美元年薪的报酬，以及奖金和分红安排；日常经营中的重要信息，包括与发行人签订的重要合同，管理和服务的合同，不是通常营业过程中签订的，提出申请近两年内签订的重要合同等。

2. 持续信息披露要求

报告公司在注册后要进行持续的信息披露，包括年报、季报和重大事项披露，所使用的披露文件分别是表格 10 – K（年度报告），表格 10 – Q（季度报告），表格 8 – K（特定事项报告）。所有表格披露汇集在 SEC 官网上的 EDGAR 系统①，供投资者查询。

披露的内容和我国定期报告内容大体相同，主要由四部分组成：（1）公司业务描述、风险因素、法律诉讼、待表决事项；（2）股票市场、精选财务数据、管理层对财务状况和经营成果的讨论、对市场风险的定性及定量分析、财

① https：//www. sec. gov/edgar/searchedgar/webusers. htm，2018 年 12 月 24 日最后访问。

务报表及补充数据、审计机构变动、内控与程序、其他信息；（3）公司高管董事及公司治理、管理层薪酬、管理层及特定股东持股情况、审计费用及服务；（4）证据及财务报表清单。①

3. 2002 年《萨班斯—奥克斯利法案》对信息披露和公司治理的强化要求

经历 21 世纪初的安然公司破产等会计丑闻，2002 年出台的《萨班斯—奥克斯利法案》对于报告公司的信息披露提出更高的要求。

具体来讲，该法案规定要求报告公司设立会计审查委员会、监督报告公司的审计等相关事项，通过编制准确、独立的审计报告，保障证券向公众投资者出售、被公众投资者持有的公司所提供的信息的真实性和准确性，以此保护投资者利益。其中有两条对于报告公司的披露合规成本产生了重要影响：a. 404（a）条款要求所有报告公司在以表格 10 - K 形式提交的定期报告中包含管理层对公司内控有效性的报告；b. 404（b）条款要求报告公司聘请独立审计机构对管理层就公司内控有效性的报告进行测试。

4. 2010 年《多德—弗兰克法案》减轻小型报告公司披露成本

2010 年出台的《多德—弗兰克法案》增加了一条 404（c），限定了 404（b）条款只适用于“大型加速报告公司”和“加速报告公司”，“非加速报告公司”和“小型报告公司”不适用，由此减少了给小型报告公司带来的信息披露成本。

（四）公开发行与公开交易

1. 公开发行

《1933 年证券法》第 5 条原则上禁止所有州际证券的买卖行为，除非证券经过注册或者属于豁免情形，而第 4（a）（1）条通过反面否定的方式豁免了绝大多数证券交易：（1）除了发行人、承销商或交易商之外任何人的证券买卖行为；（2）发行人不涉及公开发行的证券买卖行为；（3）符合条件的某些交易商的证券买卖行为；（4）根据客户指令在交易所经纪人的证券买卖行为；

① 刘鹏，龙军，刘格菘．美国公众公司监管制度及启示［J］．西南金融，2014（4）．

(5) 特定房产证券买卖行为；(6) 小额发行的证券买卖行为。

具体如何界定“公开发行”，美国法在 Ralston Purina 案（1953 年）后，便不再以受要约人数多少为判断基准，而是取决于投资者是否具有自我保护能力，即投资者是否为“获许投资者”（Accredited Investor）。如果投资者为获许投资者，那么不论人数多少，在发行时都可以免于注册，适用私募发行豁免。如果投资者为非获许投资者，则不应超过 35 人。

因此，在美国，如果通过私募发行导致股东人数超过 500/2000 人，不会就此被定义为“公开发行”，但会触发《1934 年证券交易法》12（g），成为报告公司。此外，还应当注意的是，公开发行≠公司上市，很多进行公开发行的公司并没有到场内进行交易。

2. 公开交易（转让）

美国法上，“已注册证券”本身已经依照《1933 年证券法》进行了必要的信息披露，所以进行公开转让自然不受约束。而“未注册证券”作为“受限制证券”（Restricted Securities），若要实现对公众投资者的“出售”或“转售”，要么经过注册，要么可以寻求豁免注册。[①] 一般来讲，可以选择的方式：a. 注册后公开出售；b. 私募出售；c. 不向美国证监会注册的公开出售（依据 SEC144 规则寻求豁免，区别关联方与非关联方适用不同条件[②]）。

针对私募出售方式，目前美国已经发展起来相应的私募证券转让市场，较为知名的有 SharesPost 和 SecondMarket 平台。目前两个平台均已被吸纳入纳斯达克私募市场（NASDAQ Private Market，NPM）。纳斯达克私募市场于 2014 年正式启动，是美国私募股权和私募基金份额的交易市场。NPM 将 500 万美元的合格投资者财务条件降到了 100 万美元的获许投资者财务条件，但它不打算为零售投资者服务。[③]

（五）报告公司的小额发行豁免

《A 条例》（*Regulation A*）又被称为“有条件的小额发行豁免”，是《1933

---

① 武玉胜．注册制改革下我国股票转售限制法律问题研究［J］．金融法律评论，2016.

② 唐应茂．美国 144 规则对我国存量股转让监管的借鉴意义［J］．证券市场导报，2013（1）.

③ 邢会强．新三板市场合格投资者制度及相关制度改革［J］．环球法律评论，2018（6）.

年证券法》第3（b）（1）条SEC以“豁免的发行总额不超过500万美元”和“符合公共利益”为限制制定的发行豁免具体规则。2012年，《JOBS法案》对美国现行证券法及相关规定进行大幅修正，并授权SEC制定相应细则。SEC于2015年3月25日通过了《A+条例》（*Regulation A - Plus*）最终规则，对《A条例》进行了修正，并于2015年6月19日正式生效。根据《A+条例》规定，在满足资格审定、信息披露和报告要求的情况下，初创企业和小企业可在12个月内通过公开劝诱的形式进行最多不超过5000万美元的融资，并且以2000万美元为界限对融资进行一二级区分，在州层面上直接豁免对二级发行的审核。

2018年12月19日，SEC修改了《1933年证券法》第251条，增设规则251（b）（6），允许符合《1934年证券交易法》第13或第15（d）条报告要求的公司适用《A+条例》从而豁免发行。此外，还对第257条（b）（6）和第257条（e）进行了修改，规定报告公司提交的符合《1934年证券交易法》的定期报告，也应被视为符合《A+条例》下定期报告的要求。根据《A+条例》，相关公司在发行证券之前，必须首先向SEC提交表格1-A招股说明书，经批准后方可发行。SEC同时对表格1-A进行了相应修改。[①] 这将使报告公司募集资金时更加灵活。

二、证券交易场所概述

美国的交易市场可以分为实体性的和NASD系统的。前者主要有纽交所和美交所（现被纽交所收购，主要为中小企业服务）等，后者主要包括纳斯达克市场和柜台交易市场（OTCBB），此外还有OTC市场和灰色市场等。

纳斯达克市场（2006年取得交易所牌照）并非对应我国的创业板市场，其内部又可以分为精选市场、全球市场和资本市场三个层次，其中精选市场的标准最高，甚至高于传统纽交所的上市标准。而OTCBB主要是用于交易非上市企业股票的市场。不论是场内市场还是场外市场，均无对投资者的“获许投资者”限制。

---

① https：//www. sec. gov/news/press-release/2018-297，2019年1月7日最后访问。

表 13　　　　美国证券交易场所概览

<table>
<tr><td colspan="2">非上市公司股票</td><td colspan="3">上市公司股票</td></tr>
<tr><td colspan="2" rowspan="2">场内市场</td><td colspan="2">NYSE MKT、NYSE Arca</td><td>NYSE</td></tr>
<tr><td>纳斯达克资本市场</td><td>纳斯达克全球市场</td><td>纳斯达克精选市场</td></tr>
<tr><td rowspan="2">场外市场</td><td>OTCBB</td><td colspan="3"></td></tr>
<tr><td>OTC</td><td colspan="3"></td></tr>
</table>

表 14　　　　美国场外市场层次结构

<table>
<tr><td colspan="3">场外市场</td><td>描述</td><td>监管</td></tr>
<tr><td colspan="3">OTCBB</td><td>1. 企业没有任何规模或盈利上的要求，只要经过SEC注册核准
2. 有 2 名以上做市商
3. 向 SEC 提交财务报表</td><td>SEC、FINRA 等监管机构</td></tr>
<tr><td rowspan="5">OTC市场集团</td><td colspan="2">OTCQX</td><td>1. OTC 市场集团中要求级别最高
2. 规模较大的外国公司或成长性高的本国公司
3. 完善的信息披露制度</td><td rowspan="5">SEC、FINRA 等监管机构对 OTC 市场及做市商进行监管</td></tr>
<tr><td colspan="2">OTCQB</td><td>1. 小规模公司
2. 满足要求的信息披露</td></tr>
<tr><td rowspan="3">OTC粉单市场</td><td>当前信息</td><td>1. 极具投机性公司
2. 披露当前信息</td></tr>
<tr><td>有限信息</td><td>1. 财务报表存在问题、经营困难的公司，或不愿意提供信息的公司
2. 披露部分信息</td></tr>
<tr><td>无信息</td><td>1. 投资风险最高
2. 不愿或无法披露信息的公司</td></tr>
<tr><td colspan="3">灰色市场</td><td>1. 未在交易所或 OTC 市场挂牌、交易或报价的证券
2. 不需要信息披露</td><td>代理券商接受SEC、FINRA 等监管机构的监管</td></tr>
</table>

三、纳斯达克

（一）纳斯达克分层市场概述

1968 年，美国证券交易商协会为解决场外交易（OTC）市场的市场分割问题，决定创建“全美证券交易商协会自动报价系统”，1971 年正式启动。1975

年，纳斯达克提出了它的上市标准，规定只有在纳斯达克上市的股票才能在该系统报价，至此，纳斯达克彻底割断了与其他 OTC 股票的联系，成为一个完全独立的上市场所。1976 年，NASD 收回了该系统的经营权，开始由 NASD 亲自运作。1982—1986 年，纳斯达克把该系统中的高市值股票同其他小型股票分离开来，组建了纳斯达克全美市场和纳斯达克小型资本市场，并规定了各自的上市标准。1990 年，纳斯达克的管理者——全美证券商协会（NASD）为达不到纳斯达克股票市场上市标准的其他柜台交易股票开设了电子报价系统，即 OTCBB。1998 年，纳斯达克与全美股票交易所（American Stock Exchanges，AMEX）合并成立了纳斯达克—埃迈克斯市场集团（NASDAQ - AMEX Market Group），合并之后两者仍独立运营。

2000 年，纳斯达克会员投票决定将纳斯达克从 NASD 重组脱离，成立以营利为目的的股份制公司。2001 年 3 月 15 日，纳斯达克向 SEC 提交申请表，申请注册为全国性交易所，这标志着纳斯达克启动了私有化进程。2006 年 1 月 13 日，纳斯达克正式转型为全国性证券交易所。为进一步优化市场结构，吸引不同层次的企业上市，同年 2 月，纳斯达克宣布，从原先的全国性市场中选拔出达到相当规模或影响力的公司，组成标准最高的纳斯达克全球精选市场；由全国性市场上剩余的公司组成纳斯达克全球市场；原先的小型资本市场改名为纳斯达克资本市场，以体现该市场“促进资本形成”的本质与宗旨。

现在纳斯达克市场内部实质上已经形成包括纳斯达克全球精选市场、纳斯达克全球市场和纳斯达克资本市场在内的三层市场，分别为不同层次的企业提供融资交易服务。其中纳斯达克全球精选市场的上市标准已经超过纽约证券交易所的要求，成为世界范围内要求最高的上市标准。纳斯达克市场上市条件的包容性为其培育了大量的上市公司，极大提升了上市公司的宽度和广度，帮助纳斯达克成为世界上交易量最大的交易所。

（二）纳斯达克分层标准

纳斯达克系列规则 5000（以下简称系列规则 5000）规定了在纳斯达克上市的资格以及证券上市、退市的要求和程序，包括系列规则 5100（纳斯达克监管机构)、5200（纳斯达克首次上市和持续上市的普通程序和先决条件)、5300（纳斯达克全球精选市场)、5400（纳斯达克全球市场)、5500（纳斯达克资本市场)、5600（公司治理要求)、5700（普通股、优先股、认股权证以外证券上市的特殊要求)、5800（违反上市要求）和5900（公司上市费用)。系列规则将纳斯达克市场分为两部分：纳斯达克全球市场和纳斯达克资本市场，这两部分市场的上市条件和持续上市条件均不相同。同时将纳斯达克全球市场（以下如没有特别指出，纳斯达克全球市场均指与纳斯达克全球精选市场并列的纳斯达克全球市场）又分为纳斯达克全球精选市场和由非纳斯达克全球精选市场股票构成的纳斯达克全球市场，这两个市场只在上市条件上有所不同，其持续上市条件相同。纳斯达克对三层市场的监管遵循相同的要求，并不存在差异。

1. 纳斯达克全球精选市场首次上市①的定量要求

在纳斯达克全球精选市场首次上市需要满足规则5315（e）的所有要求和规则5315（f）（1)、5315（f）（2）和5315（f）（3）中所有适用的要求。

（1）规则5315（e）

本规则要求初级权益证券②首次上市必须满足以下三个条件：

如果申请上市公司没有在纳斯达克全球市场上市，需要该证券的买价③最低达到4美元每份；

1）公众持有份额最少1250000份；并且

2）达到纳斯达克全球市场收益标准［即规则5405（b）（1)④］或者纳斯

① 首次上市包括存量发行和增量发行。

② "Primary Equity Security" means a Company's first class of Common Stock, Ordinary Shares, Shares or Certificates of Beneficial Interest of Trust, Limited Partnership Interests or American Depositary Receipts（ADR）or Shares（ADS).

"初级权益证券"指公司初级的普通股票、普通股、信托受益凭证或者份额、有限责任合伙权益或者美国存托凭证或者美国存托股份。

③ "Bid Price" means the closing bid price.

"买价"指收盘买价。

④（a）在最近1个完整的会计年度中或者在最近3个完整的会计年度中2个会计年度中所得税前年度经营利润不少于100万元；（b）股东权益不少于1500万元；（c）公众持有份额市值不少于800万元；并且（d）至少3个活跃的注册做市商。

达克全球市场权益标准［规则5405（b）（2）[①]］的公司需要至少3个已注册的活跃做市商，否则需要至少4个已注册的活跃做市商。

（2）规则5315（f）（1）

本规则要求首次上市初级权益证券的权属至少应满足以下一项条件：

1）持有人至少550人并且前12个月月平均交易量至少每月1100000份；或者

2）持有人至少2200人；或者

3）批量持有人[②]至少450人。

（3）规则5315（f）（2）

本规则要求公众持有份额至少应该满足以下一项条件：

1）公众持有份额的市值至少达到1.1亿元；或者

2）如果该公司的股东权益至少达到1.1亿元，则公众持有份额的市值至少达到1亿元；或者

3）以下情况，公众持有份额的市值至少达到4500万元；或者

（a）与公司的首次公开发行有关的上市；并且

（b）公司是在全球精选市场上市的另一家公司的关联方，或者是从全球精选市场上市的另一家公司脱离出来。

4）如果是在1940年投资公司法案项下注册的封闭式管理投资公司，公众持有份额的市值至少达到7000万元。

（4）规则5315（f）（3）

本规则要求除封闭式管理投资公司外的公司，应至少满足下列一项要求：

1）税前经营利润标准；或者

（a）前3个会计年度的所得税前经营利润总计不少于1100万元；

（b）前3个会计年度，每年所得税前经营利润均为正数；并且

---

① （a）股东权益不少于3000万元；（b）两年的经营历史；（c）公众持有份额市值不少于1800万元；并且（d）至少3个活跃的注册做市商。

② "Round Lot Holder" means a holder of a Normal Unit of Trading. The number of beneficial holders will be considered in addition to holders of record.

"批量持有人"指持有一个常规交易单位的持有人。除已登记持有人外，受益持有人的数量也将被考虑。

（c）最近2个会计年度，每年所得税前经营利润均不少于220万元。

2）现金流量标准；或者

（a）前3个会计年度现金流量总计不少于2750万元；

（b）前3个会计年度每年现金流量均为正数；并且

（c）前12个月平均市值不少于5.5亿元并且前1个会计年度总收入大于1.1亿元。

3）市值和总收益标准；或者

（a）前12个月，平均市值不少于8.5亿元；并且

（b）前1个会计年度，总收入不少于9000万元。

4）市值、总资产和股东权益标准。

（a）市值不少于1.6亿元；

（b）总资产不少于8000万元；并且

（c）股东权益不少于5500万元。

2. 纳斯达克全球市场上市的定量要求

在纳斯达克全球市场首次上市需要满足规则5405（a）的所有要求和规则5405（b）中至少一项要求。

（1）规则5405（a）

本规则规定初级权益证券首次上市要求：

1）最低买价不低于4美元每份；

2）公众持有份额不少于1100000；并且

3）批量持有人不少于400人。

（2）规则5405（b）

本规则规定初级权益证券首次上市至少要满足下列一项要求：

1）利润标准

（a）在最近1个完整的会计年度中或者在最近3个完整的会计年度中2个会计年度所得税前年度经营利润不少于100万元；

（b）股东权益不少于1500万元；

（c）公众持有份额市值不少于 800 万元；并且

（d）至少 3 个活跃的注册做市商。

2）权益标准

（a）股东权益不少于 3000 万元；

（b）两年的经营历史；

（c）公众持有份额市值不少于 1800 万元；并且

（d）至少 3 个活跃的注册做市商。

3）市值标准

根据本段上市的公司不需同时符合系列规则 5500 对首次上市的定量要求。

（a）已上市证券的市值达到 7500 万元（如果只满足市值标准而获得上市资格的当前已公开交易的公司必须满足本项要求并且在申请上市前连续 90 个交易日满足其报价至少 4 美元的要求）；

（b）公众持有份额市值至少 2000 万元；并且

（c）至少 4 个活跃的注册做市商。

4）总资产/总收入标准

根据本段上市的公司不需同时符合系列规则 5500 对首次上市的定量要求。

（a）在最近 1 个完整会计年度或者最近 3 个完整会计年度中的 2 个完整会计年度总资产和总收入均达到 7500 万元；

（b）公众持有份额市值不少于 2000 万元；并且

（c）至少 4 个活跃的注册做市商。

3. 纳斯达克全球精选市场和纳斯达克全球市场持续上市的定量要求

纳斯达克将全球精选市场和全球市场归为纳斯达克市场的一个独立的部分，要求这两个市场上市的公司遵守相同的持续上市标准。初级权益证券已在全球市场上市的公司应该持续满足规则 5450（a）规定的全部要求和规则 5450（b）规定的至少一项要求。持续满足规则 5450（b）（3）规定的上市要求的证券不需同时符合系列规则 5500 规定的持续上市定量要求。

（1）规则 5450（a）

本规则规定初级权益证券持续上市应满足下列要求：

1）最低买价到达 1 美元每份；并且

2）总持有人不少于 400 人

（2）规则 5450（b）

本规则规定初级权益证券持续上市应满足下列至少一项要求：

1）权益标准

（a）股东权益不低于 1000 万元；

（b）公众持有份额不低于 750000 份；

（c）公众持有份额市值不低于 500 万元；并且

（d）至少 2 个活跃的注册做市商。

2）市值标准

（a）已上市证券市值不低于 5000 万元；

（b）公众持有份额不低于 1100000 份；

（c）公众持有份额市值不低于 1500 万元；并且

（d）至少 4 个活跃的注册做市商。

3）总资产/总收入标准

（a）在最近 1 个完整会计年度或者最近 3 个完整会计年度中的 2 个完整会计年度的总资产和总收入均不低于 5000 万元；

（b）公众持有份额不低于 1100000 份；

（c）公众持有份额市值不低于 1500 万元；并且

（d）至少 4 个活跃的注册做市商。

4. 纳斯达克资本市场首次上市的定量要求

申请其初级权益证券在纳斯达克资本市场上市的公司需要满足规则 5505（a）的全部要求，以及规则 5505（b）中的至少一项标准。随后，IM－5505 规则对最低买价在 4 美元以下的上市进行了补充规定。

（1）规则 5505（a）

本规则规定最低买价、公共持有份额、批量持有人、做市商和美国存托凭证的要求：

1）最低买价达到以下任一标准即可：

（a）最低买价达到4美元每份；或者

（b）如果公司满足规则5505（b）（1）的权益标准或者5505（b）（3）的净利润标准，最低收盘买价不低于3美元每份，或者如果公司达到规则5505（b）（2）规定的已上市证券市值标准，最低收盘买价不低于2美元每份，当在这两种情况中任意一种情况下，如果发行人已经持续经营达到3年及3年以上，公司必须同时证明其拥有的净有形资产（也就是，总资产减去无形资产及负债）超过200万元；或者，如果发行人持续经营不足3年，公司必须同时证明其拥有的净有形资产超过500万元；或者最近3年平均收入不少于600万元。证券需要在得到批准前连续5个交易日满足适用的收盘价要求。

上述净有形资产或者平均收入必须在其向SEC或者其他监管机构所提交的并且满足这些机构要求的最近已提交的公司已审计财务报告中得到证明，该报告的日期不早于上市日期前15个月。

2）公众持有份额不低于1000000份；

3）批量持有人不低于300人；

4）至少3个活跃的注册做市商；

5）如果是美国受托凭证，至少要发行400000份。

（2）规则5505（b）

本规则规定了权益标准、已上市证券市值标准和净利润标准：

1）权益标准

（a）股东权益不低于500万元；

（b）公众持有份额市值不低于1500万元；并且

（c）有2年的经营历史。

2）已上市证券市值标准

（a）已上市证券市值不低于5000万元（如果只满足已上市证券市值标准而申请获得上市资格的并且当前已公开交易的公司必须满足本项要求并且在申

请上市前连续90个交易日满足报价要求）；

（b）股东权益不低于400万元；并且

（c）公众持有份额市值不低于1500万元。

3）净利润标准

（a）经营净利润在最近1个完整会计年度或者最近3个完整会计年度中的2个完整会计年度达到75万元；

（b）股东权益不低于400万元；并且

（c）公众持有份额市值至少500万元。

（3）规则IM-5505

本规则对最低买价在4美元以下的证券上市作出补充规定。

1）美分股票规定

规则5505（a）（1）（B）为某些最低买价低于4美元的公司提供了另一个可选择的首次上市标准。如果在上市后公司不能满足净有形资产和收入测试并且不满足证券交易法案项下规则3a51-1规定的美分股票的其他任何的另外情况，只满足本项可选择标准而获得首次上市资格的公司可能成为美分股票。为了协助经纪人和交易商遵守美分股票的规定，纳斯达克将监督依据该可选择条款上市的公司，并且每天在纳斯达克的网站上公布其中任何不能满足规则5505（a）（1）（B）规定的净有形资产或者收入测试并且不满足证券交易法案项下规则3a51-1规定的美分股票的其他任何的另外情况的公司。如果公司依据规则5505（a）（1）（B）中的可选择条款以低于4美元的买价首次上市，但是随后连续至少5个交易日达到4美元的收盘买价并且同时满足其他的首次上市标准，公司将不再被认定为依据该可选择条款进行上市的公司，纳斯达克将通知该公司其已经满足规则5505（a）（1）（A）规定的获得上市资格的价格要求。经纪人和交易商应明白由纳斯达克发布的清单只是对其履行义务的协助，并且美分股票规则对经纪人和交易商施加的关于美分股票交易的义务。

2）收盘价的决定

基于规则5505（a）（1）（B）和本规则IM-5505，收盘价是指纳斯达克官方的收盘价，如果有纳斯达克官方收盘价时，或者如果没有纳斯达克官方收盘价时，在适用的全国市场系统计划下分销的综合收盘价。纳斯达克要求证券保持必要收盘价持续连续5个交易日，但是基于任何事实或者情况，包括收盘价与合规标准的差额、交易量、做市商蒙太奇、证券价格趋势或者其他监管机构关于证券交易发出的信息或者关注，可以延长该期限。

5. 纳斯达克资本市场持续上市的定量要求

纳斯达克要求在纳斯达克资本市场持续上市的初级权益证券必须持续满足规则5550（a）的所有规定以及至少一项规则5550（b）规定的标准。

（1）规则5550（a）

本规则规定了对做市商、最低购买报价、公众持有人数、公众持有份额和公众持有份额市值的要求。

1）至少两个活跃的注册做市商，其中一个必须提供稳定性报价；

2）最低购买报价不低于1美元每份；

3）公众持有人不少于300人；

4）公众持有份额不少于500000份；并且

5）公众持有份额市值不少于100万元。

（2）规则5550（b）

本规则规定了权益标准、已上市证券市值标准、净利润标准。初级证券持续上市只需满足其中一项标准。

1）股东权益不少于250万元；

2）已上市证券市值不低于3500万元；或者

3）在最近1个完整会计年度或者最近3个完整会计年度中的2个完整会计年度的经营净利润达到50万元。

（三）纳斯达克分层市场的转板和不符合上市条件的处理

公司申请在纳斯达克市场上市既可以直接满足上市要求后申请上市，也可以从纳斯达克的低级市场升至高级市场。同时，公司在不满足纳斯达克高级市场的持续上市要求时会被降至低级市场，或者严重时从纳斯达克市场退市。纳斯达克分层市场的进入和退出制度关乎整个市场公司的质量，与投资者的利益密切相关，是纳斯达克市场自治监管的重要组成部分。纳斯达克分层市场的进入和退出制度主要由纳斯达克系列规则 5300、规则 5400、规则 5500、规则 5800 和规则 5900 规定构成。

1. 各层市场间的转板

纳斯达克在系列规则 5300 和规则 5900 中规定当公司满足高级市场的首次上市要求后可以转入高级市场，并在系列规则 5800 中规定当公司不能满足高级市场相关持续上市要求后会被降到低级市场，由此将三层市场联系成一个有机的整体。

（1）转入纳斯达克全球精选市场

规则 5305 规定了转入纳斯达克全球精选市场的三种方式：

1）每年 10 月，纳斯达克将对所有在纳斯达克全球市场上市但未在纳斯达克全球精选市场上市证券进行审核。审核时发现的所有满足在纳斯达克全球精选市场首发上市定量要求（规则 5315 规定）的证券，如果其于来年 1 月时满足持续上市标准，将转入全球精选市场。公司不需为此支付申请费用或任何费用。

2）任何时间，公司可以申请将其在纳斯达克全球市场上市的证券转入纳斯达克全球精选市场。如果该证券满足首发上市定量要求（规则 5315 规定），那么该申请将尽快得到批准和生效。公司不需为此支付申请费用或任何费用。

3）任何时间，公司可以申请将在纳斯达克资本市场上市的证券转入纳斯达克全球精选市场。如果该证券满足首发上市定量要求（规则 5315 规定），那么该申请将尽快得到批准和生效。从纳斯达克资本市场转入纳斯达克全球精选市场的公司应该支付规则 5910 规定的适用费用。

（2）转入纳斯达克全球市场

纳斯达克在对纳斯达克全球精选市场和纳斯达克全球市场的管理时，只对两个市场的首次上市设定了不同的要求，但对持续上市要求、上市公司的监管、首次上市的费用和持续上市的费用都适用相同的规定。只存在纳斯达克全球市场升入纳斯达克全球精选市场的情况，而不存在纳斯达克全球精选市场降至纳斯达克全球市场的情况。同时，从纳斯达克资本市场升入纳斯达克全球市场或者纳斯达克全球精选市场适用相同的收费标准，唯有在满足首次上市的定量要求上存在不同。公司只能申请从纳斯达克资本市场转入纳斯达克全球市场，在满足纳斯达克全球市场首次上市的定量要求（规则 5400）之后，纳斯达克将及时批准该申请。公司需要为此支付规则 5900 规定的适用费用。

规则 5910 规定了纳斯达克全球市场的入场费用，其中规则 5910（a）（9）规定了纳斯达克资本市场转入纳斯达克全球市场（包括精选市场）的费用。

规则 5910（a）（9）规定如果满足下列一项要求，纳斯达克不要求将其上市证券从纳斯达克资本市场转入纳斯达克全球市场的公司支付规则 5910（a）规定的入场费：

1）2007 年 1 月 1 日之前在纳斯达克资本市场上市的公司；或者

2）2007 年 1 月 1 日或者之后在纳斯达克资本市场上市的公司，并且在其首次在纳斯达克资本市场上市时并不满足纳斯达克全球市场的要求。其他任何将其上市证券从纳斯达克资本市场转入纳斯达克全球市场的公司不需要支付申请费，但是应支付规则 5910（a）规定的入场费减去公司先前向纳斯达克为在纳斯达克资本市场上市支付的入场费的差额。

（3）转入纳斯达克资本市场

规则 5810（c）（3）（A）（i）规定当在纳斯达克全球市场（包括精选市场）上市的公司无法满足在纳斯达克全球市场一些持续上市要求的情况下，将会被转入纳斯达克资本市场。具体规定如下：

如果在纳斯达克全球市场上市的公司在 180 天补救期届满前未能被认定为合规，并且如果基于公司最近公开提交的文件和市场信息，公司满足在资本市场上市所适用的关于公众持有份额市值的持续上市要求和其他所有适用的要求（除了购买报价要求），同时公司通知纳斯达克其补救缺陷的意图，该公司可以被转入到纳斯达克资本市场。在转入纳斯达克资本市场后，公司应该得到对规则 5810（c）（3）（A）（ii）规定适用的补救期的提醒，除非对于纳斯达克而言，公司不可能补救其缺陷。公司也可以要求进行听证会以使其能够根据系列规则 5800 继续在纳斯达克全球市场上市。进行听证会程序的任何时间均不能延长本规则规定的在纳斯达克资本市场适用的剩余补救期。

2. 对不符合上市条件公司的处理

系列规则 5800 规定了纳斯达克对不符合上市条件公司的处理，赋予纳斯达克的上市资格审查部门、听证小组、上市听证审查委员会和董事会权力对不符合上市条件的情况进行处理，具体程序规则规定在规则 5801、规则 5810、规则 5815、规则 5820、规则 5825、规则 5830、规则 5835、规则 5840。

四、场外市场—场外柜台市场（OTCBB）

（一）场外柜台市场概述

OTCBB 是根据《1990 年低价股改革法》（*The PennyStock Reform Act of 1990*）设立的电子系统，以便于广泛发布最新报价及成交价格信息。它是一家受监管的交易商间电子行情报价服务系统，由 FINRA 负责经营，揭示那些未在 NASDAQ 及其他全美证券交易所上市或交易证券的实时报价、最新卖价和成交量等信息。OTCBB 市场直接使用 NASDAQ 的报价、交易和清算系统，为投资者和交易商提供信息。

OTCBB Rules

FINRA Rules

» 6400 Series – Quoting and Trading in OTC Equity Securities

» 6500 Series – OTCBB Bulletin Board Service

SEC Rules

» 15c2-11 – Initiation or resumption of quotations without specific information

» 15g-9 – Sales practice requirements for certain low-priced securities

» 10b-17 – Untimely announcements of record dates

» 3b-4 – Definition of "foreign government," "foreign issuer" and "foreign private issuer"

（二）市场准入

尽管 SEC Rule 240. 15c2 – 11 统一适用于 OTC 市场，但 OTCBB 对申请报价

的证券还另有要求。FINRA Rule6432 专门为 OTCBB 设定了注册为合格证券（eligibility forquotation）的要求，即证券必须在 SEC 或其他联邦监管机关注册。与 OTC Markets 相比，这大大提高了准入门槛，限制了 OTCBB 的市场容量。

依据跟随规则（Piggy – Back rule），一家做市商在 30 天内至少有 12 个营业日在券商间报价系统（OTC Link 或 OTCBB）为一只证券发布报价，且连续未报价不超过 4 个工作日的，该证券就具有共同资格（piggy – back eligible），任何做市商无须提交 211 表格，可以随时对该证券报价。因此，OTCBB 和 OTC Markets 可以同时对一只 OTC 股票进行报价。两者都是券商间 OTC 证券报价服务商，因之间存在市场竞争。

1999 年，SEC 通过《OTCBB 资格规则》，要求所有在 OTCBB 报价的公司都应按《1934 年证券交易法》向 SEC 注册，并向 SEC 或对应的银行、保险监管机关提交财务报告。2000 年以后，粉单市场成为美国境内唯一不要求报价证券提交财务报告的公开交易市场。SEC 的这一举措给 OTCBB 市场带来了重要的负面影响，目前，OTC 市场集团已经取代 OTCBB 市场，成为美国最大的场外证券市场。

（三）强制信息披露制度

所有 OTCBB 发行人应定期向 SEC、银行和保险监管机关报告最新的财务信息。通过电子化数据收集、分析及检索系统（EDGAR）向 SEC 报告的，不需要再向 OTCBB 或 FINRA 提交报告副本，否则，必须向 OTCBB 提交报告副本。所有挂牌公司都必须按季向公众披露当前最新的财务状况，年报必须经由 SEC 核准的会计师审计。这无疑大大提高了挂牌公司的成本。

任何公司没有及时报告的，都将从 OTCBB 除名。公司未能按时报告的，除非发行人在宽限期提交合规申报，否则该公司将从 OTCBB 退市。引人注目的是，为确保公开透明，FINRA 引入“三击服刑制”（three strikes）丧失资格规则。任何发行人在 24 个月内存在 3 次违法报告的，或在 24 个月内因 2 次未提交报告而被除名的，1 年之内，丧失在 OTCBB 报价的资格。

五、场外市场—OTC 粉单市场[①]

（一）粉单市场概述

作为美国场外市场的典型代表，粉单市场由私人公司全美报价局（National Quotation Bureau）于 1904 年创建。1997 年克伦威尔·卡尔森收购了全美报价局之后，将公司从原注册地特拉华州迁到地处纽约金融区核心地段的哈德森大道，将公司名称从 Pink Sheets LLC 逐渐改为现在的 OTC 市场集团（OTC Markets Group）。其大刀阔斧的改革使粉单市场迅速发展壮大，一方面高度重视电子通信技术的运用，开通网站 www. pinksheets. com 以及引入增加了电子订单议价和执行功能的 Pink Link 系统（后更名为 OTC Link 系统）。另一方面推动粉单市场分层，内部分层与层内板块划分相结合，力图满足报价公司差异化的信息披露需求，便于投资者快速识别投资标的质量与相应的投资风险。

随着纳斯达克证券交易所获得 SEC 批准成为全国性证券交易所进入主板市场，再加上由 FINRA（前身为 NASD）管理的场外市场主要竞争对手 OTCBB 趋严的资格规则，粉单市场赢得了良好的发展机遇，迅速发展并成为美国最重要的场外市场，也在一定程度上被纳入美国证券监管体系。OTC 市场集团组建了负责运营 OTC Link 系统的子公司 OTC Link LLC.，该公司已在美国证监会（SEC）注册成为另类交易系统（Alternative Trading System），并成为 FINRA 成员的经纪交易商，受到 SEC 和 FINRA 的监管。

公司进入粉单市场一般需要由在 FINRA 注册的经纪交易商向 FINRA 提交表格 211 申请以获得后者的批准，并由经纪交易商为其向 OTC Link ATS 系统报价。若不再有经纪交易商为公司报价，公司将从粉单市场摘牌。

粉单市场的交易由经纪交易商确定。投资者向经纪交易商发出订单指令后，经纪交易商首先考察是否可以内部执行，优先匹配投资者之间的订单成交，若无则可以选择用自有股票、资金与之成交；在无法内部执行的情况下，经纪交易商必须尝试与其他经纪交易商外部执行此交易。

---

① 感谢武汉大学法学院 2016 级经济法硕士研究生张广亚对本节的贡献。

（二）粉单市场的内部分层制度

1. 内部分层情况简介

目前，粉单市场共分为三个层次，分别是 OTCQX Best Market（最佳市场）、OTCQB Venture Market（风险市场）和 OTC Pink Open Market（粉红公开市场）。截至 2018 年 8 月 13 日，在粉单市场报价的公司达到 10617 家，各层及其中相应板块的公司的情形见表 15。其中，知名的报价公司包括瑞士的罗氏制药、苏黎世保险集团，德国的阿迪达斯集团、巴斯夫、汉莎航空，法国的达能集团、巴黎银行，荷兰的喜力集团，中国的腾讯控股、兖州煤业等，OTC 市场集团自己也在粉单市场报价。

表 15　各层次概况（截至 2018 年 8 月 13 日）

市场层级	要求	层内板块	公司数量
OTCQX	顶层，满足较为严格的财务标准和充分的信息披露，接受定性评估	International	188
		International Premier	98
		U. S.	75
		U. S. Premier	70
		U. S. Banks①	75
OTCQB	中层，须向证监会等监管机构提交报告	—	987
OTC Pink	底层，可以依照 Pink Basic Disclosure Guidelines 披露信息	Current Info	6087
		Limit Info	128
		No Info	2909

2. 内部分层标准梳理

从整体来看，粉单市场内部分层标准可以归纳为四个类别，分别为信息披露标准、适格性标准、财务标准，以及公司治理标准。在粉单市场的各个层次中，这些标准类别有着不同的组合与强度。

（1）以信息披露标准的变化为基线

信息披露标准是唯一在各个层次中均有体现的标准，可谓是粉单市场内部

---

① OTCQX 市场中的美国区域银行和社区银行等金融机构如果没有在 SEC 注册，则需使用美国银行信息披露标准（U. S. Banks Reporting Standard），使用该标准的银行整体可被 OTCQX Banks 指代。

分层的主线。无论是底层 OTC Pink 内部划分的无信息层、有限信息层，以及经常信息层，还是从底层 OTC Pink 到中层 OTCQB，再到顶层的 OTCQX，信息披露标准均呈现愈加严格的趋势。

底层 OTC Pink 内部划分的三层的信息披露标准呈现频率与充分性渐高的趋势。无信息层顾名思义，不要求披露任何信息。有限信息层只要求此前 6 个月在 OTC 披露与新闻服务平台（以下简称 OTC 披露平台）上公开披露了年报或者季报[①]，且无须审计。经常信息层则要求披露年报和随后的季报，虽然可以不经在 PCAOB 注册的审计公司的审计，但应当提交聘请律师出具律师信的协议（Attorney Letter Agreement）以及后者出具的律师信，律师信此时起到增强披露可信度的作用。

而在粉单市场整体划分的三层中，信息披露标准呈现强制性与严格程度渐强的趋势。底层 OTC Pink 市场总体上是自愿披露的要求，OTC 市场集团制定了 OTC 粉红市场基本披露指南，鼓励报价公司按照指南通过 OTC 披露平台公开披露信息。中层 OTCQB 市场和顶层 OTCQX 市场均提供了五类信息披露标准，强制要求报价公司按照相应的标准进行信息披露，并且均要求年度财务报告须经审计。

综上所述，信息披露标准是粉单市场最基础的内部分层标准，从底层往顶层发展的过程中，信息披露的频率、充分性、强制性，以及严格程度方面不断走高。

（2）同时使用其他分层标准划分较高层

从粉单市场的发展历史来看，OTC Pink 是最传统的粉单市场，OTC 市场集团在其基础上继续划分出了中层 OTCQB 和顶层 OTCQX。除了信息披露标准的差异外，OTCQB 和 OTCQX 在分层标准方面区别于 OTC Pink 之处在于增加了适格性标准和公司治理标准，而 OTCQX 相较于 OTCQB 还补充了财务标准。

在适格性标准方面，OTCQB 层和 OTCQX 层均对公司的做市商数量、股价、

---

① 应当包括资产负债表、收入报告，以及发行及报价的总股份数，财务报告应当以美国 GAAP 准则编制，但不要求披露现金流量表，也不要求按照 OTC 粉红市场基本披露指南披露信息。

公众持股量或公众持股比例、公司股东人数等方面提出了要求。OTCQB 层有一个颇具特色的 OTCQB 证书要求，该证书由报价公司的 CEO 或 CFO 签署，披露公司的基本信息并作出公司遵守 OTCQB 规则的承诺。① OTCQX 层以及 OTCQB 层（仅限遵守外国信息披露标准的公司）则要求申请报价公司聘请推荐人并由后者向 OTC 市场集团出具推荐信，除非公司正在或刚刚从全国性证券市场退市，或者公司一部分的流通股同时在全国性证券交易所上市流通。

在公司治理标准方面，OTCQB 层（仅限遵守替代信息披露标准的公司）和 OTCQX 层（仅美国板块和美国银行板块）对申请报价公司的独立董事人数、审计委员会及其成员、每年召开股东大会，向股东提供年度审计报告等要求。

在财务标准方面，仅有顶层 OTCQX 提出了要求，涉及的财务指标包括净资产、营业收入、年均营业收入、净收益，以及总资产。报价公司运营年数以及股价水平达到一定标准，上述财务指标还可以适当降低。

整体来看，粉单市场从底层到顶层变化的过程中，使用的分层标准的类别越来越多，同一类别的分层标准在更高层市场中要求也往往更为严格。

3. 分层对报价公司的意义

（1）分层为报价公司提供了差异化的增值服务

OTC 市场集团为了帮助粉单市场报价公司更好地履行合规义务、披露信息、发布公司资讯、向投资者提供公司证券的研究报告等，开发了一系列的增值服务，较高层市场的报价公司可以免费使用部分增值服务。

对于 OTCQB 和 OTCQX 层的报价公司，其可以免费使用许多增值服务，Pink 层公司则需要单独订购，例如使用 OTC 披露平台公开发布新闻、财务报告、研究报告、以视频音频等方式展示公司等，订购该服务的 Pink 层公司须支付 1000 美元申请费和 5000 美元的年费；使用展示所有经纪交易商就公司证券的买卖报价与头寸的实时二级报价服务（Real - Time Level 2 Quotes），对于发

---

① OTCQB 证书包含以下内容：公司是否需要在 SEC 注册或是适用注册豁免，公司已履行报告义务并在 SEC 或 OTC 平台提交，公司介绍已在 OTC 官网展示及更新，最近日期时持有不少于 100 股的收益股东的数量以及公众持股的数量，声明公司正式成立有效存续且按照注册地的法律良好经营，列出公司控制人、董事和高级管理人员，并且指出为公司服务的第三方的有关信息。

行量有限或交易活动较少的报价公司而言，该服务有助于投资者深入了解股份流动性，建立投资者对公司股份的兴趣和信心，Pink 层公司订购该服务年费为 3000 美元[①]；以特惠价使用 OTC 市场集团和 Issuer Direct 公司合作提供的新闻、合规与通信解决方案，公司通过 OTCIQ 门户网站可以获取资讯、向 EDGAR 平台提交信息披露文件、进行电子通信等；以及通过 Research Marketplace 联系特约的股份研究机构。

OTCQX 层的报价公司还可以免费使用蓝天法合规状态监管服务，该服务为公司每天审核其在美国各州、领地的蓝天法合规程度，而 OTCQB 层和 Pink 层公司订购年费为 3000 美元。

这些增值服务能够便利公司履行合规义务，更好地宣传公司情况，吸引更多投资者的关注，有利于提升公司的形象和股价。从各项增值服务的单独订购收费标准来看，相对于 OTCQX 层和 OTCQB 层的年费而言，公司申请进入较高层级而享受优质的服务，是十分划算的。这也增加了 OTCQX 层与 OTCQB 层市场对报价公司的吸引力。

（2）满足报价公司的差异化需求

由于报价公司基数很大，进入粉单市场报价的各个公司的需求也不尽相同，公司在不同时期对于各层的监管义务水平、股份流动性、向投资者展示公司形象的能力等方面的考虑也会有所差别。粉单市场的内部分层满足了报价公司的差异化需求，公司也可以在需要发生变化时申请变更层级。

例如，目前正在 OTCQX 国际板块精选层报价的兖州煤业股份有限公司，其签发的与香港普通股对应的 ADR 曾在纽交所上市，但由于存托凭证交易稀少[②]，公司董事会认为不再适合承担因遵守美国定期报告要求以及其他纽交所

① 在公司页面展示最佳的经纪交易商买卖报价的实时一级报价服务（The OTC Quote Widget）对所有粉单市场公司免费。

② 从纽交所退市前的12个月内，该公司在美国以 ADR 形式交易的 H 股普通股（1 份 ADR 代表10 个 H 股普通股）的平均日交易量仅占该公司 H 股普通股的全球日平均交易量的2.57%。

上市相关义务而产生的成本[①]，于是2017年2月16日收盘后从纽交所退市，选择在几乎没有监管义务的粉单市场Pink层报价。尽管退市后日交易量进一步从16日的133665份ADR骤降至17日的24978份ADR，不过每份ADR的价格波动不大，公司能够以低得多的成本继续维持在美国资本市场的交易。2018年5月18日，公司选择申请升层进入OTCQX国际板块精选层报价交易，OTC市场集团公司服务部副执行总监在对公司升层表示欢迎时所说的或能反映公司需求的变化，“在OTCQX层交易能使兖州煤业对投资者变得更透明，提升其在美国投资者的可见度”。[②]

当然也有报价公司坚守不变或者一直努力向上升层。同样以与香港普通股对应ADR的形式在OTC Pink层报价的腾讯控股公司，尽管其国内互联网同行阿里巴巴、京东先后签发ADR登陆美国全国性证券交易所上市，腾讯控股仍然选择留在粉单市场Pink层报价。而Sino Agro Food公司的普通股自2007年7月24日登陆OTC Pink市场以标志“SIAF. PK”报价，于2012年1月5日成功升层至OTCQB市场以标志“SIAF”报价，又于2016年1月19日晋升到粉单市场的最高层OTCQX美国板块精选层。[③]

从这些案例来看，粉单市场的内部分层更好地满足了报价公司在不同时期的差异化需求，报价公司在粉单市场内部各层次之间升降也更好地适应了公司需求的变化。

4. 分层对OTC市场集团的意义

分层对于OTC市场集团而言，是一次商业模式的重大改变。

（1）增加了OTC市场集团的收入来源

分层前，OTC市场集团很少从报价公司处收取费用，数量日渐庞大的报价

① 相关义务包括，在纽交所上市的ADR虽然可享受SEC注册豁免，但仍要受到《萨班斯—奥克斯利法案》施加的一系列公司财务制度的合规义务。“兖州煤业将从美国存托凭证退市2月16日收市后生效”，凤凰网财经综合，http：//finance. ifeng. com/a/20170125/15167553_0. shtml.

② https：//www. otcmarkets. com/stock/YZCAY/news/OTC – Markets – Group – Welcomes – Yanzhou – Coal – Mining – to – OTCQX？ id = 192944.

③ https：//www. sec. gov/Archives/edgar/data/1488419/000114420416091487/v433096_10k. htm.

公司却很少能给 OTC 市场集团带来更多营收。而在分层后，OTC 市场集团不仅能从申请进入较高层级市场的报价公司收取申请费和年费，还可以从提供的一系列差异化增值服务中收取订购费。上述公司服务业务收入在 2016 年和 2017 年底已经分别约占 OTC 市场集团总收入的 38% 和 42% 。[①]

（2）加强了 OTC 市场集团对粉单市场的管理能力

分层前，获得了经纪—交易商报价的公司均可以进入粉单市场，OTC 市场集团对于报价公司缺乏筛选管理的权限。分层后，希望进入 OTCQB 和 OTCQX 层的公司均需要向 OTC 市场集团提出申请，经审核后双方签署挂牌协议，并适用 OTC 市场集团制定的格式化的规则。基于挂牌协议和规则，OTC 市场集团对于 OTCQB 层和 OTCQX 层的报价公司的准入、暂停交易，以及移除等享有了充分的权限，加强了 OTC 市场集团对粉单市场的管理能力。

（3）较高层级市场提升了粉单市场的整体声望

分层前，粉单市场缺乏透明度，流动性不足，报价公司鱼龙混杂，不乏壳公司和空头支票公司，让不少投资者感到怀疑，望而却步。

分层后，粉单市场整体声望在较高层级市场的带动下得到改善。粉单市场的分层标准以信息披露标准为基线，适格性标准、公司治理标准和财务标准的进一步区分使较高层级的报价公司的透明程度、公司质量，以及证券流动性有了很大的改观，特别是许多知名国际公司进入 OTCQX 国际板块精选层，改善了粉单市场的形象。正如 OTC 市场集团自豪地宣传“公司会发现，在 OTCQX 层报价意味着公司尽职与诚信的经营达到显著的标准”[②]，OTCQX 层代表着粉单市场最高的声誉，获得了申请报价公司和投资者的信任，成为 OTC 市场集团和证券交易所竞争优秀公司资源的重要手段。

---

① https：//backend. otcmarkets. com/otcapi/company/financial - report/188612/content.

② https：//www. otcmarkets. com/corporate - services/get - started.

（三）粉单市场的监管制度

1. 来自 SEC 与 FINRA 的外部监管

（1）SEC 对粉单市场的监管权限

1）监管向其注册的报告公司履行信息披露等义务

SEC 对向其注册的报告公司履行信息披露等义务的监管权限源自美国证券法律体系。美国证券法制的基础是《1933 年证券法》和《1934 年证券交易法》，两部法律规定了公司向 SEC 注册的要求，美国证监会（SEC）基于上述要求构建了“报告公司”体系，对报告公司履行信息披露义务以及其他义务进行监管。

除了公司自愿向 SEC 注册成为报告公司的情形，公司应当在三种情形下向 SEC 注册成为报告公司：第一种情形是《证券法》第 5 节规定的公开发行的证券应经注册；第二种情形是《证券交易法》第 12 节（b）规定的在全国性证券交易所公开交易的证券应经注册；第三种情形是《证券交易法》第 12 节（g）规定的，公司达到资产规模和持有股东达到人数要求的发行人应当注册。①

SEC 还依据证券法律制定了一系列条例（regulations），如条例 S－K 和条例 S－X 分别就注册与信息披露的种类、内容，以及财务报表的格式、内容和会计准则等作出了规范。SEC 有时还制定规定（rules），如通过《1934 年证券交易法》规则 12b－2 设立“较小报告公司”（smaller reporting companies）标准，简化符合要求的较小报告公司的信息披露规则。

此外，为了指导信息披露义务人如何履行信息披露义务，SEC 还制定了具体规定某类报告格式及内容的表格，如表格 S－1 指导公司依据证券法向 SEC 注册为报告公司，表格 10－K 和表格 10－Q 分别指导公司向 SEC 提交年度报告和季度报告。

随着证券市场的发展，在《证券法》和《证券交易法》之外，国会也制定

---

① 目前的标准经过了 2012 年 JOBS 法案的修改，对于普通公司而言，总资产达到 1000 万美元，且持有某一类证券的人数达到 2000 人或非合格投资者达到 500 人；对于银行、储蓄所或贷款公司，总资产达到 1000 万美元，且持有一类股份证券达到 2000 人持有。

了其他证券法律，以完善证券市场法律秩序。如为了应对安然事件，国会制定了《萨班斯—奥克斯利法案》，其中404（a）条款分别规定了SEC报告公司的管理层应在以表格10－K提交的年报中包含管理层对公司内控有效性的报告，404（b）条款则要求公司聘请独立审计机构对公司内控报告进行审计。由于公司内控审计义务使得许多中小公司难以负担，2010年国会为应对金融危机制定的《多德—弗兰克法案》正式豁免了小型报告公司遵守404（b）条款的义务。这些法律也影响了SEC对报告公司的监管权限。

2）监管另类交易系统OTC Link ATS

SEC制定了《另类交易系统条例》（*Regulation ATS*）和《系统合规与诚信条例》（*Regulation System Compliance and Integrity*），对另类交易系统的合规性进行监管。粉单市场的OTC Link ATS电子交易系统的运营者是OTC市场集团的全资子公司OTC Link LLC，该公司属于在SEC注册的另类交易系统，受到SEC的监管。《另类交易系统条例》除了要求另类交易系统应当按照证券交易法第15节作为经纪交易商注册外，还对系统的信息披露、交易能力与安全等方面提出了要求，包括提交表格ATS履行信息披露的报告义务，提供订单展示与执行的途径，途径应当公平，记录交易，自动系统的能力、完整和安全达到要求，以及确保交易信息保密等。2015年，SEC还颁布了《系统合规与公正条例》来落实《另类交易系统条例》的修正案，该条例要求，特定的市场参与者（包括SCI另类交易系统）制定充分的政策和程序以确保技术系统的稳定、弹性、运行的合法合规性，以及向SEC报告特定信息以协助SEC改善对证券市场基础设施的监管。

3）监管经注册的证券经纪交易商

SEC还依据《证券交易法》对粉单市场中的经纪交易商行使监管权限。粉单市场中的经纪交易商有两类主体：一类是报价公司聘请为其在粉单市场报价的经纪交易商，后者在粉单市场的交易过程中发挥着经纪人和做市商的功能；另一类是OTC Link ATS另类电子交易系统的运营者OTC Link LLC，该公司已经按照SEC的《另类电子交易系统条例》向SEC作为经纪交易商注册。

《证券交易法》授权 SEC 通过对经纪人/交易商进行注册开展监管。《证券交易法》第 15 节（a）要求所有参加州际证券交易的经纪人/交易商向 SEC 注册，除非商业活动完全限于州内且不利于全国交易所的任何设施才可完全豁免。

《证券交易法》还授权 SEC 对经纪人/交易商施加特定的责任，例如第 15 节（b）（4）节授权 SEC 在发现经纪交易商从事特定违法行为[①]时采取谴责、限制业务开展或运营、暂停业务不超过 12 个月乃至撤销注册；第 15 节（b）（6）授权 SEC 对非经纪交易商但同其联系或试图联系的人所实施的上述特定违法行为时采取处罚措施；第 15 节（b）（7）为经纪人/交易商确立了财务责任要求，确定了其清偿能力的最低净资本标准；第 15 节（b）（8）要求所有经纪人/交易商成为自律组织成员；第 15 节（c）（1）禁止所有注册的经纪人/交易商从事欺诈活动或行为；第 17 节（a）要求经纪人/交易商保持和提供交易的准确记录；第 17 节（b）授权 SEC 按照其认为经纪人/交易商业务和行为的必要标准，不时地进行合理的定期检查、特别检查或其他检查。SEC 还在《证券交易法》之下制定了一系列细化的规定。

（2）FINRA 对粉单市场的自律监管权限

FINRA 是自律管理组织，对其会员经纪交易商享有自律监管权限。粉单市场中的经纪交易商均为 FINRA 的会员，一类是所有在粉单市场从事报价与做市业务的经纪交易商必须成为 FINRA 的会员并接受其监管；另一类就是 OTC Link ATS 另类电子交易系统的运营者 OTC Link LLC，应 SEC《另类交易系统条例》和证券交易法第 15 节（b）（8）的要求，加入了自律管理组织 FINRA 成为其会员。FINRA 因此对粉单市场的另类电子交易系统及参与报价和做市的经纪交易商开展自律监管。

FINRA 对经纪交易商的行为进行监管，FINRA 建立了完整的追踪订单、报价和交易信息的 OATS 审计系统，并使用该系统对会员的行为进行全面监管。

---

① 包括在注册时虚假陈述、过去 10 年内曾触犯某些刑法罪名、已被禁止成为经纪人/交易商等。

此外，FINRA 还制定了一系列的 FINRA 规则，规范经纪交易商的报价行为、交易执行行为、交易及报价信息报告行为、卖空头寸披露行为、初始报价信息披露行为等。FINRA 可以对经纪交易商违反规则的行为采取自律管理措施。

FINRA 对于粉单市场的报价公司的间接监管在于，希望在粉单市场等场外市场报价的公司需要通过经纪交易商向 FINRA 提交表格 211，申请在场外市场报价，申请需要得到 FINRA 的批准。

2. 来自 OTC 市场集团的内部监管

（1）监管权限来自较高层的准入协议与市场规则

OTC 市场集团及其子公司 OTC Link 公司并非自律管理组织，与全国性证券交易所不同，OTC 市场集团对粉单市场的报价公司及其经纪交易商缺乏法定的监管权限。

全国性证券交易所的自律管理权限来源于《证券交易法》，包括管理会员的准入、强制会员及其关联人员遵守法律法规和交易所规则，以及以作出纪律处分为后盾。例如，该法第 6 条（b）（1）项规定，证券交易所应当具有强制其会员以及与其会员关联的人遵守证券交易法及相应规则，以及交易所指定的规则的能力和组织形式。第（6）项还列举了证券交易所对违法违规会员作出纪律处分的权力，包括开除、吊销资格、限制活动、职能和经营、罚款、申斥、中止或者禁止与证券交易所会员之间的关联关系以及任何其他合适的制裁。第（c）（2）项则规定，全国性证券交易所可以管理会员资格，包括拒绝向法定不适格的注册经纪商、交易商或者与注册经纪商、交易商关联的自然人授予会员资格，并且禁止法定不适格的任何人与会员之间的关联关系。

而粉单市场则情况不同，OTC 市场集团与 OTC Link 公司均不享有证券交易法赋予的上述权力。OTC 市场集团甚至不能强制报价公司退出粉单市场，因为公司只要有经纪交易商继续为其在粉单市场报价，就可以继续出现在粉单市场。OTC 市场集团也不能像自律管理组织 FINRA 一样对其会员经纪交易商作出纪律处分。

不过，随着 OTC 市场集团从传统的粉单市场中分出了较高层市场 OTCQB

层和 OTCQX 层，OTC 市场通过协议与较高层市场规则获得了对较高层市场报价公司的监管权限。由于较高层市场采取申请制，申请进入较高层报价的公司需要向 OTC 市场集团提交申请材料，由 OTC 市场集团依据事先制定的各层市场规则进行审查，审查通过的公司需要和 OTC 市场集团签订协议。根据协议和各层市场规则，OTC 市场集团获得了对报价公司进行监管的权限。

（2）间接与直接的监管手段

1）通过推荐人制度实现对较高层市场报价公司的间接监管

OTC 市场集团在粉单市场的 OTCQX 层（针对所有申请报价公司）和 OTCQB 层（仅针对外国申请报价公司）中引入推荐人制度，通过推荐人实现对报价公司的间接监管。

正如 OTC 市场集团所认为"OTCQX 市场的信誉（integrity）取决于推荐人所提供指导的公司的质量"，推荐人的职责主要体现在推荐适格公司来 OTCQX/OTCQB 层报价和持续辅导公司合规与获取融资两个方面。当然，如果公司刚刚或正在从全国性证券市场退市，或者公司一部分流通股同时在全国性证券交易所上市流通，公司可以豁免聘请并维持一名推荐人的义务，因为此时可以推定公司资质较好，且对美国资本市场较为熟悉。

在报价推荐方面，推荐人要辅导公司，使其了解市场规则；推荐人还要代表公司向 OTC 市场集团出具有关公司的申请方式和所有申请文件符合规则要求的介绍信（Letter of Introduction）。

在持续督导方面，推荐人最基本的工作是要协助报价公司履行信息披露义务，具体而言包括，协助报价公司识别须披露的重大信息、审查公司是否充分信息披露、指导公司回复 OTC 市场集团的问询、事先审核报价公司披露的信息等。此外，推荐人还应当指导报价公司吸引持续融资。

为了便于推荐人履行职责，OTCQX/OTCQB 规则规定，公司负有向推荐人提供公司有关信息的义务，包括涉密信息和公司的产权信息，公司股东、董事与高级管理人员等人事任免情况，推荐人要求提交的信息或文件，以及其他与公司相关的实质信息。公司须承担不履行上述义务导致公司信息披露违规而造成 OTC 市场采取的监管措施。

OTC 市场集团允许三类主体申请从事粉单市场的推荐人业务，分别为投资银行、公司经纪人、律师。OTC 市场集团向申请从事该业务的推荐人收费，申请费与后续年费均为 1000 美元。

2）对较高层市场报价公司的直接监管

基于 OTCQX/OTCBB 规则对报价公司的准入和维持要求，OTC 市场集团享有对层内报价公司进行直接监管的权力，可以决定将报价公司从该层中移除、决定将公司从 OTCQX 精选层降至 OTCQX 普通层，以及作出临时暂停公司证券在粉单市场报价交易的决定。被移除出较高层的公司将回到 OTC Pink 层报价，公司直到不再有经纪交易商通过 OTC Link ATS 系统为公司报价才彻底退出粉单市场。报价公司也可以提前一天以上向 OTC 市场集团书面申请从 OTCQX/OTC-QB 规则退出。

OTC 市场集团将报价公司从 OTCQX/OTCQB 规则移除有两类情形，一类是因不符合维持条件而被移除，另一类是因涉及公共利益而被移除。在第一类情形中，报价公司通常享有一定的恢复期（curing period），有机会在出现不符合维持条件情形后的一定期限内，因重新符合条件并持续一定期限而继续维持在该层。恢复期通常为自收到 OTC 市场集团给予的通知之日起的连续 30 个自然日，OTC 市场集团也可以自主决定是否给予额外的恢复期。OTCQB 层中因信息披露不全、收盘报价连续过低、公众持股或受益股东人数不足而引发的恢复期在期限长度或起算时点上有特殊规定。[①] 此外，被移除出 OTCQB 层的公司可以

① 因信息披露不全，自原提交文件到期日起开始计算 45 个自然日的恢复期；因报价过低，自收盘价低于 0.01 美元的连续 30 个自然日的次日起，开始计算 90 个自然日的恢复期，在恢复期内至少 10 个连续交易日最低收盘价不少于 0.01 美元则可维持，但如果连续 5 个交易日收盘价低于 0.001 美元，公司将被立即从 OTCQB 中移除；公众持股或受益股东不足，恢复期为 30 个自然日，公司可以通过书面方式提交整治计划向 OTC 市场集团申请 30 天的恢复期。

在满足一定条件的情况下简化手续恢复在 OTCQB 市场挂牌。[①] 在第二类情形中，OTC 市场集团若认为公司证券的持续报价将损害 OTC 市场集团的声誉或信誉，或者损害投资者利益，可以无须事先通知即决定立即将报价公司从 OTCQX 市场移除。

（四）粉单市场之借鉴

1. 粉单市场在美国多层次资本市场中的定位及对新三板的借鉴

（1）为未上市公司提供股份公开交易的独立市场

在美国，公司证券登陆证券交易所上市并公开交易的条件很高，公司要向 SEC 注册成为报告公司，履行严格的信息披露和合规义务，具有良好的公司治理水平，满足一定的财务指标，还要对财务报告和公司内控报告进行独立审计。中小公司往往不具备满足财务指标、公司治理水平以及承担持续信息披露与合规成本的条件，难以登陆主板资本市场。而部分大公司不愿意承担过多的信息披露与合规义务，不愿意在主板市场上市。

粉单市场接纳了这些公司，并为其提供了证券发行融资与交易的独立市场。粉单市场的独立性体现在：第一，粉单市场具有完备的发行融资功能，同样可以满足报价公司公开发行证券融资和交易的需求。第二，粉单市场作为美国多层次资本市场的一环设有独立的准入与维持标准，公司在满足相应层次资本市场标准的前提下可以自由地选择交易场所。第三，粉单市场并未将自身定位于主板市场的预备板，而是积极通过内部分层维持粉单市场整体的独立性；OTCQX 顶层的配置向证券交易所市场看齐，满足优质公司提升知名度与融资能力的需求，争取将其留在粉单市场，OTCQB 中层与同为场外市场的 OTCBB 对标，以更好的服务体验吸引公司来粉单市场报价，OTC Pink 底层为其他公司保留以较低成本继续公开交易的市场空间，同时报价公司在不同发展阶段可以在

① 公司如果在被移除之日起 30 个自然日内重新达到维持标准，并且在此期间未完成或对外宣布公司行为，OTC 市场集团可以自动恢复该公司在 OTCQB 市场的挂牌；但若前述期间内完成或对外宣布了公司行为，或者在被移除之日起 30 个自然日后、6 个月内重新达到维持标准，公司必须向 OTC 市场集团提交新的 OTCQB 认证以获得恢复挂牌的批准；如果公司在被移除之日起 6 个月后重新达到标准，则应当重新向 OTC 市场集团提交在 OTCQB 层挂牌报价的申请以及重新签订挂牌报价协议。

内部层次之间升降也增强了粉单市场内部的凝聚力。

（2）公开发行独立于上市公开交易赋予粉单市场完备的发行融资功能

在美国证券法体系下，股份的公开发行与在全国证券交易所上市公开交易是相互独立的两个环节，股份公开发行是公司依据《1933 年证券法》向 SEC 注册成为公众公司的一个法定路径，而上市公开交易则是公司向 SEC 注册成为公众公司的另一条法定路径，两条路径追求的是成为公众公司的同一个效果。为了避免重复注册，对于已经发行注册的公司，如果选择将已经发行注册的股份上市公开交易则可以豁免上市公开交易注册，而对于发行时豁免注册的股份，上市公开交易前则需要由公司履行注册义务。

美国资本市场的公开发行与上市公开交易相独立的模式有两个意义：其一，公司上市不一定需要公开发行新股；其二，公开发行股份并非上市公司的特权，选择在粉单市场进行证券公开交易并不会减损公司进行股份公开发行的权利与机会。这保障了粉单市场等场外市场的发行融资功能，粉单市场的报价公司如果想公开发行证券，按照《1933 年证券法》向 SEC 进行发行注册即可，至于发行后的证券在场内市场还是场外市场进行公开交易，则取决于公司自身的选择和证券交易场所的规定。以 Sino Agro Food，Inc. 公司为例，该公司 2007 年开始先后在粉单市场的 OTC Pink 层和 OTCQB 层报价，2013 年 3 月 27 日开始同时在 OTCBB 市场报价，2013 年 3 月 28 日该公司向 SEC 提交表格 S－1 进行股份公开发行注册，此后公司继续在粉单市场报价，并于 2016 年 1 月 19 日晋升到了粉单市场的最高层 OTCQX 层美国板块精选层。从中可见，股份公开发行与上市公开交易彼此独立，粉单市场报价公司也可以公开发行股份，公开发行后的股份可以继续在粉单市场报价交易。

这对新三板的启示是，尽管证监会现有的部门规章《首次公开发行股票并（在创业板）上市管理办法》以及《上市公司证券发行管理办法》事实上将公开发行股份变成了（拟）上市公司的特权，这并不意味着新三板不能为（拟）挂牌公司设置公开发行股份的制度。一方面，美国证券法的公开发行与上市公开交易彼此独立以及粉单市场报价公司也可以公开发行股份，从比较法的角度说明，股份在主板以外市场公开交易的公司也可以公开发行股份，并且股份在主板以外市场公开交易期间公开发行新股的公司，此后若符合上市条件也可以在全国性证券交易所上市；另一方面，我国现行《证券法》并未禁止新三板（拟）挂牌公司公开发行股份，（拟）挂牌公司在符合《证券法》第十条和第十三条的情况下经证监会核准可以公开发行新股，随后按照第三十九条将公开发行的股份在新三板进行公开转让。

（3）以市场化的方式平等对待（申请）报价的主板退市公司

粉单市场并未在准入、维持、交易等方面针对主板退市公司作出特殊规定，而是与其他（申请）报价公司一视同仁。当然，这也与美国资本市场的股份公开发行与公开交易相互独立的逻辑保持一致，公司自行决定在多层次资本市场合适的层级继续交易公开发行的股份，各层次资本市场也有权审查公司的挂牌报价申请。粉单市场对公司维持挂牌报价的极低要求基本上确保了主板退市公司的证券可以继续在资本市场公开交易，除非不再有经纪交易商愿意为公司提供报价。这也是粉单市场以市场化的方式对待主板退市公司的做法，因为经纪交易商具有做市商的功能，经纪交易商愿意为公司做市说明公司还具有一定的价值。

而新三板关于两网退市公司挂牌报价与转让服务的规定则更多地体现了一种关怀的色彩，像是为了落实《证券法》第三十九条给已经公开发行的股份提供一个公开交易场所，尽可能地维持退市公司股票能够公开转让。这体现在：例如《股转系统退市公司挂牌业务指南（试行）》中指出的，退市公司股票申请在新三板挂牌的应确定主办券商，在证券交易所作出终止上市决定时仍未签署协议、由证券交易所指定主办券商的，由证券交易所指定的主办券商办理新三板挂牌手续；又如《股转系统两网公司及退市公司股票转让暂行办法》第十八条第（二）、（三）项规定的已经符合新三板挂牌公司强制摘牌条件的两网及退市公司也要继续维持股份公开转让，即便第（三）项中“未与推荐公司股票挂牌的主办券商签订《推荐恢复上市、股票转让协议书》”的情形足以让报价公司退出粉单市场；此外，第十二条还规定，退市公司提出终止办理股票挂牌须经其所在地省级人民政府批准，这已经具有较强的行政干预和维稳的色彩了。

随着我国证券交易所退市制度的完善，未来面临终止上市情形的上市公司越来越多，现行对两网及退市公司重维稳、轻清理的做法有可能造成新三板有限资源的浪费，有必要着手建立两网及退市公司的摘牌制度，采取与其他挂牌公司相同的监管标准。

2. 粉单市场内部分层对新三板的借鉴

（1）分层标准类别相似，新三板分层调整方法还可借鉴完善

如前所述，为了识别报价公司的质量与投资风险，粉单市场以信息披露标准为基线，综合采用了适格性标准、公司治理标准，以及财务标准进行内部分层。

从新三板《信息披露细则》和《分层管理办法》来看，新三板目前划分创新层的标准也可以归纳为信息披露标准、适格性标准、公司治理标准，以及财务标准，在种类上与粉单市场的分层标准相似。具体比较各类标准，在适格性标准中，粉单市场多了对公众持有的自由流通股的数量或其市值的要求，在财务标准中，粉单市场还有结合股价高低调整财务指标具体数值的情形。鉴于新三板有可能在创新层之上再挑选出精选层，上述粉单市场中的指标可以作为补充，协助精选层公司的挑选。

在分层调整方法上，针对升层，粉单市场采用的是报价公司申请与 OTC 市场集团批准的制度，针对降层，则由 OTC 市场集团主动采取措施。而新三板采取的是由股转公司定期主动调整挂牌公司所处层次的方法，股转公司事先公示，挂牌公司可以提出异议或者自愿放弃进入创新层。相较而言，粉单市场挂牌公司申请升层的制度在分层调整的时间上更为灵活，可以减轻股转公司的工作量。当然，在分层调整的早期，由股转公司主导新三板公司的分层调整更有利于试点工作的推进。

（2）新三板分层改革可以借鉴粉单市场各层差异化服务的经验

从粉单市场的经验来看，内部分层有助于更好地识别挂牌公司差异化的需求，粉单市场的运营者也需要提供差异化的服务，以实现权利义务的匹配。

OTC 市场集团针对粉单市场报价公司的需求开发了一系列的增值服务，大部分对较高层的报价公司免费提供，而底层报告公司需要单独订购才能使用，承担较高监管义务的较高层的报价公司因而可以享受到相匹配的红利。

新三板分层改革，除了目前已经推出的差异化的股票转让方式和信息披露义务，未来有利于挂牌公司的股份公开发行机制、合格投资者门槛降低等改革红利也应当优先让创新层乃至精选层的挂牌公司享受。此外，股转公司还可以针对创新层和精选层公司的实际需求研究开发一系列增值服务，如特约证券研究机构调研创新层公司并为其出具研究报告，为创新层和精选层挂牌公司提供更多的融资工具，为创新层、精选层公司在新三板官网的信息披露增加更具有个性的展示模块等。

（3）新三板分层改革下主办券商制度的完善可以借鉴粉单市场的经验

粉单市场允许的推荐挂牌主体除了投资银行，主要还有律师，而且在资格要求上存在不同，如投资银行强调的是协助融资的能力，要有承销或代销公募或私募股份的能力和经验，过去 5 年要为在全国性证券交易场所上市的证券募集超过 5000 万美元，而律师则强调的是协助合法合规的能力，要对联邦及各州的证券法律法规熟悉运用。也就是说，投资银行和律师作为推荐人针对的是不同报价公司的需要：对于融资需求大的公司，倾向于聘请投资银行作为报价推荐人，投资银行在未来可以就如何满足投资者需求和发行销售公司的股份提供建议，往往在服务费上收取更高；而律师则能协助公司做到基本的合法合规，能够顺利到粉单市场报价交易，这适用于融资需求较小的公司，由于提供的服务有限，往往收费也较低。尽管二者存在一定的区别，但由于均可以担任推荐人，扩大了报价推荐人的选择范围，事实上也增加了报价推荐人之间的竞争，有助于提升推荐人的服务质量。

反观新三板的主办券商，均为证券公司，且多为公司内部的新三板业务部，面临券商各业务部门业绩考核评比的压力，人力和物力资源配置受到公司层面的影响，再加上证监会新出的《证券公司投资银行业务指引》将推荐挂牌业务纳入投资银行业务，也会影响新三板业务和投资银行业务之间的人员和资源配置关系，证券公司在新三板推荐挂牌和持续督导方面未必能投入应有的精力。实践中，也出现了部分主办券商不熟悉业务规则，主办券商制度沦为“通道费”的问题。

对此，可以考虑借鉴粉单市场经验，适当扩充挂牌推荐人的资格，如将律师事务所或咨询公司纳入独立的挂牌推荐人的范围，从而增加挂牌推荐人之间的竞争，淘汰能力不足又收费较高的挂牌推荐人，避免让主办券商沦为通道费。这与新三板有将近4000家公司几乎不存在交易的现状相适应，对于这些融资需求较小的公司，合法合规性的需求相对较多，选择律师事务所或咨询公司作为挂牌推荐人可以较低的成本实现挂牌。此外，差异化的服务与收费标准也有利于与分层制度相匹配，如基础层可以允许公司选择主办券商以外的挂牌推荐主体，如律所或咨询公司，而创新层因为与更多的融资服务相匹配，必须选择投资银行或主办券商。

第四节　澳大利亚的制度考察

一、主要法律规范

澳大利亚公众公司的主要监管机构是澳大利亚证券和投资委员会（Australian Securities Investments Commission，ASIC），其主要根据《2001 年公司法》《2001 年澳大利亚证券和投资委员会法》《2011 年商业名称注册法》《1984 年保险合同法》《2009 全国消费者信用保护法》等法律来规范金融市场，提供金融服务。

二、公司类型

根据《2001 年公司法》第 112 条，澳大利亚公司可分为两大类：私人公司（proprietary company）和公众公司（public company）。澳大利亚所有公司都必须归属于这两大类别。根据公司责任类别，又可以作出不同划分，包括股份有限公司（limited by shares）、担保有限公司（limited by guarantee）、无限责任公司（unlimited with share capital）和无责任公司（no liability company）。这两种分类方法会产生交叉，股份有限公司和无限责任公司既可以是私人公司也可以是公众公司，主要区别是股东人数（见表16）。

表16 澳大利亚公司的分类

私人公司	股份有限公司
	无限责任公司
公众公司	股份有限公司
	担保有限公司
	无限责任公司
	无责任公司

（一）私人公司

私人公司必须拥有不超过50名的非雇员股东，且注册为私人公司或由公众公司转变为私人公司。在股东人数计算上，将特定股份的联名持有人算作1人。雇员股东是指作为公司或公司附属公司雇员的股东。私人公司不得从事任何需要向公众投资者披露的融资活动，但其向特定对象的股份要约除外，即面向公司的现有股东、面向公司或其附属公司的雇员。公司需要至少一名股东。

私人公司的局限在于不允许通过出售股份向公众筹集资金，除非筹集资金不需要披露文件。但私人公司也拥有一定的特权，例如可以只有一名单独股东和单独董事；无须召开年度股东大会；无须委任董事会秘书；除大型私人公司外，无须委任审计等。

（二）公众公司

公众公司是指除私人公司之外的公司。具体分为股份有限公司、担保有限公司、无限责任公司和无责任公司。

1. 股份有限公司

股份有限公司是澳大利亚公司中最为普遍的一种公司类型。公司股票是以股款缴足的股票，股东没有连带责任，其个人资产也不会用来清偿公司债务。如果股本只有部分缴足，股东根据约定承担责任。股份有限公司可以注册成为公众公司或私人公司，但其必须将“有限责任”字样标注在公司名称中。

2. 担保有限公司

成立担保有限公司时，股东无须认购股本，但是需要承诺在公司破产清算时根据公司章程提供一定数量的资金，而对超出数额外的公司债务不承担责任。这些担保在且仅在公司破产清算时产生效力。这类公司类型在澳大利亚所占比例很小，一般都是非营利公司。担保有限公司只能注册成为公众公司。

3. 无限责任公司

无限责任公司的股东对公司债务承担无限连带责任，在破产清算时，公司以及股东的所有资产都要用来清偿债务。由于其高风险性，只有极少的特殊企业采用这种形式。

4. 无责任公司

无责任公司是澳大利亚特殊的公司类型，这类公司只允许从事采矿业活动，且此公司只能注册成为公众公司。无责任公司必须拥有股本，其公司章程一定要写明该公司的唯一目的是从事采矿，且当股东未能出资认缴股本时，公司将进行催缴。股份有限公司只能注册成为公众公司，并必须将“无责任”字样标注在公司名称中。

综上，澳大利亚公众公司和私人公司区分的核心标准是非雇员股东人数是否超过 50 人。

三、实际情况统计

澳大利亚财政部发布的《非上市公众公司的财务报告》（*Financial Reporting by Unlisted Public Companies*）就《2001 年公司法》中非上市公众公司的财务报告要求展开讨论。目前，该类公众公司与上市公司的年度财务报告差异不大，该份报告探讨了是否应为这些公司引入某种差异化的报告框架。

报告对澳大利亚的非上市公众公司特征进行了统计。非上市公众公司约占澳大利亚 140 万家公司中的 18000 家，[①] 非上市公众公司与私人公司不同，因为

---

① 本部分数据来自澳大利亚财政部 The Treasury：Financial Reporting by Unilisted Public Companies，报告发布时间 2007 年 6 月。需要说明的是，笔者试图从 ASIC 官网查证最新的数据，但遗憾的是官网的数据统计只有已注册公司的总体数量，未发现分类型的数据统计。

其拥有超过50名非雇员股东，并且有能力从公众处筹集资金。现实中主要分为两种类型：担保有限公司和股份有限公司。

根据《2001年公司法》注册的担保有限公司约有11000家。近年来，这一数字一直以每年6%的速度增长。担保有限公司无权向股东发行股票。相反，如果公司进行清算，每个股东同意支付公司章程中规定的金额。如表17所示，这些组织的规模是小型的，接近70%的营业收入低于1000000澳元。

表17　　澳大利亚担保有限公司的规模

金额（澳元）	收入（%）	累计总额[①]：收入（%）	资产（%）	累计总额：资产（%）
少于200000	41	41	35	35
200001～500000	13	54	10	45
500001～1000000	14	68	18	63
1000000～12500000	28	96	30	93
12500000～25000000	2	98	2	95
大于25000000	2	100	5	100

该结果与2002年墨尔本大学对担保有限公司的调查结果一致，调查发现64%的非上市担保有限公司收入低于1000000澳元。该调查还发现，几乎所有担保有限公司都有非营利动机，其中包括体育与娱乐组织（21%）、社区服务组织（19%）、教育机构（15%）和宗教组织（10%）。

澳大利亚的公众公司中大约有7000家非上市股份有限公司。与担保有限公司相比，这些公司更有可能以营利为目的，因为其股本结构使向股东提供财务回报更容易。如表18所示，它们往往比担保有限公司规模大，只有约40%的公司收入低于1000000澳元。

① 累计总额的比例是在本金额及以下金额区间累计在整体中所占的比例。

表 18　　澳大利亚非上市股份有限公众公司的规模

金额（澳元）	收入（%）	累计总额：收入（%）	资产（%）	累计总额：资产（%）
少于 200000	30	30	16	16
200001～500000	7	37	12	28
500001～1000000	7	44	2	30
1000000～12500000	35	79	45	75
12500000～25000000	2	81	2	77
大于 25000000	19	100	23	100

四、设立、登记要求

（一）设立

澳大利亚的公司必须要在 ASIC 注册，公司的高管需要履行基于公司法的协助注册义务。有三种注册公司的具体途径：（1）澳大利亚政府商业登记服务。使用澳大利亚政府商业登记服务申请澳大利亚商业号码（ABN）并在线注册。（2）联系私人服务提供商。私人服务提供商是指可以代表当事人注册公司的主体。包括会计师、律师或其他提供 ASIC 在线服务业务的主体。（3）直接向 ASIC 提交纸质表格。填写表格 201 申请注册公司并邮寄给 ASIC。

一旦申请被处理，ASIC 将会发给注册证明及公司唯一编码，通过该编码可以在线创建账户并更新公司信息。公司设立后，必须确保公司的名称出现在开展业务的任何场合，并且公众可以获知。公司的 ABN 应当显示在公司发布的任何文件上。公司的详细信息需要保持最新状态。

（二）登记

提供高效便捷的公司信息登记服务是 ASIC 的重要目标。作为登记部门的 ASIC 是澳大利亚经济基础设施的重要组成部分。登记内容包括股东情况和股份信息。私人公司在股权结构上需要比公众公司进行更详细的登记。

登记簿需要包含如下与股东有关信息：（1）姓名和地址；（2）股东加入公司的日期；（3）股东持有的股份。登记簿还必须显示该股东是否有任何代持的股份。如果股份持有人是受托人或遗嘱执行人，则股份应显示为代持。股东的个人详细信息或所有权的任何变更都必须记录在登记簿中。

登记簿必须包含有关股份的信息，包括：每股发行股份的日期、数量；股份的类别；股票证书的编号；股份是否已经全额支付（包括已支付和未支付的金额）。

当公司出现发行或注销股份时，或股权结构出现变化时，所有公司都需要向 ASIC 报告，包括公众公司。任何公司发行股份时，其必须在发行后的 28 天内提交公司登记信息变更。变更登记表格的主要内容包括发行的股数、股份类别、每股价格、购买股份的未支付金额（如有）。

但是，私人公司和公众公司负有不同的变更登记责任，私人公司需要登记股东的详细信息和股权结构的变化，包括股票的发行或注销以及股份转换或分割。公众公司只需要登记股票结构的变化，无须登记股东详细信息的变化。

1. 私人公司的登记要求

私人公司需要变更登记的情形：（1）非现金方式发行股票；（2）股票交易；（3）股东信息变化（如股东变更名称、地址等）；（4）持股情况变化（如从普通股东到隐名股东、从不完全出资到完全出资等）。

私人公司必须使用特定的表格（见表格 484）向 ASIC 报告股东变化的详细信息。股权结构表格内容包括股份类别、发行股份的总数、每一类别股份的数量、已支付的股份和未支付的股份数量。

如果私人公司有超过 20 名股东，公司必须告知 ASIC 影响每一类别股份的前 20 名股东的变化。如果出现以下情况，需要变更公司详细信息：（1）新的股东加入前 20 大股东名单或是原前 20 大股东中有人退出；（2）前 20 大股东中有人转让了股份、增加或减少持股比例、将股份从自持转化为代持、增加股票支付的金额。

对于私人公司而言，前 20 大股东中如果有下列情况，也需要变更登记：（1）转卖股票给公司外部人；（2）增加或减少持股数；（3）从普通股东到隐名股东（或相反）；（4）增加了每股投入资本。

2. 公众公司的登记要求

不论是在年报发布后还是年内的任何时间里，如果上市公司股份结构有任何变化，必须向 ASIC 变更登记。但是，公众公司不需要登记股份交易的信息，不需要提供股东变化的具体信息，这一点与私人公司不同（见表 19）。

如果公众公司以非现金方式发行股份，需要在发行的 28 天内登记，并且如果股份是基于书面合同发行，还需要提交：（1）表格 207Z – 符合印花税法证明表①；（2）表格 208 – 非现金发行股份的详细通知表②；（3）书面合同的复印件。

表 19　　对于发行股份是否需要进行变更登记的对比③

公司类型		发行股份	股权结构变更登记	股东变更登记
私人公司		是	是	是
公众公司	当发行股份时	是	否	否
	当作为年度检查的一部分时	是	是	否

五、信息披露要求

（一）披露年度财务报告的要求

公众公司的信息披露义务主要是编制并披露年度财务报告，包括董事报告、财务报告和审计报告。财务报告必须包括公司的财务报表（资产负债表、损益表、现金流量表、已确认收入和费用表、权益变动表等）、财务报表附注和董事声明陈述等。

公司必须保留必要的财务记录，从而编制和审计真实公平的财务报表，达到正确记录、解释其交易及财务状况的效果。保留交易财务记录的义务延伸到公司作为受托人进行的交易。财务记录必须在交易完成后保留 7 年。

年度财务报告必须在年度股东大会召开前 21 天或财政年度结束后 4 个月内

① 表格 207Z – 符合印花税法证明表，https：//asic. gov. au/regulatory – resources/forms/forms – folder/207z – certification – of – compliance – with – stamp – duty – law/，最后访问日期 2018 年 12 月 18 日。

② 表格 208 – 非现金发行股份的详细通知表，https：//asic. gov. au/regulatory – resources/forms/forms – folder/208 – notification – of – details – of – shares – issued – other – than – for – cash/，最后访问日期 2018 年 12 月 18 日。

③ 澳大利亚证券投资委员会官网，https：//asic. gov. au/for – business/running – a – company/shares/#shares，最后访问日期 2018 年 12 月 18 日。

分发给股东。报告应当在财政年度结束后 4 个月内提交给 ASIC。公司向 ASIC 提交财务报告的义务不适用于小型私人公司、担保有限公司。

（二）财务报告的审计要求

财务报告必须按照适用的会计准则编制，并由注册审计师按照审计标准进行审计。财务报告的内容受会计准则的约束。

公司必须拥有按照规则审计的财务年度的财务报告，并获得审计报告。审计必须遵循特定的审计标准。《公司法经济改革计划（审计改革和公司信息披露）法案》［*Corporate Law Economic ReformProgram*（*Audit Reform and Corporate Disclosure*）*Act*］中，第 327 条对公众公司审计主体提出要求，包括初始任命（327A）、每年在年度股东大会上任命（327B）、临时空缺时的任命（327C）、更换审计主体的要求（327D）、出现空缺时 ASIC 可得任命审计主体的情形（327E）、ASIC 在任命公众公司审计主体上的一般权力（327F）、ASIC 在任命公众公司审计主体上的限制（327G）。

初始任命。公众公司的董事必须在公司注册之日起 1 个月内任命审计师，除非公司在股东大会上已经任命审计师。公司董事必须采取一切合理步骤，以保证遵守该规定。

每年任命。公众公司必须在其首次股东大会上任命审计师，以及在随后的每次股东大会任命审计师以填补空缺。经任命的审计师将任职直到出现特定情形，如死亡、根据规定辞职或被免职。

临时空缺时任命。如果公众公司的审计师出现空缺，空缺不是由于取消审计师而造成的，且公司没有现存或持续的审计师，则除非公司在股东大会上委任一名审计师填补空缺，否则董事必须在空缺发生后一个月内委任一名审计师填补空缺。

（三）不同类型公众公司的报告义务差别

公众公司的报告义务分为非披露实体和担保有限公司。非披露实体或担保有限公司必须基于《2001 年公司法》的要求准备年度财务报告，年度财务报告必须经审计，且在财务年度结束后 4 个月内提交给 ASIC，并在财政年度结束前

4个月或下一次年度股东大会前21天发送给股东。

如果符合“ASIC公司指引2016/785”（全资公司）的所有条件，则非披露实体的公众公司无须遵守公司法的提交年度财务报告要求。同时，这种公司不能是借款公司、借款人的担保人或金融服务许可证持有者。它应当是一家与封闭集团的其他公司签订了交叉担保契约的全资实体。这些公司无须编制经审计的财务报告以便向ASIC递交或发送给股东。

担保有限公司根据年度收入的不同具有不同的披露要求：（1）年度收入在100万澳元以下。需要基于公司法的规定准备年度财务报告和董事报告，报告需经审计或审查（reviewed），必须向提出要求的股东发送年度财务报告；（2）年度收入在100万澳元以上。与前者的唯一区别在于年度财务报告和董事报告必须经过审计，不能只进行审查，标准更高。

六、公司治理要求

（一）董事及董事会

公司治理依赖于董事，公司的章程可以规定董事的权利和职能。公众公司必须至少有3名董事（不包括候补董事）。至少2名董事必须常住在澳大利亚。

公司董事有权召集针对所有股东和特定类别股的股东会议。董事的义务包括在交易中保持忠诚和谨慎、了解公司的业务、确保公司有及时偿债能力、确保公司有适当的财务记录、为公司的最佳利益行事、为了公司的利益使用公司的信息，而非为了自己或他人获得不公平的竞争优势。作为董事，需要确保公司保持最新的财务记录，保证其能够正确记录和解释公司的交易，反映公司的财务状况和业绩。

如果董事的个人利益与作为董事的职责相冲突，应当在董事会上披露利益冲突。《2001年公司法》第195条规定了只针对公众公司董事投票的限制。对于正在董事会会议上审议的事项具有重大个人利益的公众公司董事，不得在会议审议该事项时在场，或就此事进行表决。

（二）股东及股东会

持有至少5%以上投票权的股东有以下权利：（1）自行召集或主持股东会

议；（2）要求董事主持并召集股东会议。持有不同类别股票的股东在股东会议上可能拥有不同的投票权。除非章程另有规定，否则每股一票。股东有权委托代理人投票。普通决议必须经拥有50%以上投票权股东通过，并在股东会议上亲自或通过代理人投票。特别决议必须经拥有75%以上投票权股东通过。

公司召开股东会议的程序应遵循《2001年公司法》2G.2部分。如私人公司的所有股东签署一份声明赞同决议的文件，则可以不用召开股东会。这不适用于解雇公司审计人员的决议。公司需要保留股东名册、股东会及董事会的会议记录副本以及形成7年内的财务记录。

七、流通场所

上市公司的股票主要在澳大利亚的3家证券交易所流通，非上市公众公司未发现专门的股权流通场所。

八、转板

澳大利亚有3家证券交易所，分别是澳大利亚证券交易所（Australia Security Exchange，ASX）、澳大利亚国家证券交易所（National Stock Exchange of Australia，NSX）和悉尼证券交易所（Sydney Stock Exchange，SSN），每家交易所具有不同的准入条件，能够吸引不同类型的公司，在交易所内部不区分主板、中小企业板等概念。

ASX成立于1987年，是澳大利亚最大的证券交易所，融资额常年跻身于全球五大交易所之列，现有2000多家公司在ASX上市。在3家证券交易所中ASX的上市审查标准是最高的（见表20）。

表20　　　　ASX上市标准

审查因素	具体要求
股东数量	至少500名投资者，每人持有2000澳元或至少400名投资者，每人持有2000澳元，且25%由非关联方持有
公司规模	利润审查：过去3年净利润累计不低于100万澳元+过去12个月净利润不低于40万澳元
	（或）资产审查：有形资产净值200万澳元或无形资产市值1000万澳元

NSX的历史可以追溯到1937年，当时被称为纽卡斯尔证券交易所。NSX

重新成立于2000年，现已发展成为澳大利亚的第二大证券交易所。它由NSX有限公司拥有并经营，该公司于2005年在ASX上市。

作为澳洲第二大证券交易所，NSX为上市公司提供了低成本的解决方案。其上市费用更低，仅为ASX所需费用的40%～50%。同时，NSX还对数据供应商、发行人和经纪人提供完全实时数据，因此投资者在NSX上看到的价格不存在20分钟延误。SSX也是由ASIC颁发股票交易牌照的一家正规证券交易所。小型企业更倾向于去NSX和SSX上市，因为有更宽松的准入标准（见表21和表22），包括农业、资源和高科技、中小型金融企业等。

表21　　NSX上市标准

审查因素	具体要求
股东数量	至少50名投资者，每人投资2000澳元以上且25%由非关联方持有
公司规模	利润审查：两年适当的业务记录或由承销商负责包销股票
	（或）资产审查：最低市场资本总值达到50万澳元

表22　　SSX上市标准

审查因素	具体要求
股东数量	至少50名投资者，每人投资2000澳元以上，且25%由非关联方持有
公司规模	利润审查：无
	资产审查：净有形资产或市值达到200万澳元＋至少拥有30万澳元运营资本

上市公司在不同交易所之间转换，理论上要经过拟申请上市的交易所按自家标准重新审查。但是交易所之间会推出一些便利措施，例如NSX专门发布了《快速上市指引》①，方便已经在其他交易所上市过的公司进入NSX。

适用“快速通道”需要符合：（1）公司必须在ASX或其他正规交易所上市过；（2）向公众提供至少3年的经审计财务报告；（3）提供至少12个月的市场披露数据；（4）向公众提供发行人的公司章程副本；（5）任命两名发行人

① NSX. Fast Track A Public Listing to NSX［EB/OL］. https：//www. nsxa. com. au/documents/pdfs/NSX%20Migration%20Brochure. pdf，2018－12－16.

董事作为外部提名顾问（External Nominated Adviser）；（6）申请书；（7）董事在以下文件签名：a. 发行人声明遵守 NSX 的规则；b. 董事声明遵守交易所的交易规则；c. 向 NSX 作出单方契约以弥合公司章程中关于 ASX 和其规则的差距。

关于最低资本和股东人数的要求。在 NSX 上市时，上市公司的最低资本为 500000 澳元。该数额可以根据将要在 NSX 上市的证券在上市时的价格或者公司在 ASX 上市的先前市场数据计算。最少股东人数为 50 人，每名股东至少拥有 2000 澳元的股份。货币价值将参考证券在 ASX 的最后交易价格。

九、退市/注销

（一）退市

每家交易所的退市规则有细微差别，以 ASX 的规则为例。根据 ASX 退市规则，上市公司的退市分为基于请求的自愿退市和非基于请求的强制退市。基于请求的自愿退市是指交易所可以在任何时候基于上市公司的请求使其退市。请求必须是有权代表公司的机关作出，如使用了公司印章。交易所没有义务一定同意其退市请求，其可以要求满足一定条件才同意退市。

非基于请求的强制退市是指在特定情形下，交易所可以对上市公司实施强制退市。特定情形包括：上市公司无法、不愿意遵守或故意违背上市规则；上市公司没有报价证券；其他适当理由。2001 年 9 月 30 日的修订已删除长期停牌后的自动退市规则。

其他适当理由包括强制收购通知书后的退市、未按时缴纳上市年费导致的退市等。强制收购通知书后的退市是指：如果一家上市公司的所有报价证券已经被暂停交易，ASX 将会在其自行决定的交易日收盘时对其作出退市决定。未按时缴纳上市年费导致的退市是指：如果一家上市公司没有按要求缴纳上市年费，ASX 会在截止日后 20 个工作日后的交易日收盘时对其作出退市决定。

关于退市生效的时间。如果 ASX 的退市决定是条件性的，只有在条件达成时才会发生退市。如果是非条件性的，公司会在退市决定规定的日期退市。

（二）退市后的投资者保护

未发现场外市场或粉单市场。但是有“delisted 系统”帮助收购失败公司的股票。delisted 系统[①]（以下简称 delisted）于 2002 年由 Tony McLean 成立，之前他在澳大利亚股东协会（Australian Shareholders’ Association）担任了 9 年首席执行官。delisted 系统建立的目的是解决公司退市后股东种种权益无法保障的问题。2003 年 5 月，delisted 开始收购低价值的证券以减少股东的资本损失。2004 年 11 月，delisted 开始对新西兰市场和其他澳大利亚小型交易所退市股票进行有限的收购。2006 年 6 月，delisted 整合了上市公司数据库，收集暂停上市公司的详细信息，重点关注变更名称和其他公司行为。2012 年 1 月，delisted Australia 和 InvestoGain Australia 及其在新西兰的板块共同推出了新的平台。该网站帮助投资者收集各种“失败公司”的信息，包括退市公司，提供收购低价值证券服务、全球货币兑换。

收购低价证券是其特色服务，根据网站提示只需三步[②]：1. 查看拟卖出证券是不是列表上的退市公司（列表在网站上给出）；2. 阅读“产品披露陈述”；3. 在网站上填写证券具体信息。

（三）注销

注销公司分为自愿注销、终结有偿还能力的公司、终结无偿还能力的公司和 ASIC 发起的注销。

1. 自愿注销

如果不再需要公司，可以向 ASIC 申请注销公司。

实质条件：（1）公司所有股东同意注销；（2）公司没有开展业务；（3）公司的资产价值不到 1000 澳元；（4）公司没有未偿还的债务；（5）公司没有参与任何法律诉讼；（6）公司已支付所有应付给 ASIC 的费用和罚款。如果持有澳大利亚金融服务许可证（AFSL）或澳大利亚信用许可证（ACL），则应首

① delisted 系统官网，http：//www. delisted. co. nz/about－us/background，2018 年 12 月 24 日最后访问。

② 销售低价证券步骤，http：//www. delisted. com. au/sell－worthless－and－other－securities，2018 年 12 月 24 日最后访问。

先注销这些许可证。程序条件：向 ASIC 提交公司自愿注销表格（表格 6010）。

2. 终结有偿还能力的公司

实质条件：如果公司尚有偿还能力，但是不符合自愿注销的条件（例如资产价值超过 1000 澳元），公司的股东可以解散公司。这一过程可能涉及以下事项：停止或出售业务；支付未偿还的债务和任命清算人管理资产。

3. 终结无偿还能力的公司（破产）

如果公司失去偿还能力，不能选择自愿注销，只能选择自愿托管或者清算。

4. ASIC 发起的注销

如果不按时支付年度审核费用，也有可能被取消注册。如果 ASIC 认为公司已经停止交易或者有欠缴的费用或罚款，ASIC 可以撤销公司。具体情形包括：公司尚未在到期日的 12 个月内支付年度审核费；公司没有回复“公司合规通知”或公司未在 18 个月内提交任何文件，使 ASIC 认为公司已不再营业。

在注销完成之前可以停止注销。如果公司已经申请撤销自愿注销，或者 ASIC 已经开始取消注销公司，则有可能终止注销。如果第三方正在进行或计划对公司提起诉讼，则第三方可以向 ASIC 申请推迟注销公司。

十、公司性质转换

只要符合相应的条件，公司可以在不同类型之间自由转换（见表 23）。《2001 年公司法》第 163 条规定了进行转换申请的程序和材料。第 164 条规定了 ASIC 接到申请后的处理。

表 23　　公司性质转换的类型

转换前	转换后
股份有限私人公司	无限责任私人公司 无限责任公众公司 股份有限公众公司
无限责任私人公司	股份有限私人公司 无限责任公众公司 股份有限公众公司

续表

转换前	转换后
股份有限公众公司	无限责任公众公司 无限责任私人公司 股份有限私人公司 无责任公司
担保有限责任公司	股份有限公众公司 无限责任公众公司 股份有限私人公司 无限责任私人公司
无限责任公众公司	股份有限公众公司 股份有限私人公司 无限责任私人公司
无责任公众公司	股份有限公众公司 股份有限私人公司

转换的发生可能是由于公司主动通过内部决议，也可能是客观条件发生变化后没有及时变更登记而被 ASIC 强制变更登记类型。ASIC 有权在特定情况下将私人公司变为公众公司：如果不满足公司法上私人公司的要求，ASIC 可以在 2 个月内以书面形式指示私人公司转变为公众公司。公司必须在获得指示后 2 个月内遵从，并根据第 164 条作出更改为公众公司所需的一切行动。如果私人公司不遵守指示，ASIC 可以通过更改公司注册的详细信息将公司从私人公司更改为公众公司，以反映公司新的变化。类型变更不会建立一个新的法律实体、不会影响公司的现有财产、权利或义务，也不会使公司或其成员的任何法律程序有缺陷。

变更公司类型需要进行变更登记并对外发布公告。ASIC 必须在英联邦公报（*Commonwealth Gazette*）中发布一份通知，声明其打算更改公司注册的详细信息，通知发布的一个月后公司类型发生变化。

第五节　新加坡的制度考察

一、主要法律规范

与公众公司有关的法律主要是《2006年公司法》《证券和期货法》。

二、公司类型

新加坡的公司分为私人公司和公众公司，其主要的区分标准是人数。

私人公司是指要求章程载明限制成员转让股份的权利且成员人数不超过50人的公司。公众公司是私人公司以外的公司。

私人公司分为普通的私人公司和豁免私人公司。(1) 普通私人公司最多有50名股东。(2) 豁免私人公司（Exempt Private Company）最多可以拥有20名股东，且没有一个股东是公司。

公众公司分为股份有限公司和担保有限公司。(1) 股份有限公司可以拥有50名以上股东。公司可以通过向公众提供股票或债券来筹集资金。公众公司必须先向新加坡金融管理局（Monetary Authority of Singapore，MAS）登记招股说明书，然后才能公开发行股票和债券。(2) 担保有限公司是指股东通过担保方式承诺出资或对公司债务承担固定的金额。它通常用于开展非营利性活动，如促进艺术、慈善等。

三、公众公司标准

公众公司有两种类型：(1) 股份有限公司（public company limited by shares）；(2) 担保有限公司（public company limited by guarantee）。

（一）股份有限公司

股份有限公司拥有超过50名股东。其名称后缀为“有限公司”。它们可以在证券交易所上市，但必须先向MAS提交招股说明书，然后才能从公众筹集资金。

它的优点类似于私人有限公司，可以限制股东的负债，享受有竞争力的公司税率。这种公司可以通过向公众提供股票和债券来筹集资金，提升获得资金的机会。股东享有更大的流动性，因为他们可以在资本市场买卖股票。但是，他们受到严格的监管，财务问题受到更严格的公众监督，合规成本非常高。

（二）担保有限公司

为公益和非营利目的而注册成立的公司是担保有限公司，如为促进艺术或慈善目的而注册的社团和组织。其成员的责任仅限于成员在清算时承诺为公司资产作出贡献的金额，该担保金额将在组织章程大纲中说明。这类公司的名称没有“有限”一词。

必须指出的是，此类实体不涉及任何股份。只要是持续经营，成员就不需要支付任何资金。这种结构通常由非贸易和非商业实体使用，例如贸易协会、慈善机构、专业协会、宗教团体、注册俱乐部或其他非营利性企业。

四、设立、登记要求

注册公司需要向新加坡审计和公司管理局（Accounting and Corporate Regulatory Authority，ACRA）提交申请。申请是通过 BizFile + 网站系统在线提交，该系统是 ACRA 的电子申请和信息检索系统。具体而言，可以通过两种方式申请设立公司：（1）使用 SingPass 或 CorpPass 登录 BizFile + 提交在线申请。所有提议的董事、秘书、股东在名称申请批准日后 120 天内通过 BizFile ＋系统，在线提交其同意意见。经批准的公司名称将从名称批准之日起保留 120 天，不允许进一步延长名称保留期限。（2）聘请注册文件代理机构（如律师事务所、会计师事务所或公司秘书公司）代表其提交在线申请。

公司需要将拟定章程提交给 ACRA 以保证章程符合公司法的特定要求。如对于私人有限公司，《2006 年公司法》第 18 条要求公司章程限制转让股份的权利，且限制其成员最多为 50 个。申请通常在支付名称申请费后 15 分钟内处理。如果申请需要转交给其他机构批准或审核，则可能需要 14 天到 2 个月。例如，如果公司的意图是开展涉及建立私立学校的活动，申请将被提交给教育部。一旦在 ACRA 注册，公司可以开始营业。这是因为一般而言公司不需要其他政府机构的任何许可或批准来开展业务活动。

设立成功后，每家公司将获得系统生成的唯一实体编号（UEN）。UEN 是所有商业实体在与政府机构进行交易时需要使用的识别号。特殊 UEN（SUN）服务为实体所有者提供了在设立公司时从保留的 UEN 列表中选择优先 UEN 的选项。共有两个类别，第一类编号为 3000 美元，第二类编号为 1000 美元。那些不需要选择 SUN 服务的人将获得系统生成的免费 UEN。

五、信息披露要求

公司的后续信息披露义务包括提交年度财务报告（Financial Report）和年度回执表（Annual Returns），这是两份不同的文件。

（一）年度财务报告

有质量的财务信息对于市场的健康发展至关重要。投资者、供应商、金融机构、消费者、公司高管等都需要依赖及时而可信赖的财务报告，来了解公司发展的情况，理解公司的价值和风险。近年来财务报告标准变得越来越复杂，编制财务报告需要更多专业判断。

基于此，ACRA 开展了“财务报告按监督项目”（Financial Reporting Surveillance Programme，FRSP）来防止出现低劣的财务报告从而导致不可靠的信息或出现不符合审计标准的情况。FRSP 的建立是为了指导公司满足新加坡会计准则的要求，为投资者提供可靠和有意义的财务报告。这将反过来增加投资者和其他利益相关者对新加坡财务报告的透明度、完整性和质量的信心。

ACRA 依据新加坡公司法的要求运行，而 FRSP 正是帮助落实公司法中对董事在制作和披露财务报告上的义务。具体而言，该法第 201（2）条和第 201（5）条要求公司董事在公司年度股东大会上向公司提交遵守新加坡会计准则，且真实公平地反映公司的财务状况和财务表现的财务报告。

为提高透明度，ACRA 发布了总结 FRSP 活动成果的报告。[①] 这些报告旨在帮助公司避免常见的错误并改善其财务报告质量。同时，ACRA 还会发布“财务报告实践指南”[②]（Financial Report Practice Guidance）来提醒董事常见的错误陈述风险以及如何更好地迎合投资者和其他财务报告使用者的需求。

董事对于准备年度财务报告有特定义务，包括审核财务报告、具备金融知

---

① FRSG 项目总结报告，https：//www. acra. gov. sg/Financial _ Reporting _ Surveillance _ Programme _ Reports. aspx，2018 年 12 月 18 日最后访问。

② 系列“财务报告实践指南”，https：//www. acra. gov. sg/components/wireframes/howToGuidesChapters. aspx？pageid = 1645#1653，2018 年 12 月 18 日最后访问。

识、任命管理层、使用外部帮助、与独立的审计师合作、建设内控系统和保留会计记录等。ACRA 为公司和董事提供合规的财务报告提供帮助，包括发布《操作指引》[①]（*Practice Directions*）、董事财务报告核心课程[②]（Director Financial Reporting Essentials Course）等。需要注意的是，不同类型公司在准备、审计和提交财务报告上的要求不同（见表 24）。

表 24　　不同类型公司在准备、审计和提交财务报告上的差异[③]

<table>
<tr><th>公司类型</th><th>准备财务报告</th><th>审计财务报告</th><th colspan="2">提交财务报告</th></tr>
<tr><td>休眠相关公司（dormant relevant company）同时满足：
（1）非上市公司或上市公司的子公司
（2）在财务年度内的任何时刻资产总额小于等于 500000 澳元
（3）如果是母公司，则在财务年度内任何时刻合并总资产小于等于 500000 澳元</td><td>不需要</td><td>不需要</td><td colspan="2">不需要</td></tr>
<tr><td rowspan="2">休眠公司[④]（dormant companies）：在整个财务年度没有一笔交易</td><td rowspan="2">需要</td><td rowspan="2">不需要</td><td></td><td>公司是否需要将财务报告作为年度回执表的一部分提交</td></tr>
<tr><td>豁免私人公司[⑤]（solvent exempt private company）</td><td>不需要</td></tr>
<tr><td>小公司/小集团中的小公司</td><td>需要</td><td>不需要</td><td>其他私人公司</td><td>需要</td></tr>
<tr><td>上述类型之外的公司</td><td>需要</td><td>需要</td><td>公众公司</td><td>需要</td></tr>
</table>

① 操作指引，https：//www. acra. gov. sg/uploadedFiles/Content/Publications/Practice _ Directions/2015/PD%206%20of%202015%20（final%20final）. pdf.

② 董事财务报告核心课程，https：//www. sid. org. sg，2018 年 12 月 18 日最后访问。

③ 表格来自 ACRA 官网，https：//www. acra. gov. sg/components/wireframes/howToGuidesChapters. aspx? pageid =1226#1229，2018 年 12 月 18 日最后访问。

④ 有一些情形并不被用来判断公司是否处于休眠状态：如是否任命公司董事、审计员；是否维护注册办公室；是否根据公司法的要求保存登记册；是否根据成文法支付费用或罚款等。

⑤ 豁免私人公司是指股份利益不被任何团体直接或间接享有，成员不超过 20 名，而且公司确认在其到期时能够履行义务。

（二）年度回执表

所有在新加坡注册的公司都要向 ACRA 提交年度回执表。公司指定人员，例如董事或者公司秘书可以通过代理服务公司或 BizFile + 在线提交年度回执表。公司财务年度结束时间与自然年度时间可能不一致，由此对于召开股东大会和提交年度回执表的要求也不同（见表 25）。对于财务年度末在 8 月 31 日或之后的公司，举行年度股东大会和提交年度回执表的时间一致。

表 25　　对于召开股东大会和提交年度回执表的要求①

	公司财务年度结束在 8 月 31 日之前	公司财务年度结束在 8 月 31 日之后
年度股东大会	在成立后 18 个月内举行年度股东大会，随后每年举行一次年度股东大会，间隔期不超过 15 个月	（1）对于上市公司： 在财务年度结束后 4 个月内召开年度股东大会 （2）对于其他公司： 在财务年度结束后 6 个月内召开年度股东大会 （3）在特定情况下，私人公司无须召开年度股东大会： a）如果所有股东共同批准了一项决议免于举行年度股东大会 b）如果他们在财务年度结束后的 5 个月内向股东发送财务报告 c）如果公司是免于编制财务报告的私人休眠相关公司
编制财务报告	提交给年度股东大会的财务报告必须在开会前 4 个月内（上市公司）或 6 个月内（其他公司）开始编制	必须根据合理时间编制，如开会前 4 个月内（上市公司）或 6 个月内（其他公司）开始编制
提交年度回执表	（1）对于在新加坡以外有子公司的公司：年度股东大会后 60 天内 （2）对于其他公司：年度股东大会后 30 天内	（1）对于在新加坡以外有子公司的公司：年度股东大会后 6 个月（上市公司）或 8 个月（非上市公司）内 （2）对于其他公司：年度股东大会后 5 个月（上市公司）或 7 个月（非上市公司）内

（三）年度财务报告和年度回执表的关系

对于是否需要在提交财务报告的同时提交年度回执表，有两种情况：

① 表格来自 ACRA 官网，https://www.acra.gov.sg/components/wireframes/howToGuidesChapters.aspx?pageid=1226#1229，2018 年 12 月 18 日最后访问。

（1）在提交年度报告时同时提交年度回执表。财务报告应以 XBRL 格式提交。

（2）无须在提交财务报告的同时提交年度回执表。通过 BizFile + 系统提交年度回执表时在线提交声明。该声明将基于公司类型的不同而出现在不同交易中。

六、公司治理要求

董事是负责管理公司事务的主体。董事必须客观地作出决定，为公司的最佳利益行事，并忠诚勤勉地履行其职责。根据《公司法》，董事的最低人数是 1 人，且公司必须至少有一名常住在新加坡的董事。任何年满 18 岁的人都可以担任董事，且没有最高年龄限制。但是，某些人（如破产或被判犯有欺诈或不诚实罪行的人）被取消担任董事职位的资格。

对公司秘书的要求。公司必须在注册成立之日起 6 个月内任命一名秘书。公司秘书必须居住在新加坡，且他不是公司的唯一董事。公司在某些情况下未能遵守法律，秘书可能要承担责任。公众公司的秘书必须具备以下资格之一：被任命为公众公司秘书之前的 5 年中至少有 3 年担任公司秘书、《法律专业人员法》（*Legal Profession Act*）（第 161 章）中的专业人员、根据《会计法》（*Accountants Act*）（第 2 章）注册的公共会计师、新加坡注册会计师协会会员、新加坡特许秘书及行政人员协会会员、国际会计师协会（新加坡分会）成员、新加坡公司会计师协会会员、首席执行官（CEO）。公司任命 CEO 不是强制性的。公司可自行决定是否任命 CEO。一个人可以同时被任命为董事和首席执行官。总经理与 CEO 的角色可能重合，这取决于特定公司中使用的名称。董事总经理可以与首席执行官分开任命。

七、流通场所

上市公司股票在新加坡交易所交易，非上市公众公司未发现专门的股权交易场所。

八、转板

（一）主板和凯利板

新加坡交易所（Singapore Exchange，SGX）有两个上市板块，分别是主板

（Mainboard）和凯利板（Catalist）。两个板块的上市条件不同，由于在凯利板上市的公司无须提供盈利记录，因此一般被视为投资风险较高，适合中小企业和创新型企业。

1. 主板

主板适合发展成熟的企业需要。寻求在主板上市的公司必须达到准入门槛，包括最低利润和/或市值水平。在主板上市的公司享有成熟市场的声誉优势，并且可以接触到最广泛的机构和散户投资者。公司可通过首次公开招募（IPO）的方式上市，向大众发行新股或发售现有股份。为此，申请上市的公司必须根据《新加坡证券及期货法》（SFA）和《新加坡证券及期货条例》（SFR）编制招股说明书，并提交给新加坡金融管理局。招股说明书将在新加坡金管局的网站（OPERA）上发布，为期不能少于7天，以征求公众意见。

（1）上市标准

有意加入新加坡证券交易所主板的公司必须满足如下任意量化要求：1）上一个期财政年度综合税前利润不低于3000万新元，且拥有至少三年的经营记录；2）在上一个财政年度实现盈利，根据发行价和招股后的已发行股本计算的市值不低于1.5亿新元，并且拥有至少3年的经营记录；或在上一个完整的财政年度内有经营收入，以及根据发行价和招股后的已发行股本计算的市值不低于3亿新元。对于房地产投资信托和商业信托，如果满足3亿新元的市值要求，但并无历史财务资料，只要能够证明在上市后立即产生经营收入，则也可根据本规则提出上市申请。经营记录不少于1年。

未能达到上述量化要求的矿产、石油和天然气（MOG）企业如需寻求上市，必须满足下列额外条件：1）根据发行价和招股后的已发行股本计算的市值不低于3亿新元；2）披露其进入生产阶段的计划、重要事件及资本开支情况。这些计划必须有独立合资格人士的意见作为支持。

适用于所有石油天然气公司的要求：在公司拥有勘探和开采权限的特定区域内建立足够的资源，并且必须有独立合资格人士的报告作为支持。有关资源须至少达到推定资源量（矿产）或表外资源量（石油和天然气）：1）运营资金须足以满足上市后 18 个月的资金需求；2）至少拥有一名具备业内经验和专业知识的独立董事；3）委任一家具备相关行业经验（包括机构本身及其审计合伙人在内）的审计机构。

（2）上市后的监管

新加坡的资本市场采用主要以信息披露为基础的制度。新交所的《上市规则》强化了披露制度，对发行人设定了较高的基本准入标准和持续性要求。该制度的最重要部分是要求已上市发行人及时向市场披露所有重大信息。

新交所监管团队对上市申请进行审核，以确保发行人符合规定的最低要求。在审查上市申请时，新交所监管团队依赖由发行管理人进行的尽职调查及其陈述，以确定申请人是否适合上市。

自 2015 年 10 月 7 日起，如果上市申请（包括反向收购）涉及新颖的业务或上市结构，或来自鲜为人知的管辖区，需要专业知识或涉及公共利益，则新交所监管团队可将这些申请提交给上市咨询委员会。

上市咨询委员会的职责为咨询性质。如果新交所监管团队根据上市咨询委员会的建议采纳上市政策或作出上市决策，新交所仍需对其上市政策和上市决策负责。如果新交所监管团队决定不遵从上市咨询委员会的建议，该事项将被提交给新交所监管公司（Regco）委员会，后者可能会将其转交给新交所董事会。如果新交所监管公司委员会或新交所董事会同意上市咨询委员会的建议，则新交所仍然需要对其上市政策和上市决策负责。

为确保证券交易市场的公平性和有效性，新交所要求发行人及时发布所有重要信息。该要求让投资者能够在知情的基础上作出决策并避免市场上的信息不对称。

根据《上市规则》，发行人必须公布其已知的、有关其自身或其任何子公司或联营公司的任何信息，这些信息对于避免虚假市场的建立是必要的，或可能对其证券的价格或价值具有重大影响。我们的披露要求具有《证券及期货法》第 203 条所授予的法定地位，该条款规定了发行人及其他人士遵守新交所持续披露要求的法定义务。

作为发行人的所有者，股东有权就与发行人有关的重大决策行使表决权。重大决策，如利害关系人交易、重大收购、反向收购、控股权益转让、协议安排及股息问题，均须获得股东批准。除了《上市规则》第7章中规定的持续性义务外，上市实体还需遵守关于以下活动的其他持续要求：资本变更（第8章）、利害关系人交易（第9章）、收购与出售（第10章）、收购（第11章）、通告和年度报告发布（第12章）、最低交易价格（第13章）。

2. 凯利板[①]

凯利板适合处于快速成长阶段的企业需要。寻求在凯利板进行首次上市的公司，必须经由新交所授权的全面保荐人提出，并通过首次公开发行（IPO）或反向收购实现上市。

（1）上市标准

新交所不设定量化的准入门槛，而是由全面保荐人决定申请人是否适合在新交所上市。矿产公司需要拥有足够的推定资源量，石油和天然气公司则需要足够的表外资源量。

公司必须向新交所提交发售文件，并在新交所的Catalodge网站上发布，为期不能少于14天，以征求公众意见。这为公众提供了一个反馈意见的渠道，同时也提供了额外的保障。发售文件的信息披露标准类似于根据《新加坡证券及期货法》和《新加坡证券及期货条例》编制的招股说明书，这是投资者对公司作出知情决定的依据。《新加坡证券及期货法》中有关民事及刑事责任的规定同样适用于发售文件。

（2）上市后的监管

与在新交所主板上市的发行人不同，凯利板上市公司由其保荐人直接监督。保荐人是拥有公司金融和合规咨询工作方面经验的合格专业公司。它们由新交所通过严格的准入标准和持续性义务授权和监管。但是，新交所通过其准入和持续性义务规则继续对发行人进行监管。当出现违规行为时，新交所还保

① 新交所凯利板资料，https://api2.sgx.com/sites/default/files/2018-09/StockFacts%20Research%20Programme%20Factsheet.pdf.

留对发行人进行处罚的权力。具体参见《纪律框架》[①]。

根据凯利板规则，发行人必须公布其掌握的、有关其自身或其任何子公司或联营公司的任何信息，这些信息对于避免虚假市场的建立是必要的，或可能对其证券的价格或价值具有重大影响。我们的披露要求具有《证券及期货法》第203条所授予的法定地位，该条款规定了发行人及其他人士遵守新交所持续披露要求的法定义务。

作为上市发行人的所有者，股东有权就与公司有关的重大决策行使表决权。重大决策，如利害关系人交易、重大收购及出售、反向收购、控股权益转让、协议安排及股息问题，均须获得股东批准。

凯利板发行人必须指定一名经批准的保荐人，以提供与实务说明7D中列出的公司行为相关的企业金融建议。

除凯利板规则第7章中规定的持续性义务外，上市实体还需遵守关于以下活动的其他持续要求：资本变更（第8章）、利害关系人交易（第9章）、收购与出售（第10章）、收购（第11章）、通告和年度报告发布（第12章）。

（二）从凯利板到主板

新交所快速通道项目旨在肯定已被公认为践行高水准公司治理标准并拥有良好合规记录的上市发行人。新交所快速通道发行人向新交所监管公司提交的公司行为报告可得到优先处理。发行人在此项目中的资格将受到持续监督，新交所监管公司有权随时将某位发行人排除在该项目之外。已经在主板或凯利板上市过的公司，如果转换到对应板块，就可以适用新交所的快速通道制度。

凯利板上市公司可以向交易所申请从凯利板转到主板。从凯利板到主板的转换不视为退市。如果上市公司满足以下条件，交易所可能会允许转板：（1）在凯利板上市至少两年；（2）符合主板上市规则第210条中的有关要求，包括数量标准、盈利测试、财务状况和流动性等；（3）向交易所提供遵守交易所主板规则的承诺；（4）如果发行人意图在交易所主板发行额外证券则必须向

① 纪律框架，http：//sgx. com/wps/portal/sgxweb/home/regulation/market/market_disciplinary.

SFA 提交要约信息声明；（5）股东批准转板的特别决议；（6）符合凯利板规则；（7）上市申请人可能需要增加公众持有的证券数量，以符合对股权分散性的要求。

（三）从主板到凯利板

主板上市公司可以向交易所申请从主板转到凯利板。从主板到凯利板的转换不视为退市。如果上市公司满足以下条件，交易所可能会允许转板：（1）符合“凯利板上市规则”第 406（1），（2）（b），（3），（4）和第 407（2），（3）条的规定，这些规定涉及股权分散程度、数量标准、董事和管理、保荐等；（2）保荐人向交易所提供完整的“附录 4D（转板确认书—保荐人）”①；（3）上市公司向交易所提供完整的“附录 4E（申请人的上市协议）”②；（4）股东同意转板的特别决议；（5）符合所有适用于主板的上市规则。

九、退市/注销

（一）退市

退市从发起方看，分为强制退市和自愿退市，从板块上分为主板的退市和凯利板的退市。凯利板中不论是强制退市还是自愿退市的实体规则都与主板一致。但是在强制退市中附加了保荐人的通知义务，即如果保荐人发现其保荐的发行人应当被强制退市，则必须通知交易所。以下主要介绍主板的退市规则。

下列情况中交易所可以不经发行人同意将其退市：（1）发行人不能、不愿遵守或违反上市规则；（2）交易所认为为了维持公平、有秩序及透明的市场所必要；（3）发行人连续 3 个月以上没有保荐人；（4）交易所认为适当的情形；（5）发行人没有上市的证券。

如果交易所行使其强制退市的权利，发行人或其控股股东必须遵守 1309 规则，就规则 1309 而言，合理的退出要约可能包括发行人资产的自愿清算和将现

---

① 转板确认书—保荐人，http：//rulebook. sgx. com/en/display/display. html？ rbid = 3271&element_id = 3644，2018 年 12 月 18 日最后访问。

② 申请人的上市协议，http：//rulebook. sgx. com/en/display/display. html？ rbid = 3271&element_id = 3645，2018 年 12 月 18 日最后访问。

金返还给股东。1309条规定，如果发行人寻求退市，需要向股东和其他类型上市证券持有人提供合理的退出替代方案，通常是现金补偿，而且需要任命独立的财务顾问就退市申请提出建议。

如果出现以下情况，交易所可同意发行人申请退市：（1）发行人召开股东大会，取得股东批准退市的特别决议；（2）退市决议案已获得发行股份总数至少75%的多数批准，不包括出席并参与表决的股东所持有的库存股及附属公司的股份，无论是亲自或通过代表出席会议；（3）该决议案未被持股10%或以上的股东否决，不包括持有库存股及附属公司股份，无论是亲自或委任代表出席。该规则不适用于自愿清算或接管。

（二）注销

终结（wind up）一家公司的方式主要有成员自动终结、债权人自动终结、强制终结、破产、司法管理等。

1. 成员自动终结

如果董事认为公司能够在终结程序开始后的12个月内偿还全部债务，公司可以决定自愿终结其事务。该公司将任命清算人或临时清算人结束其事务并提交公司法所要求的必要通知。

2. 债权人自动终结

如果董事认为由于负债而无法继续业务，公司可决定选择“债权人自动终结”。该公司将任命清算人或临时清算人结束其事务并提交公司法所要求的必要通知。

3. 强制终结

在某些情况下，公司可根据法院命令终结，例如公司无力偿还债务。法院可以指定一名清算人来结束公司的事务。如果法院没有指定清算人，破产管理署署长即为该公司的清算人。

4. 破产

如果指定接收人为公司债券持有人的利益强制执行收费，则公司可能被置于破产管理之下。

5. 司法管理

如果公司或其债权人认为公司无法偿还债务并且有合理的可能性来恢复公司，而不是诉诸清盘，法院可以在申请时，命令将公司置于司法管理之下，将任命一名司法经理。

十、公司性质转换

（一）公众公司向私人公司转换

公众公司可在符合其章程的情况下，通过向 ACRA 提交申请的方式转换为公众公司，需要提交的资料包括特别决议案的副本、公司的股东名单、与该公司股及其股东、高级管理人员有关的其他资料等。

（二）私人公司向公众公司转换

私人公司可在符合其章程的情况下，通过向 ACRA 提交申请的方式转换为公众公司，需要提交特别决议案的副本、代替招股章程的陈述等。转换后的公众公司需要在转换后 14 天内，向 ACRA 提交公司股东的名单。

上述转换不影响公司的法人地位及权利义务。公司申请并支付规定费用，ACRA 经审查无误后应向其颁发证明新身份的文件。

十一、服务与监管功能的协调

（一）交易所的服务功能

新交所针对上市公司提供一系列的服务，有助于提升公司的全球知名度，并且在锁定目标投资者、资本筹集和公司治理等方面带来支援。具体服务包括投资者识别和锁定、投资者推广、研究与分析、利益相关者沟通、专业发展等。

1. 投资者识别和锁定

提供股东资料。订阅付费报告，了解及管理贵公司的股权基础，有助于制定更有效的投资者关系策略。SGXNet 是新交所推出的一个安全的在线平台，可用于创建、搜索及检索股权报告，成为了解贵公司的所有企业活动的一站式门户。

提供投资者关系资料。通过 IPREO 提供的付费网络平台获取机构基金数据及情报，该平台还可用作投资者锁定工具。该平台提供的服务包括跨资产类别所有权数据、机构投票数据、投资者概况及定制分析服务。

2. 投资者推广

组织公司接洽活动。参与新交所开展的合作券商活动，并有机会安排与新加坡国内及全球机构投资者会面。我们的合作券商具有特定的行业及地区优势，可通过在全球各地举行的公司日活动与机构投资者公开交流。

组织公司互动活动。在新交所举行的互动活动上发言，与散户投资者交流。采用主题研讨会或路演形式的活动能扩大散户投资者的目标群体。

3. 研究与分析

股票研究分析。可选择由券商或独立研究公司提供的付费股权研究服务。

高管访谈系列。通过新交所开展的高管访谈系列提升公司知名度。

4. 利益相关者沟通

公司资料服务（CorporateFacts）。SGX（新交所）CorporateFacts 与 EQS 合作提供一整套数字投资者关系解决方案，帮助您有效管理投资者推广事务，并可提高贵公司股票在目标市场的知名度。

董事会资料服务（BoardFacts）。Diligent 公司与新交所合作为董事及高级领导层提供一套安全的董事会通信及协作工具，通过将数字化处理，精简流程及减少纸质文件，从而实现更高效的董事会会议。

5. 专业发展

投资者关系认证。IRPAS 推出的这个计划旨在提高公司的投资者关系能力。该认证可确保您对监管要求以及财务和市场环境有适当的了解，从而开展有效运营。

董事持续认证。该计划与新加坡董事协会（SID）合作，旨在推动董事和公司领导层的专业发展。通过对董事进行有关合规、监管和公司管治事项的培训，有助于实现最高标准的公司管治。

（二）交易所的监管职能

详见第 12 部分。

（三）监管冲突的协调

新交所为自律监管组织，因为新交所除了作为上市公司具有营利性商业目标之外，还作为市场监管机构承担监管义务和公共利益职责。严格的监管标准能确保新交所履行法定义务，构建公平、有序、透明的市场和安全、高效的清算所。监管水平高的市场和清算所也具有内在的商业价值。商业目标强调服务功能，公共利益目标强调监管功能，而交易所拥有上市公司和市场监管机构的双重身份，内部可能会产生冲突。这种利益冲突被称为“监管冲突”。

监管冲突的管理需确保监管决策不受新交所的商业（或财务）目标的影响。在管控新交所商业利益和监管利益之间的冲突时，良好的监管冲突治理对赢得公众的信心和信任至关重要。除了承担其他义务外，新交所监管公司还为新交所集团内部管理监管冲突负责，管理相关的处理安排和流程，并对此向新交所负责。下列方法可进一步巩固监管冲突治理框架：

（1）制定政策以规定所有监管冲突的上报和解决流程，并保护新交所履行监管职能时所收到机密信息完整性；

（2）限制员工持有和交易新交所股票，并就监管冲突管理对员工进行培训；

（3）成立独立的委员会，作为对新交所监管和纪律程序的补充。

新交所监管公司董事会负责确保新交所监管公司独立于新交所及其受监管的子公司的商业职能来履行监管职责。该董事会还负责管理监管冲突的处理安排和流程。

新加坡金管局对新交所作为上市公司和市场运营机构的义务实行直接监管。此外，新加坡金管局还对新交所监管公司履行监管责任进行监督。新加坡金管局认为新交所应负责对监管冲突进行适当管理。

上市和监管决策本质上是公开的，并接受公众监督。新交所监管行为的透明度有助于增加其责任感，并且可作为监管决策中对监管冲突的审查。

十二、新交所的监管职能

新交所是市场前端监管机构，负责确保市场的公平、有序和透明。我们的监管职能如下：

（一）IPO 准入

IPO 准入部门对发行人通过首次公开募股（IPO）、反向收购或全球存托凭证在新交所主板或凯利板上市的申请进行审核。在执行审核时会将《上市规则》和最佳实践作为考量因素。

该部门还负责对发行管理人、完全保荐人和介绍发行人上市的注册专业人员作出认可和授权，同时对他们向新交所提交申请的质量进行监控。

（二）上市合规

上市合规部门负责监督所有上市发行人遵守上市规则及持续披露要求的情况，为高标准的公司治理和透明度提供支援。该部门还负责监督保荐人和注册专业人员履行《凯利板市场规则》所规定持续性职责和义务的情况。

（三）监察

监察部门负责通过对证券和衍生产品市场的价格走势和交易量进行监控，借此发现异常交易活动，目的是检测市场不当行为及其他违反《新交所交易规则》的行为。

（四）会员监督

会员监督部门负责确保只有合格的参与方被认可为会员和交易代表，同时对会员和交易代表遵守新交所规则的情况进行监督。该部门可能就监督工作与监察部门开展密切合作。

（五）监管发展与政策

监管发展与政策部门通过对新交所的举措提供建议，并制订解决方案和政策，为新交所提供监管和法律支持。

作为该流程的组成部分，监管发展与政策部门就会对市场产生影响的拟议规则修订和举措公开或私下征求意见，并负责向新加坡金管局提交监管意见。此外，该部门还负责维护新交所的规则手册，确保其在快速变化的环境中始终保持相关性。

（六）上市政策与产品准入

上市政策和产品准入部门负责制定新交所的监管上市政策，并负责管理

《新交所上市手册》。该部门还负责审批新交所上市债务证券、交易所交易基金、非交易投资基金和结构性权证的新上市申请。

十三、新交所的二次上市制度

新交所的二次上市制度对于上市公司转板问题具有一定参考价值，它是指公司首次公开招股，即在某个交易所启动股票第一上市同时或之后，相关公司还可寻求在另一家交易所进行股票二次上市。第一上市的监管方法与二次上市截然不同。公司第一上市地点（第一上市交易所）将针对相应公司全面执行该交易所的上市规则。相比之下，当公司在某家交易所进行二次上市（二次上市交易所），二次上市交易所一般将依赖第一上市交易所对该公司进行监管。此外，第二上市交易所除要求相关公司遵守其报告标准以外，还将要求相关公司履行重大信息披露义务。

此方法承认了二次上市的主要监管职责和监督由第一上市交易所司法管辖区（"第一上市司法管辖区"）的交易所和监督性监管机构承担。作为二次上市交易所，新交所将审查并评估二次上市申请，确定申请人是否满足新交所的准入标准，以及是否适合在新交所主板上市。在新交所二次上市不得取代公司与其第一上市监管机构的关系，也不得取代该公司与其在第一上市司法管辖区的股东和利益相关方的关系。这是因为公司大多数股票通常在第一上市交易所进行交易，公司的大多数股东通常也位于第一上市司法管辖区。

新交所的二次上市框架采用风险校正法，重点确保新交所采用的监管与二次上市公司的第一上市司法管辖区所带来的监管风险相称，而这将依赖对第一上市司法管辖区所采取的分类。

新交所将依赖两家国际领先的指数提供商MSCI和富时所建立的市场/国家分类（"市场分类"）去确定公司的第一上市司法管辖区属于发达市场[①]或发展中市场。新交所还将考虑公司第一上市交易所的证券监管机构是否为《IOSCO多边谅解备忘录》（IOSCO MMOU）附件一的签约方。

---

① 发达市场包括澳大利亚、奥地利、比利时、加拿大、丹麦、芬兰、法国、德国、中国香港、爱尔兰、以色列、意大利、日本、荷兰、新西兰、挪威、葡萄牙、新加坡、西班牙、瑞典、瑞士、英国、美国。

这些指数提供商的市场分类被公认为是高度完善的，并被视为对某个国家的经济和资本市场状况的独立及可靠评估。除了基于经济方面的标准，指数提供商的市场分类方法还包括对管辖该国资本/股票市场法律和监管基础设施的评估。对市场分类采用的评估标准包括但不限于：市场法规是否清晰明确；法律和法规执行是否及时且一致；少数股东享有平等的经济和投票权利；使用英语及时披露完整的股票市场信息项；会计准则的稳健性和执行；制度框架的稳定性；市场是否遵循基本的制度原则，如法治原则及其落实；“自由市场”经济体系的稳定性；有关外国投资者的政府干预记录。

对提议的二次上市框架采用的市场分类将仅适用于在主板或第一上市交易所的主要市场（且非初级板）第一上市的公司。例如，如果公司的第一上市位于：香港证券交易所，仅限在其主板上市的公司，不包括在创业板上市的公司；东京证券交易所，仅限在其主板上市的公司，不包括在创业板上市的公司；或巴黎纽约泛欧交易所，仅限在纽约泛欧交易所上市的公司，不包括在创业板市场上市的公司。将归类为在发达市场第一上市。这是因为指数提供商的分类还会考虑市场规模，这主要取决于在主板上市的公司。

如果位于某个发达市场的第一上市交易所的主板或主要市场分为多个上市板块，无论其属于哪个上市板块，上市申请人都会归类为第一上市地点位于发达市场。

第一上市司法管辖区位于“发达市场”的公司被认为监管风险较低，因为其法律、监管和执法框架能够为股东保护和公司治理标准的水准提供充分保障。因此，若此类公司可满足新交所准入标准，则可进行二次上市，并且新交所不对其提出额外的持续上市义务要求（除第 217 条和第 751 条规则以外）。

相比之下，发展中市场的法律和监管制度可能无法为股东保护和公司治理标准的水准提供充分保障。因此，可能需要对来自此类市场的公司提出额外的持续上市义务要求来予以加强，从而更好地保护投资者的利益。所以，当收到第一上市地点位于发展中市场的公司提交的二次上市申请时，将对第一上市交易所的法律和监管要求开展全面审核，以确定股东保护和公司治理标准方面可能需要加强的领域。如果发现在涉及关联人士交易、收购和变现、退市的领域需要予以加强，则将会要求履行《新交所上市手册》第 9 章、第 10 章和第 13 章规定的持续上市义务。

第五章　大陆法系公众公司制度及多层次资本市场建设考察与述评

第一节　韩国的制度考察

一、韩国公众公司界定

（一）韩国公司法对公众公司的界定

韩国的公司法仍然是商法的一部分，位于韩国商法第三编。韩国公司法将公司分为五种类型：合伙公司（partnership companies）、有限合伙公司（limited partnership companies）、有限责任公司（limited liability companies）、股份公司（stock companies）以及有限公司（limited companies）。[①] 可见韩国可能存在事实上的公众公司，但是公众公司并非韩国法定的公司形态。同时韩国商法在公司登记部分没有对公众公司提出独特的注册登记要求，仍然是登记为股份公司。[②] 韩国公司的登记注册分为法人设立登记和营业注册，法人设立登记在法院登记所完成，营业注册则可以在税务局进行。

（二）《股份公司外部审计法》对公众公司的界定

韩国《公司法》未对公众公司的概念作出界定，但是在《股份公司外部审

---

① South Korean Commercial Act Article 170（Types of Companies）Companies are categorized into five types, namely, partnership companies, limited partnership companies, limited liability companies, stock companies, and limited companies.

② South Korean Commercial Act Article 19（Trade Name of Company）The lettering "partnership company" "limited partnership company" "limited liability company" "stock company" or "limited company" shall be contained in the trade name of a company according to its nature.

计法》中通过规定部分股份公司必须强制外部审计和强制信息披露的方式，对公众公司予以界定。

《股份公司外部审计法》第2条规定，任何股份公司在前一个营业年度末达到规定的资产总额、负债额、雇员人数等标准的，应当接受外聘审计师的会计审计。[①]《〈股份公司外部审计法〉施行令》则规定了具体标准：一是截至上一个营业年度末，股份公司年度总资产达到120亿韩圆；二是截至上一个营业年度末，其负债总额和资产总额均至少为70亿韩圆的股份公司；三是在上一个营业年度结束时雇员人数达到至少300人的股份公司，其资产总额至少为70亿韩圆。[②]

---

① South Korean Acton External Audit of Stock Companies Article 2 (Companies Subject to External Audit) Any stock company that meets the standards prescribed by Presidential Decree (hereinafter referred to as "company"), in terms of the total amount of assets, the amount of liabilities, the number of employees, etc. at the end of the immediately preceding business year, shall receive an accounting audit (hereinafter referred to as "audit") by an external auditor who is independent of the company (hereinafter referred to as the "auditor") after preparing financial statements (including consolidated financial statements for a company which prepares consolidated financial statements): ……

② South Korean Enforcement Decree of Act on External Audit of Stock Companies Article 2 (Companies subject to External Audit)

(1) Any of the following stock companies shall be subject to an accounting audit conducted by an external auditor pursuant to Article 2 of the Act (hereinafter referred to as "external audit"): *Amended by Presidential Decree No.* 25434, *Jun.* 30, 2014; *Presidential Decree No.* 25589, *Sep.* 3, 2014

1. A stock company whose total amount of assets as of the end of the immediately preceding business year amounts to at least 12 billion won (referring to a stock company whose total amount of assets atthe time of its incorporation amounts to at least 12 billion won, in cases of a company newly in corporated by division of such stock company or by a merger into another company).

2. A stock-listed corporation (referring to a stock-listed corporation provided for in the Financial Investment Services and Capital Markets Act; hereinafter the same shall apply) or a stock company that intends to become a stock-listed corporation during the relevant business year or the following business year (including a stock company that intends to become a stock-listed corporation or to make its stock shave the effect of listing through means prescribed by the Securities and Futures Commission, such as amerger with a stock-listed corporation or all-inclusive swap of stocks).

3. A stock company each of whose total amount of liabilities and total amount of assets amounts to atleast seven billion won as of the end of the immediately preceding business year (referring to a stock company each of whose total amount of liabilities and total amount of assets amounts to at least seven billion won at the time of its incorporation, in cases of a company newly incorporated by division ofsuch stock company or by a merger into another company).

4. A stock company whose number of employees (excluding any of the following employees among workers defined in Article 2 (2) 1 of the Labor Standards Act; hereinafter the same shall apply) reachesat least 300 as of the end of the immediately preceding business year and whose total amount of assets amounts to at least seven billion won (referring to a stock company whose number of employees reaches at least 300 and whose total amount of assets amounts to at least seven billion won at the time of its incorporation, in cases of a company newly incorporated by division of such stock company or by a merger into another company):

(a) Daily employed workers;

(b) Workers employed for a fixed period not exceeding three months;

(c) Temporary agency workers defined in subparagraph 5 of Article 2 of the Act on the Protection, etc. of Temporary Agency Workers.

（三）韩国《金融投资服务与资本市场法》对公众公司的界定

韩国《金融投资服务与资本市场法》规定，如果发行人向50名以上的投资者公开劝诱购买该公司新发行的股票，则被视为“公开发行”，① 但是私募被排除在“公开发行”之外。② 如果向50名以上的投资者公开转让该公司已经发行的股票，则被视为“公开销售”。③ 即如果股份公司向超过50名以上的投资者公开发行或者转让该公司股票，那么该股份公司将被视为公众公司。此时就需要向韩国金融服务委员会提交相关文件，向公众披露信息。但是如果投资者以书面形式表示拒绝收取投资说明书，该公司可以不用继续向其提供投资说明书。④

二、韩国对非上市公众公司的监管

（一）《公司法》对非上市公众公司的监管

由于韩国法中并未有非上市公众公司的分类，所以《公司法》对其没有特别的监管要求，一切都是按照股份公司的标准实施监管，比如董事会制度、监察委员会制度等。

在韩国股份公司如果进行性质转变，只能变为有限公司。⑤ 性质转换所需条件较为苛刻，必须经过全体股东的一致同意，而债权人保护程序不是性质转换的必要步骤。⑥

---

① South Korean Financial Investment Services and Capital Markets Act Article 9（Other Definitions）（7）The term “public offering” in this Act means an invitation of at least 50 investors，as computed by a formula prescribed by Presidential Decree，to make offers to acquire newly issued securities.

② （8）The term “private placement” in this Act means an invitation of people to acquire newly issued securities without placing them for public offering.

③ South Korean Financial Investment Services and Capital Markets Act Article 9（Other Definitions）South Korean Financial Investment Services and Capital Markets Act Article 9（Other Definitions）（9）The term “public sale” in this Act means an invitation of at least 50 investors，as computed by a formula prescribed by Presidential Decree，to make offers to sell or purchase securities already issued.

④ 韩国资本市场整合法之发展与影响，http：//www.csa.org.tw/downdoc/doc/98%E5%B9%B4%E8%AD%89%E5%88%B8%E5%85%AC%E6%9C%83%E7%A0%94%E7%A9%B6%E5%A0%B1%E5%91%8A/%E9%9F%93%E5%9C%8B%E8%B3%87%E6%9C%AC%E5%B8%82%E5%A0%B4%E6%95%B4%E5%90%88%E6%B3%95%E4%B9%8B%E7%99%BC%E5%B1%95%E8%88%87%E5%BD%B1%E9%9F%BF.pdf，第56页。

⑤ 郑燦亨．韩国公司法［M］．崔文玉，译．上海：上海大学出版社，2011.

⑥ 郑燦亨．韩国公司法［M］．崔文玉，译．上海：上海大学出版社，2011.

（二）《股份公司外部审计法》对非上市公众公司的监管

如前所述，根据《股份公司外部审计法》第 2 条的规定，任何满足条件的非上市公众公司都需要由公司以外的独立审计师进行审计，并编制财务报表。[①]审计完成后，《股份公司外部审计法》第 8 条规定，审计师有义务将审计报告（audit report）送交该公司，同时也有义务送交韩国证券期货委员会（the Securities and Futures Commission）等机构，以公开发布相关信息。[②]《〈股份公司外部审计法〉施行令》第 7 条规定，审计报告提交给公司的时间不得晚于股东大会召开前一周，提交给韩国证券期货委员会的时间不得晚于该公司年度股东大会召开后两周。[③]《股份公司外部审计法》第 8 条同时规定，非上市公众公司有义务向韩国证券期货委员会提交财务报表（financial statements），除非财务报

① South Korean Act on External Audit of Stock Companies Article 2 (Companies Subject to External Audit) Any stock company that meets the standards prescribed by Presidential Decree (hereinafter referred to as "company"), in terms of the total amount of assets, the amount of liabilities, the number of employees, etc. at the end of the immediately preceding business year, shall receive an accounting audit (hereinafter referred to as "audit") by an external auditor who is independent of the company (hereinafter referred to as the "auditor") after preparing financial statements (including consolidated financial statements for a company which prepares consolidated financial statements): …

② South Korean Act on External Audit of Stock Companies Article 8 (Submission, etc. of Audit Report)

(1) An auditor shall submit an audit report to the company concerned (including the statutory auditor or the audit committee), the Securities and Futures Commission, and the Korean Institute of Certified Public Accountants within the period prescribed by Presidential Decree: Provided, That if a company that issubject to the submission of a business report under Article 159 (1) of the Financial Investment Servicesand Capital Markets Act files the business report with the audit report attached there to with the Financial Services Commission and the exchange designated by the Financial Services Commission which obtained permission as an exchange pursuant to the same Act (hereafter referred to as the "Exchange" in this Articleand Article 16 -2), it shall be deemed that an auditor has submitted the audit report to the Securities and Futures Commission and the Korean Institute of Certified Public Accountants.

③ South Korean Enforcement Decree of Act on External Audit of Stock CompaniesArticle 7 (Submission of Audit Reports, etc.) 1. For an audit report on financial statements, the corresponding deadline set in the following categories: (a) To the company: Not later than one week before an ordinary general meeting (within threemonths after the end of each business year, in cases of a company under rehabilitation proceedings); (b) To the Securities and Futures Commission and the Institute of Certified Public Accountants: Within two weeks after the closing of an ordinary general meeting (within two weeks after reporting to the relevant company's administrator, in cases of a company under rehabilitation proceedings).

表已经随审计报告一起提交。[①]《〈股份公司外部审计法〉施行令》第6条第1款规定，财务报表提交时间一般不得晚于该公司年度股东大会召开后六周。[②]

（三）韩国《金融投资服务与资本市场法》对非上市公众公司的监管

韩国《金融投资服务与资本市场法》第159条和第160条规定，当非上市公众公司将成为上市公司时，它需要像已上市公司一样，在会计年度后90天内向金融服务委员会和韩国交易所提交业务报告。在半年度和每季度后45天内向金融服务委员会和韩国交易所提交半年度报告和季度报告。[③]

有信息披露义务的公司必须通过电子方式向韩国金融服务委员会提交财务报告。非上市公众公司可以将财务和非财务信息以XML文件或XBRL文件的方式提交。

三、韩国多层次资本市场

（一）韩国多层次资本市场简介

韩国资本市场目前分为三个层次：主板市场、创业板市场和场外交易市场。主板市场是1956年成立的KOSPI市场，主要为大型企业上市交易提供服务。创业板市场是1996年成立的KOSDAQ市场，它仿照美国纳斯达克市场建

---

① South Korean Act on External Audit of Stock Companies Article 8（Submission，etc. of Audit Report）（2）Any company shall submit the financial statements approved at an ordinary general meeting under Article 449（1）and（3）of the Commercial Act to the Securities and Futures Commission，as prescribed by Presidential Decree：Provided，That if the financial statements approved at an ordinary general meeting are the same as the financial statements attached to the audit report submitted by an auditor to the Securitiesand Futures Commission and other institutions under the main sentence of paragraph（1）or as those statedin the business report submitted by the company to the Financial Services Commission and the Exchangeunder the proviso to the same paragraph，the company may choose not to submit the approved financial statements.

② South Korean Enforcement Decree of Act on External Audit of Stock Companies Article 6（Deadlines，etc. for Submitting Financial Statements，etc.）（1）Deadlines for submitting financial statements，etc.（including consolidated financial statements in casesof companies obligated to prepare the consolidated financial statements）under Article 7（2）of the Act shall be as follows：*Amended by Presidential Decree No.* 25434，*Jun.* 30，2014

1. For financial statements，not later than six weeks before an ordinary general meeting（within 45 days after the end of each business year in cases of a company under rehabilitation proceedings）.

③ South Korean Financial Investment Services and Capital Markets Act Article 159（Submission of Business Report，etc.），Article 160（Submission of Half－Yearly and Quarterly Reports），and South Korean Enforcement Rule Financial Investment Services and Capital Markets Act Article 12（Effective Date of Registration）（4）.

立，目的是扶持中小型创业企业的发展。① 此外，韩国还有两个场外交易市场：FreeBoard 市场和 KONEX 市场。

（二）韩国 K – OTC 市场与市场分层

从 2005 年 7 月开始，KOFIA（Korea Financial Investment Association）开始建设管理场外交易市场（over – the – counter）——FreeBoard 市场。在韩国有很多公众公司还难以达到韩国两个证券交易所规定的上市标准，但是这些公众公司仍然存在很强的股票交易和公司融资的需求，FreeBoard 市场就是为了满足这些公司的需求而设立的。② 虽然 FreeBoard 市场的挂牌交易要求较低，但是这不代表该市场没有标准，挂牌公司仍然需要提交审计报告和公司财务信息。③

在 2013 年 7 月，KRX（Korea Exchange）也建立了一个独立的场外市场——KONEX 市场。KONEX 市场设立目的也是为中小企业融资提供服务。如此一来，FreeBoard 市场在韩国资本市场上的定位就显得很尴尬。因此，韩国 FSC（Financial Services Commission）和 KOFIA 重新定义了 FreeBoard 市场的作用，将其定位为促进中小型非上市公众公司透明地和便利地开展股票交易，并将这一市场改称为 K – OTC 市场。

目前 K – OTC 市场分为两个部分。一个部分被称为 K – OTC 市场，这是一个促进非上市公众公司进行交易的场外市场。K – OTC 市场又分为两层：登记公司层（Registered Corporation Division）和指定公司层（Designated Corporation

---

① 胡海峰．多层次资本市场：从自发演进到政府制度设计［M］．北京：北京师范大学出版集团（北京师范大学出版社），2010.

② Korea Financial Investment Association，Market Operation，http：//eng. kofia. or. kr/wpge/m _22/about/markeOperationt. do，2018 年 11 月 4 日最后访问。

③ Regulations on Operation of K – OTC Market § 3.（Application）：

（1）The audit report that is applicable to these Regulations refers to the audit report audited by an auditor（hereinafter referred to as “auditor”）under［§ 3］of the Act on External Audit of Stock Companies.

（2）The financial information that is applicable to these Regulations refers to the financial statement attached to the audit report pursuant to Paragraph（1），and in the case there are corrections made to the audit report，the corrected financial statement shall apply.

Division)。[①] 登记公司层包括两种，一种是已履行注册登记手续并发行股票的公司，另一种是经 KOFIA 同意后由指定公司层转板来的登记公司。指定公司层包括那些经 KOFIA 同意后能够交易的公司，在该市场交易的公司都需要提交年度报告或遵守 KOFIA 规定的信息披露要求。K－OTC 市场上的公司需要通过 DART（FSS 的报告系统）提交年度报告。

另一个部分被称为 K－OTCBB 市场。从投资者角度看，K－OTCBB 市场只面向专业投资者，比如风险投资者和天使投资者。从公司角度看，K－OTCBB 市场只面向有 VC 等途径融资需求的初创型企业。出于满足专业投资者保密要求的需求，这一市场上对交易信息和企业信息的披露要求非常低。[②]

（三）韩国 KONEX 市场

KONEX 市场创建于 2013 年，是由 KRX 创立的。这是韩国继 KOSPI、KOSDAQ 之后的第 3 个股票交易市场。KONEX 市场主要是为初创企业服务的股票市场。在监管层面，KONEX 市场有两个特点：一是降低非上市公众公司的准入门槛；二是大幅简化公司的信息披露义务，KONEX 市场要求企业的法定公示事项只有 29 项，远低于 KOSDAQ 市场的 64 项。此外在其他方面，KONEX 市场也有不少放松监管的措施。[③]

（四）各层次资本市场的投资者准入标准

KOSPI 市场和 KOSDAQ 市场并未对投资者设置太高标准，但是对于 KONEX 市场，由于其投资风险较大，普通投资者一般不能直接购买该市场股票，只能通过购买相关基金进行投资。能够直接进入 KONEX 市场的投资者仅限于专业投资者（professional investors），如风险投资（venture capital）、机构

---

① Regulations on Operation of K－OTC Market §4. Market Division

（1）KOFIA shall divide and operate the K－OTC Market into the following divisions：

1. Registered corporation division：Corporations that have issued stock certificates registered for trading by KOFIA after application for new registration or change of division by the designated corporation.

2. Designated corporation division：Corporations that have issued stock certificates designated for trading by KOFIA.

② Korea to Open New Market Platform for Professional Investors，http：//www. businesskorea. co. kr/news/articleView. html? idxno = 19811，2018 年 11 月 4 日最后访问。

③ 杨明．韩国为中小企业开设第三股市［N］．经济日报，2013－07－16（4）．

投资者和拥有3亿韩圆以上资产的个人投资者。[①]

（五）各层次资本市场的自律监管制度

由于KOSPI市场、KOSDAQ市场和KONEX市场都是由KRX集团设立，为了方便管理以及自律监管的独立性，KRX设置了市场监管委员会具体实施自律监管，对上述三个市场的公司实施统一监控。[②]

因为韩国的多层次资本市场都是由一家公司建设，所以各层次资本市场的监管措施较为类似。第一种自律监管措施是对公司行为予以检查监督。[③]第二种自律监管措施是当公司出现信息披露违规时，交易所可以要求违规公司递交改进计划（improvement plan），并在随后要求公司递交实施报告（implementation report）。[④]第三种自律监管措施是对违规公司处以罚金（imposition of fine），比如当公司违反信息披露规则，KOSDAQ规定可以对其处以不超过5亿韩圆的罚金处罚，KOSPI则将罚金额度提高到10亿韩圆。[⑤]第四种自律监管措施是针对个人的处罚，比如公司信息披露违规时，KOSDAQ和KOSPI规定可以要求其更换信息披露负责人员（disclosure officerand disclosure staff），KOSPI另外规定可以要求相关人员参与信息披露培训。[⑥]第五种自律监管措施是声誉处罚，当出现公司违规披露信息时，交易所将会向公众公布公司违规情况。[⑦]第六种自律监管措施是退市制度，当公司出现财务状况恶化、流动性出现问题或者其他违规情

---

① See Measures to Foster Long - term Growth of Ko - rea New Exchange (KONEX), https://www.google.com.hk/url?sa=t&rct=j&q=&esrc=s&source=web&cd=1&cad=rja&uact=8&ved=2ahUKEwit2Zee7bLfAhUJULwKHYjtCCUQFjAAegQIAhAC&url=http%3A%2F%2Fwww.kif.re.kr%2Fkif2%2Fpublication%2Fviewer.aspx%3Fcontrolno%3D164550%26ismail%3D1%26email%3D%255B%24email%255D&usg=AOvVaw3ac6lK5Oga5_ddAjA1w-de，2018年12月25日最后访问。

② 市场监管委员会，http://global.krx.co.kr/cn/contents/GLB/01/0103/0103020500/GLB0103020500.jsp，2018年12月25日最后访问。

③ KOSDAQ Market Disclosure Regulation 第35条以及 KOSPI Market Disclosure Regulation 第50条。

④ KOSDAQ Market Disclosure Regulation 第33条以及 KOSPI Market Disclosure Regulation 第39条。

⑤ KOSDAQ Market Disclosure Regulation 第34条以及 KOSPI Market Disclosure Regulation 第35-2条。

⑥ KOSDAQ Market Disclosure Regulation 第34-2条以及 KOSPI Market Disclosure Regulation 第38、38-2条。

⑦ KOSDAQ Market Disclosure Regulation 第72条以及 KOSPI Market Disclosure Regulation 第36条。

形时，交易所将对其予以下市处理。[①]

四、韩国转板制度与退市公司监管

目前韩国证券交易所在KONEX市场与KOSDAQ市场之间已经建立了转板机制。监管机构设置了“快速通道”（fast track）沟通两个板块。KONEX市场上的公司，只要其季度净利润在40亿韩圆以上或者净资产收益率（ROE）在20%以上，就可以较快速度通过KOSDAQ市场的评审并在KOSDAQ市场重新上市。[②] 截至2017年7月已有14家企业成功转板。[③]

同时K－OTC市场也承担了为那些从主板市场或者科斯达克市场退市公司提供股票交易平台的作用。[④]

第二节　日本的制度考察

一、日本公众公司的基础理论

（一）公众公司的概念

日本《公司法》传统上具有鲜明的德国法特色，在公司类型上也有无限公司、有限公司、两合公司和股份有限公司的分类。但是近年来日本《公司法》受美国法的影响较深，出现了公开公司与非公开公司的类别。

日本《公司法》中公众公司（public company）被称为“公开会社”，是指关于以转让方式取得公司所发行的全部或一部分股份的内容，章程未规定须得

---

① See KRX，2011_Introduction_to_Trading_at_KRX_Stock_Market，https：//www.google.com.hk/url?sa = t&rct = j&q = &esrc = s&source = web&cd = 1&ved = 2ahUKEwjWi8PXrrrfAhVHW7wKHeNXArcQFjAAegQIARAC&url = http%3A%2F%2Feng.kofia.or.kr%2Ffiles%2Feng%2F2011_Introduction_to_Trading_at_KRX_Stock_Market.pdf&usg = AOvVaw3FX3gzvh0rsuAok_1Uu8PD，p.47.

② 童元松．机构投资者行为对股市的影响研究［D］．苏州：苏州大学，2016.

③ Korea Exchange success story with SMEs，http：//www.africancapitalmarketsnews.com/3179/korea－exchange－success－story－with－smes/，20181104.

④ 全球场外市场透视，http：//finance.ifeng.com/a/20140124/11543199_0.shtml，2018年11月4日最后访问。

公司承认的股份有限公司。① 也就是说，只要公司发行股份中有一部分可以自由转让，即为公开公司。相应的，非公开公司是指在章程中对股份转让设置限制条件的股份有限公司。② 日本《商业登记法》中并未要求公众公司特别登记，只需要登记为株式会社（股份有限公司）即可。③ 日本公众公司的登记机关是公司住所地的法务局。④

（二）公众公司的类型

日本《公司法》按照公司规模将公司分为大公司和中小公司。日本《公司法》第2条第6款规定，大公司（日文是“大会社”，英文翻译为“large company”）是指资本额5亿日元或者负债200亿日元以上的公司。⑤ 反之则属于中小公司。公众公司也应照此分为大型公众公司和中小型公众公司。⑥ 前者是指资本额5亿日元或者负债200亿日元以上的公众公司，后者是指未达到此等规模的公众公司。

---

① 日本《会社法》第二条第五款：“公開会社その発行する全部又は一部の株式の内容として讓渡による当該株式の取得について株式会社の承認を要する旨の定款の定めを設けていない株式会社をいう。”

（（v）“Public Company” means any Stock Company the articles of incorporation of which do not require, as a feature of all or part of its shares, the approval of the Stock Company for the acquisition of such shares by transfer;）

② 野村证券：https：//www. nomura. co. jp/terms/japan/ko/A02583. html，2018年10月28日最后访问。

③ 日本《商业登记法》第三章第五节为“株式会社の登記”，其中并未有专门针对公众公司的登记要求，因此可以理解公众公司只需要按照股份有限公司的要求登记即可。

④ 借鉴/浅析日本企业设立登记中的名称登记问题，http：//www. sohu. com/a/126970558_367517，2018年12月10日最后访问。

⑤ 日本《会社法》第二条第六款：大会社次に掲げる要件のいずれかに該当する株式会社をいう。

（vi）“Large Company” means any Stock Company which satisfies any of thefollowing requirements：

イ最終事業年度に係る貸借対照表（第四百三十九条前段に規定する場合にあっては、同条の規定により定時株主総会に報告された貸借対照表をいい、株式会社の成立後最初の定時株主総会までの間においては、第四百三十五条第一項の貸借対照表をいう。ロにおいて同じ。）に資本金として計上した額が五億円以上であること。

（a）that the amount of the stated capital in the balance sheet as of the end ofits Most Recent Business Year（hereinafter in this（a）and（b）below referring to the balance sheet reported to the annual shareholders' meeting under the provision of Article 439 in cases provided for in the first sentence of such Article, and referring to the balance sheet under Article 435（1）incases where the first annual shareholders' meeting after the incorporation of the Stock Company has not yet been held）is 500, 000, 000 yen or more; or

ロ最終事業年度に係る貸借対照表の負債の部に計上した額の合計額が二百億円以上であること。

（b）that the total sum of the amounts in the liabilities section of the balancesheet as of the end of its Most Recent Business Year is 20,000,000,000 yenor more。

⑥ 戴铭升．日本股份有限公司组织法制之研究——以2015年5月新公司法为基础［J］．集保结算所月刊，2015，10（222）：9.

(三) 公众公司的性质转换

如前所述，日本公开公司的界定主要看公司章程是否有限制股份转让的条款。因此日本公开公司如果要转变为非公开公司，只需要在章程上增加限制股份转让的条款，故而性质转换问题的本质其实是股份有限公司章程修订问题，可以由公司股东会按照公司法和章程规定作出章程修订决议。

二、《公司法》对公众公司的监管

日本《公司法》中有较多条款是专门为公众公司设计的，在公司融资、公司设立、内部治理等方面对公众公司提出了较高的规范要求。

首先在公司融资层面，《公司法》要求设立公众公司时发行的股份数不得少于总股份数的四分之一。①当公众公司增发股份，增发后的股份总数不能超过变更前发行股份总数的四倍。② 其次在公司设立层面，公司法要求召集人必须在公众公司创立大会召开前两周即发出相关通知。③ 再次在公司治理层面，公

---

① 第三十七条第三款：設立時発行株式の総数は、発行可能株式総数の四分の一を下ることができない。ただし、設立しようとする株式会社が公開会社でない場合は、この限りでない。

The total number of Shares Issued at Incorporation may not be less than onequarter of the Total Number of Authorized Shares; provided, however, that this shall not apply in cases where the Stock Company to be incorporated is not a Public Company.

② 第一百一十三条第三款：定款を変更して発行可能株式総数を増加する場合には、変更後の発行可能株式総数は、当該定款の変更が効力を生じた時における発行済株式の総数の四倍を超えることができない。ただし、株式会社が公開会社でない場合は、この限りでない。

In cases where it is intended to increase the Total Number of Authorized Shares by amending the articles of incorporation, the Total Number of Authorized Shares after the amendment may not exceed the number four times the total number of the Issued Shares at the time when such amendment to the articles of incorporation becomes effective; provided, however, that this shall not apply in cases where the Stock Company is not a Public Company.

③ 第六十八条第一款：創立総会を招集するには、発起人は、創立総会の日の二週間（前条第一項第三号又は第四号に掲げる事項を定めたときを除き、設立しようとする株式会社が公開会社でない場合にあっては、一週間（当該設立しようとする株式会社が取締役会設置会社以外の株式会社である場合において、これを下回る期間を定款で定めた場合にあっては、その期間））前までに、設立時株主に対してその通知を発しなければならない。

Article 68 (1) In order to call an Organizational Meeting, incorporators shall dispatch notice there of to the Shareholders at Incorporation no later than twoweeks (or one week if the Stock Company to be incorporated is not a PublicCompany, except in cases where the matters listed in item (iii) or item (iv) of paragraph (1) of the preceding article are decided, (or if a shorter period oftime is provided for in the articles of incorporation in cases where the StockCompany to be incorporated is a Stock Company other than a Company with Board of Directors, such shorter period of time)) prior to the day of the Organizational Meeting.

众公司必须设置董事会,[①] 非公开发行公司甚至没有设置董事会的义务，公众公司不能以章程限制董事必须是股东。[②] 公众公司的股东大会必须在大会召开前两周发出相关通知。[③] 公众公司设置双层股权结构时，可以采取发布公告的方式通知股东。[④]

此外，《公司法》也区分大型公众公司和中小型公众公司，并设置了不同的监管标准。比如大型公开公司必须设置监察人会及会计监察人,[⑤] 中小型公开公司则没有类似要求。

三、《金融商品交易法》对非上市公众公司的监管

信息不对称是证券市场中存在的最大问题，日本《金融商品交易法》（日文是"金融商品取引法"）的主要目的就是为证券市场搭建起适当的信息披露规则。整体来看，这些披露规则可以划分为发行信息披露和持续信息披露两个部分。《金融商品交易法》中虽未明确哪一条是专门针对非上市公众公司而设计，但是其对股票发行或转让的规则自然地将非上市公众公司纳入监管范围

---

① 第三百二十七条次に掲げる株式会社は、取締役会を置かなければならない。

Article 327（1）The following Stock Company shall have a board of directors.

一公開会社

（i）A Public Company;

② 第三百三十一条第二款：2 株式会社は、取締役が株主でなければならない旨を定款で定めることができない。ただし、公開会社でない株式会社においては、この限りでない。

（2）A Stock Company may not provide in the articles of incorporation that directors shall be shareholders; provided, however, that this shall not apply to a Stock Company that is not a Public Company.

③ 第 299 条。

④ 第一百五十八条：株式会社は、株主（種類株式発行会社にあっては、取得する株式の種類の種類株主）に対し、前条第一項各号に掲げる事項を通知しなければならない。

Article 158（1）A Stock Company shall notify its shareholders（or, for a Company with Class Shares, the Class Shareholders of the classes of the shares it intends to acquire）of the matters listed in each item of paragraph（1）of the preceding article.

2 公開会社においては、前項の規定による通知は、公告をもってこれに代えることができる。

（2）A Public Company may substitute a public notice for the notice under the provisions of the preceding paragraph.

⑤ 第三百二十八条大会社（公開会社でないもの及び委員会設置会社を除く。）は、監査役会及び会計監査人を置かなければならない。

Article 328（1）A Large Company（excluding a Company which is not a Public Company and a Company with Committees）shall have a board of company auditors and an accounting auditor.

2 公開会社でない大会社は、会計監査人を置かなければならない。

（2）A Large Company which is not a Public Company shall have an accounting auditor.

当中。

（一）发行信息披露

发行信息披露主要针对非上市公众公司的公开募集和销售行为。根据信息披露制度的要求，公司必须向内阁总理大臣提交有价证券申报书，否则既不能实施股票募集行为，也不能实施股票销售行为。① 公开募集是指非上市公众公司向多数投资者公开劝诱其购买该公司股票的行为。② 此处的多数投资者是指50人以上的投资者。③ 销售（日文是“売出し”）是指劝诱多数投资者购买已经发行的该公司股票的行为。④ 此处的多数投资者同样是以50人为标准。⑤

不论是募集还是销售，在计算50人时都排除了适格机构投资者，即只针对适格机构投资者进行劝诱时，不需要提交有价证券申报书。⑥ 适格机构投资者（日文是“适格机关投资家”，英文是“Qualified Institutional Investors”）是指拥有专门知识和证券投资经验的人。⑦ 在《金融商品交易法》中，适格机构投资者的标准是10亿日元以上，此外，还规定持有有价证券金额达到10亿日元以上的个人也可以构成适格机构投资者。⑧ 但是《金融商品交易法》也禁止适格机构投资者向合格投资者以外的投资者转让股票的行为，除非发行人已经向内阁总理大臣提交过有价证券申报书。因此在募集或者销售计算适格机构投资者时，必须考虑到适格机构投资者向一般投资者转让的可能性，只有当该种可能性非常小时才可排除计算该适格机构投资者。⑨ 此外，在符合一定条件下，特定投资者也被排除计算。⑩

另外两种在募集或者销售时不需要进行信息披露的情形规定在《金融商品

① 《金融商品取引法》第4条第1款。
② 《金融商品取引法》第2条第3款第1项。
③ 《〈金融商品取引法〉施行令》第1条之5。
④ 《金融商品取引法》第2条第4款。
⑤ 《〈金融商品取引法〉施行令》第1条之8。
⑥ 《金融商品取引法》第2条第3款第2项1。
⑦ 《金融商品取引法》第2条第3款第1项。
⑧ 朱大明，陈宇．日本金融商品交易法要论［M］．北京：法律出版社，2017.
⑨ 《金融商品取引法》第2条第3款第2项1。
⑩ 《金融商品取引法》第2条第3款第2项2。

交易法》第 4 条第 1 款中。一种情形是如果获取该公司股票的人（如公司董事、职工等）已经获取或者很容易获取拟披露信息时，发行人不必提交有价证券申报书。① 另一种情形是如果募集或者发行的总金额少于 1 亿日元，也不必履行信息披露程序。②

还有一种例外情形规定在《金融商品交易法》第 5 条。如果股份的发行金额在 5 亿日元以下，那么即使是向 50 个以上的投资者进行募集，也可以部分免除公司的信息披露义务，适用简易披露规则。③

（二）持续信息披露

以上介绍的是发行阶段的信息披露监管要求。信息披露行为虽然主要以公开募集和公开转让为主，但是在没有股票发行或转让行为时，如果公众公司的注册资本达到 5 亿日元以上，而且最近 5 年中有一年股东人数达到一定标准，即使没有上市，也必须接受金融厅监管，提交有价证券申报书。④《〈金融商品取引法〉施行令》中将这一人数标准界定为 1000 人。⑤

不论是曾经募集或发行过的非上市公众公司，还是资本额、股东人数达到一定标准的非上市公众公司都必须每年向金融厅提交有价证券报告书以履行持续信息披露义务。提交时间区分国内公司和外国公司。国内公司是每个营业年度结束后的三个月内，外国公司是六个月之内。⑥ 如果提交的有价证券报告书有误，发行人必须及时提交更正报告书。⑦ 除有价证券报告书之外，非上市公众公司还必须提交半年度报告书，但是季度报告书只强制要求上市公司提供，不要求非上市公众公司必须提供。⑧

同时，《金融商品交易法》第 24 条第 5 项规定，假如证券持有者的数量不

① 《金融商品取引法》第 4 条第 1 款。
② 《金融商品取引法》第 4 条第 1 款。
③ 《金融商品取引法》第 5 条第 2 款。
④ 《金融商品取引法》第 24 条第 1 款第 4 项。
⑤ 《〈金融商品取引法〉施行令》第 3 条之 6 第 4 项。
⑥ 《金融商品取引法》第 24 条第 1 款。
⑦ 《金融商品取引法》第 24 条之 2 第 1 款。
⑧ 《金融商品取引法》第 24 条之 4 之 7。

多，那么发行者在取得内阁总理大臣的批准后，只要该公司最近五年每年最后一日所有股票持有者的数量累计不到300名，就可以豁免持续披露信息的义务。①

四、信息披露的场所

有价证券申报书一般会在发行股票的公司以及相应的交易场所（比如证券交易所）予以披露。② 不过为了便利投资者获取相关信息，日本金融服务局于2008年创建统一的公众公司信息披露平台——EDINET（Electronic Disclosure for Investors' NETwork）。③《金融商品交易法》规定的必须披露的信息一般都通过EDINET平台向公众予以披露。④

五、日本多层次资本市场

（一）日本多层次资本市场简介

日本资本市场主要分为三个层次：第一层是主板市场，比如东京交易所设置的针对大型成熟企业的市场一部、为具有一定规模和经营年限的中小企业服务的市场二部；第二层是创业板市场，如东京交易所设置的Mothers市场，它主要为高成长或新兴产业公司服务；第三层是柜台市场，如日本证券业协会运营的绿单市场（Green Sheet Market）和东京交易所运营的JASDAQ市场等。⑤本文接下来主要对日本的柜台市场予以详细介绍。

（二）日本柜台市场介绍

日本目前有三种柜台市场：绿单市场、JASDAQ市场和TOKYO PRO市场。

绿单市场是由日本证券业协会运营的柜台市场，专门为小规模公司提供挂牌服务，绿单市场分为新兴层、普通层和投资信托SPC层三部分。⑥ 由于《金融商品交易法》规定，如果以公开方式向不特定的一般投资者转让股票，也必

---

① 《金融商品取引法》第24条第5款和《〈金融商品取引法〉施行令》第2条之12之4。

② 朱大明，陈宇．日本金融商品交易法要论［M］．北京：法律出版社，2017.

③ See Financial Services Agency, FSA launches new electronic corporate disclosure system （EDINET）, https://www.fsa.go.jp/en/news/2008/20080317.html，2018年10月28日最后访问。

④ 朱大明，陈宇．日本金融商品交易法要论［M］．北京：法律出版社，2017.

⑤ 钟洪明．多层次资本市场改革视域下证券法制重构论纲［M］．北京：中国法制出版社，2017.

⑥ Chisso, Green Sheet Market, https://www.chisso.co.jp/english/investors/stock/green.html，2018年11月4日最后访问。

须履行持续信息披露义务。因此绿单市场挂牌公司在无股票发行行为的情况下，由于涉及向不特定的一般投资者转让股票，也必须要求履行信息披露义务。①

JASDAQ 市场是东京证券交易所设立的柜台交易市场。该市场分为 JASDAQ Standard 和 JASDAQ Growth 两个层次，前者在企业规模、盈利能力等方面由更强的企业组成，后者则由具有特色技术的成长性企业组成。②

TOKYO PRO 市场是在 2008 年《金融商品交易法》修改后建立的，这一市场面向专业投资者。在 TOKYO PRO 市场，不是由交易所，而是由交易所认可的 J – Advisers 对潜在公司进行上市审查并在上市后予以管理。③ TOKYO PRO 市场的信息披露要求更低，可以采用英语和美国会计准则。④

（三）各层次资本市场的投资者准入标准

除了 TOKYO PRO Market 外，日本交易所集团的其他市场并未对投资者设置太多限制。TOKYO PRO Market 则原则上禁止普通投资者参与投资，只有专业投资者（Professional Investors）才能进行股票购买，但是在上市前持有股票的普通投资者可以在 TOKYO PRO Market 上出售这些股票。具体来说，专业投资者分为特定投资者（Specified Investor）、“可能转变为普通投资者的”特定投资者［Specified Investor（transferrable to General Investor）］、“视为”特定投资者（“Deemed” Specified investor）和非居民投资者（Non – resident）。特定投资者仅指合格的机构投资者、政府和日本银行，“可能转变为普通投资者的”特定投资者是指上市公司、资本额至少为 5 亿日元以上的股份公司，“视为”特定投资者是指那些拥有金融资产或净资产价值 3 亿日元以上的除特定投资者以外的股份公司或者个人，非居民投资者是指不在日本居住的外国人或者主营业地不在日本的外国公司。⑤

① 胡经生．日本非上市公众公司监管经验与借鉴［J］．证券市场导报，2011（7）．

② 钟洪明．多层次资本市场改革视域下证券法制重构论纲［M］．北京：中国法制出版社，2017．

③ JPX：Overview，https：//www. jpx. co. jp/english/equities/products/tpm/outline/index. html，2018 年 11 月 4 日最后访问。

④ 钟洪明．多层次资本市场改革视域下证券法制重构论纲［M］．北京：中国法制出版社，2017．

⑤ See JPX，Overview of Specified Investors，etc，https：//www. jpx. co. jp/english/equities/products/tpm/outline/01. html，2018 年 12 月 25 日最后访问。

（四）日本资本市场的自律监管制度

日本交易所集团针对上市或挂牌公司的自律监管措施主要有两种类型：自律处罚措施和督促改进措施。自律处罚措施包括金钱罚（Listing Agreement Violation Penalty）、声誉罚（Public Announcement Measures）：如果上市或者挂牌公司行为违反上市契约的规定，交易所可以按照契约规定对其予以罚款；或者交易所会将上市或者挂牌公司的违规行为向社会公开，公开的结果必然会使该公司的声誉受到影响。此外，交易所在检查监督上市公司行为是否符合交易所规则时，如果发现违规行为，交易所将视情况严重程度对公司采取督促改进措施，具体包括提交改进报告（Improvement Report）或者向其发布警示函（Security on Alert）。此外，日本交易所集团还对上市或者挂牌公司统一使用了下市（delisting）监管措施，比如 JASDAQ 市场的下市监管措施是从股东人数、交易股票数量、股价、公司行为等方面设计下市标准。

值得一提的是，由于日本交易所集团是一家涵盖主板、创业板、新兴板等多业务板块的大型证券交易所集团公司，因此日本交易所集团专门组建了统一的自律监管机构——自律监管法人（Japan Exchange Regulation）负责整个集团内各业务板块的自律监管工作。

六、日本资本市场的转板与退市制度

由于日本交易所集团拥有各层次资本市场，因此上市企业可以较为便利地进行转板，比如从 Mothers 市场和 JASDAQ 市场的公司可以转板到市场一部或者市场二部。[①] 如果要从 Mothers 市场和 JASDAQ 市场的公司转板到市场一部，其审核标准基本上等同于上市标准。[②] 不过 JASDAQ 市场的公司仍然享有一定

① 任小勋等．日本交易所集团综合化经营与市场分层经验解析［EB/OL］．https：//www.google.com.hk/url? sa = t&rct = j&q = &esrc = s&source = web&cd = 1&ved = 2ahUKEwje8oOtsLrfAhWRF4gKHRzeDcUQFjAAegQIChAC&url = http% 3A% 2F% 2Fwww.sse.com.cn% 2Faboutus% 2Fresearch% 2Freport% 2Fc% 2F4306277.pdf&usg = AOvVaw1dvYBCE1s1X6Oq2EOu_LNo，第 16 页．

② 任小勋等．日本交易所集团综合化经营与市场分层经验解析［EB/OL］．https：//www.google.com.hk/url? sa = t&rct = j&q = &esrc = s&source = web&cd = 1&ved = 2ahUKEwje8oOtsLrfAhWRF4g KHRzeDcUQFjAAegQIChAC&url = http% 3A% 2F% 2Fwww.sse.com.cn% 2Faboutus% 2Fresearch% 2Freport% 2Fc% 2F4306277.pdf&usg = AOvVaw1dvYBCE1s1X6Oq2EOu_LNo，第 16 页．

的优惠，比如流通股总市值、交易量、有价证券报告书中无虚假陈述的年限等标准更低。[①] 从 Mothers 市场或者 JASDAQ 市场转板到市场二部的标准是一样的，而且这一标准和市场二部的上市标准完全相同，基本上没有放松。[②] 从市场二部转板到市场一部，在流通股数量、持续经营年限上的标准适当放低，但是核心标准均未降低。[③]

绿单市场中存在着退市公司部，为退市公司提供挂牌转让的场所。[④] 在日本公司退市后可以直接进入“绿单市场”进行交易，但在实际当中，转入绿单市场和协议转让的公司较少，普遍是一退到底。[⑤] 2008 年后，日本出现大型上市公司退市，因此从绿单市场中剥离出一个独立的市场——Phoenix 市场，为退市公司的股票交易提供便利，但是统计显示自设立到2016 年，公司数量从未超过 3 家。[⑥]

---

① 任小勋等．日本交易所集团综合化经营与市场分层经验解析［EB/OL］. https://www.google.com.hk/url? sa = t&rct = j&q = &esrc = s&source = web&cd = 1&ved = 2ahUKEwje8oOtsLrfAhWRF4gKHRzeDcUQFjAAegQIChAC&url = http%3A%2F%2Fwww.sse.com.cn%2Faboutus%2Fresearch%2Freport%2Fc%2F4306277.pdf&usg = AOvVaw1dvYBCE1s1X6Oq2EOu_LNo，第 22 页．

② 任小勋等．日本交易所集团综合化经营与市场分层经验解析［EB/OL］. https://www.google.com.hk/url? sa = t&rct = j&q = &esrc = s&source = web&cd = 1&ved = 2ahUKEwje8oOtsLrfAhWRF4gKHRzeDcUQFjAAegQIChAC&url = http%3A%2F%2Fwww.sse.com.cn%2Faboutus%2Fresearch%2Freport%2Fc%2F4306277.pdf&usg = AOvVaw1dvYBCE1s1X6Oq2EOu_LNo，第 22 - 23 页．

③ 任小勋等．日本交易所集团综合化经营与市场分层经验解析［EB/OL］. https://www.google.com.hk/url? sa = t&rct = j&q = &esrc = s&source = web&cd = 1&ved = 2ahUKEwje8oOtsLrfAhWRF4gKHRzeDcUQFjAAegQIChAC&url = http%3A%2F%2Fwww.sse.com.cn%2Faboutus%2Fresearch%2Freport%2Fc%2F4306277.pdf&usg = AOvVaw1dvYBCE1s1X6Oq2EOu_LNo，第 22 页．

④ 胡经生．证券场外交易市场发展研究［M］. 北京：中国财政经济出版社，2010.

⑤ 邸振龙．日本创业板市场退市监管机制及其绩效研究——以 MOTHERS 市场为例［J］. 现代日本经济，2011（5）.

⑥ 李泱，王震强．日本市场上市公司退市及配套机制运行与启示［EB/OL］. https://www.google.com.hk/url? sa = t&rct = j&q = &esrc = s&source = web&cd = 1&ved = 2ahUKEwjo2KSTzbLfAhWHbN4KHbVyCMEQFjAAegQIABAC&url = http%3A%2F%2Fwww.szjr.net%2FContent%2Fuploads%2Ffiles%2F%25E6%2597%25A5%25E6%259C%25AC%25E5%25B8%2582%25E5%259C%25BA%25E4%25B8%258A%25E5%25B8%2582%25E5%2585%25AC%25E5%258F%25B8%25E9%2580%2580%25E5%25B8%2582%25E5%258F%258A%25E9%2585%258D%25E5%25A5%2597%25E6%259C%25BA%25E5%2588%25B6%25E8%25BF%2590%25E8%25A1%258C%25E4%25B8%258E%25E5%2590%25AF%25E7%25A4%25BA.doc&usg = AOvVaw2 - Rf8kWNGytgvWI_mpt4gM.

第三节　我国台湾地区的制度考察

我国台湾地区公司证券法律文件中没有公开公司的概念，与其内涵最接近的公司类型是公开发行公司。目前我国台湾地区主要从公开发行、股份转让、信息披露和公司治理这四个方面对公开发行公司予以针对性监管。

一、我国台湾地区公众公司的概念界定

（一）公开发行公司与公众公司含义相近

我国台湾地区“公司法”（以下简称“公司法”）主要继受自德国，公司类型主要有四种：无限公司、有限公司、两合公司和股份有限公司。[①] 其中无限公司和两合公司所占比例非常低，只是基于“法律不可杀人”的理念，所以“公司法”仍然予以保留。根据学者观察，我国台湾地区的有限公司被预设为小型公司，股份有限公司则被预设为大型公司，两者在公开性等原则上存在显著差异。[②] 另外，为增加公司组织的灵活性及鼓励创业公司发展，2014 年“公司法”在股份有限公司类型下新设“闭锁性股份有限公司”（Close Corporation）[③]。根据上述公司类型及其概念可知，包括闭锁性股份有限公司在内的五种公司类型均不能直接对应上公众公司的内在含义。

在我国台湾地区的法制实践中，还存在另外一种特殊的公司类型——公开发行公司。虽然公开发行公司多次出现在“公司法”和“证券交易法”等法律

① 我国台湾地区“公司法”第 2 条：“公司分为左列四种：

一、无限公司：指二人以上股东所组织，对公司债务负连带无限清偿责任之公司。

二、有限公司：由一人以上股东所组织，就其出资额为限，对公司负其责任之公司。

三、两合公司：指一人以上无限责任股东，与一人以上有限责任股东所组织，其无限责任股东对公司债务负连带无限清偿责任；有限责任股东就其出资额为限，对公司负其责任之公司。

四、股份有限公司：指二人以上股东或政府、法人股东一人所组织，全部资本分为股份；股东就其所认股分，对公司负其责任之公司。公司名称，应标明公司之种类。”

② 王文宇．公司法论［M］．台北：元照出版公司，2016.

③ “公司法”第 356 条之 1 的规定：“闭锁性股份有限公司，指股东人数不超过五十人，并于章程定有股份转让限制之非公开发行股票公司。前项股东人数，中央主管机关得视社会经济情况及实际需要增加之；其计算方式及认定范围，由中央主管机关定之。”

文件中，但是相关法律从未对这一概念予以明确界定。较为通行的解释认为，公开发行公司是指“具有公开发行股票资格的股份有限公司”。[①] 而公开发行股票资格是指具有向非特定对象发行股票的资格，因而具有公开性。所以公开发行公司与公众公司的内涵非常接近。

（二）公开发行公司类型

公开发行公司根据股票交易场所的不同，可以分为上市公司、上柜公司、兴柜公司和未上市或者未在证券商营业处所买卖之公开发行公司这四类。[②] 最后一类有时也被直接称为公开发行公司。[③]

（三）公开发行公司界定标准的变迁

一般的股份有限公司是否变更为公开发行公司主要由该公司自主决定，但是我国台湾地区立法者曾经出于保护公共利益的考虑，也存在强制要求公司变革为公开发行公司的规定。

最开始采取的标准是股份有限公司资本额。我国台湾地区2001年修法前的“公司法”规定，公司资本额达到一定数额标准时应变更为公开发行公司，除非政府部门同意该公司不做变更，或者该公司属于公营事业。[④] 1981年，我国台湾地区“经济部”规定实收资本达到2亿元新台币的股份有限公司应变更为公开发行公司，2000年这一标准被提升到5亿元新台币，不过2001年修法时，这一强制性公开发行制度被删除。[⑤] 目前的强制公开发行制度规定有三种：一是募集设立时需要公开分开。二是未依法办理公开发行的股票，之后如果想对非特定人公开招募时，应先由发行人向“金融监督管理委员会”（以下简称“金管会”）补办公开发行审核程序。[⑥] 三是公开发行公司依法私募，自该私募

---

① 嘉威联合会计师事务所．走在公開發行的十字路口［EB/OL］. http：//www. jwcpas. com. tw/publicationsBook3 – show2. php？book3p_id = 117，2018年10月28日最后访问。

② 参见《发行人募集与发行有价证券处理准则》。

③ 公开资讯观测站，http：//mops. twse. com. tw/mops/web/index，2018年10月28日最后访问。

④ 曾宛如．证券交易法原理［M］．台北：元照出版公司，2012.

⑤ 嘉威联合会计师事务所．走在公開發行的十字路口［EB/OL］. http：//www. jwcpas. com. tw/publicationsBook3 – show2. php？book3p_id = 117，2018年10月28日最后访问。

⑥ 我国台湾地区“发行人募集与发行有价证券处理准则”第61条。

有价证券交付日起满三年后，应先向本会办理公开发行，才能申请上市或上柜交易。①

修法后，一般的股份有限公司是否转变为公开发行公司则回归公司自治理念。现行“公司法”第156条之2规定：“公司得依董事会之决议，向证券主管机关申请办理公开发行程序；申请停止公开发行者，应有代表已发行股份总数三分之二以上股东出席之股东会，以出席股东表决权过半数之同意行之。”不过同条对公营事业公司有例外规定：“公营事业之申请办理公开发行及停止公开发行，应先经该公营事业之主管机关项目核定。”目前如果不涉及上市或者上柜，成为公开发行公司并没有股东人数、存续时间、公司规模等方面的要求。

在我国台湾地区，公开发行公司如果要公开募集股份就必须申请上市或者上柜，不过“证券交易法”第43条之6规定可以采取私募方式募集资金。每次募集对象总数不得超过35人，包括符合条件的自然人、法人或基金，以及该公司或关联企业的董事、监事和经理人。不过银行业、票券业、信托业、保险业、证券业或其他经主管机关核准之法人或机构不算入其中。② 公开发行公司私募融资只需要自主办理，事后向“金管会”申报。

（四）公开发行公司的性质转换

由公开发行公司转变为非公开发行公司并不难。现行“公司法”第156条之2规定：“公司得依董事会之决议，向证券主管机关申请办理公开发行程序；申请停止公开发行者，应有代表已发行股份总数三分之二以上股东出席之股东会，以出席股东表决权过半数之同意行之。”即公开发行公司只需要履行两个

① 我国台湾地区“发行人募集与发行有价证券处理准则”第68条。

② 我国台湾地区“证券交易法”第43条之6：公开发行股票之公司，得以有代表已发行股份总数过半数股东之出席，出席股东表决权三分之二以上之同意，对左列之人进行有价证券之私募，不受第二十八条之一、第一百三十九条第二项及公司法第二百六十七条第一项至第三项规定之限制：

一、银行业、票券业、信托业、保险业、证券业或其他经主管机关核准之法人或机构。

二、符合主管机关所定条件之自然人、法人或基金。

三、该公司或其关系企业之董事、监察人及经理人。

前项第二款及第三款之应募人总数，不得超过三十五人。

步骤即可变为非公开发行公司：一是公司先作出股东会决议，二是公司随后向“金管会”进行备案。

（五）成为公开发行公司的优劣

成为公开发行公司的优势主要有三：第一，只有成为公开发行公司才能登陆资本市场便利融资。第二，成为公开发行公司后能够规范公司管理架构和财务制度，提前熟悉证券市场相关规则。第三，成为公开发行公司能够提升公司知名度。但是，成为公开发行公司也会产生一些问题。因为公开发行公司意味着更为严格的监管，公司将需要付出一定的合规成本。而且监管导致公开发行公司的灵活性降低。

二、我国台湾地区对未上市公开发行公司的监管

（一）公开发行监管

在我国台湾地区，成为公开发行公司与公开发行股票或者上市/柜是不同的环节，各个环节的监管标准也不相同。成为公开发行公司主要有两条路径：一种是由现存股份有限公司变更为公开发行公司，另一种是直接设立公开发行公司。就第一种情形而言，股份有限公司需先做成董事会决议，然后制备公开说明书以及其他相关文件，向我国台湾地区“金管会”申请办理公开发行程序。“金管会”的审核采取申请生效制，即除非该申请存在问题，否则经过一定日期则自动生效。第二种情形其实就是募集设立股份有限公司。募集设立的发起人除了需要像第一种情形一样准备公开说明书及相关文件外，还需要准备证券承销商出具的评估报告、律师出具的法律意见书等文件。此种情形仍然是向“金管会”申请，并等申报期限经过后自动生效。如果公开发行公司希望在市场上募集资金，在成为公开发行公司后，还需要向“金管会”申报生效后才能实施。

（二）股份转让监管

如前所述，公开发行公司有上市公司、上柜公司、兴柜公司和未上市/柜公开发行公司。不同类型的公开发行公司的股份转让受到不同监管。上市公司在我国台湾地区证券交易所交易，上柜公司是在证券柜台买卖中心交易。以上

两个交易场所是2002年以前我国台湾地区主要的交易场所。在兴柜创办之前，未上市/柜公开发行公司只能通过盘商中介方式交易。但是这一交易方式存在严重信息不对称问题，对投资者影响极大。[①] 因此，我国台湾地区监管者组织成立兴柜公司，为投资者提供安全合法的交易渠道。目前绝大多数未上市、未上柜公司都在兴柜交易，不过成为兴柜公司也必须满足一定标准，所以仍然有少部分公开发行公司是通过盘商交易。

（三）信息披露监管

我国台湾地区对公开发行公司的信息披露监管非常严格。就信息披露的对象来说，信息披露包括全体公开发行公司，而不局限于上市公司、上柜公司和兴柜公司。就信息披露的方式来说，我国台湾地区针对公开发行公司建立了统一的信息披露场合——公开资讯观测站，公开发行公司的所有需要公开的信息都通过网站方式予以披露。[②] 就信息披露的内容来说，公开发行公司必须定期公布包括年报和半年报在内的公司财务信息和业务信息，具体可以参见“金管会”发布的“公开发行公司应公告或向本会申报事项一览表”[③]。如果公开发行公司还想要从市场公开募集资金，还必须依照“证券交易法”以及“金管会”、证交所、证券柜台买卖中心等发布的规则披露相关信息。

（四）公司治理监管

我国台湾地区非常重视公开发行公司的内部治理的监管，公开发行公司除了要遵守“公司法”“证券交易法”外，还需要遵守“金管会”发布的各项强制性或指导性规则。目前“金管会”发布了《公开发行公司建立内部控制制度处理准则》《公开发行公司独立董事设置及应遵循事项办法》《发行人募集与发行有价证券处理准则》《公开发行公司出席股东会使用委托书规则》《公开发行公司董事会议事办法》《公开发行公司取得或处分资产处理准则》《公开发行公

---

① 证券柜台买卖中心．投资人问与答［EB/OL］．http：//www.tpex.org.tw/web/service/qa/investor.php？l=zh-tw&level=2&pType=9&ppType=62，2018年10月28日最后访问。

② 公开资讯观测站，http：//mops.twse.com.tw/mops/web/index。

③ 具体内容可以参见 http：//www.rootlaw.com.tw/LawArticle.aspx？LawID=A040390051045500-0950406。

司资金贷与背书保证处理准则》等文件对公开发行公司的内部治理进行指导。不过“金管会”的部分文件并非完全强制，而是考虑到行业特点和规模特点予以区别对待，比如在《公开发行公司独立董事设置及应遵循事项办法》中，仅强制要求金融业和上市、上柜的公开发行公司设立独立董事，其他类型的公开发行公司可以自主决定是否设立独立董事。

（五）差异化监管

因为不同类型的公开发行公司的公众性存在较大区别，所以上市公司、上柜公司、兴柜公司、一般的公开发行公司的监管要求并不相同。我国台湾地区监管者针对不同类型公司设置了差异化监管规则，随着公众性提升而监管标准也趋向严格。

针对所有公开发行公司，出台了《公开发行公司董事会议事办法》《公开发行公司独立董事设置及应遵循事项办法》《公开发行公司股东会议事手册应行记载及遵行事项办法》《公开发行公司年报应行记载事项准则》《公开发行公司取得或处分资产处理准则》等系列规定。

而面向上市、上柜公司则额外制定了《股票上市或于证券商营业处所买卖公司薪资报酬委员会设置及行使职权办法》《上市公司设置独立董事之处置要点》《上市上柜公司诚信经营守则》《上市上柜公司企业社会责任实务守则》《上市上柜公司治理实务守则》《上市上柜公司董事、监察人进修推行要点》等规范性文件。也有部分规定是专门针对上柜公司制定的，比如《上柜公司设置独立董事之处置要点》。

三、我国台湾地区转板与退市制度

如前所述，我国台湾地区有上市市场、上柜市场和兴柜市场三种证券市场。目前实施的是强制登陆兴柜制度。即证券发行人必须在兴柜市场交易满6

个月方得申请成为上柜公司或者上市公司。① 首先，在兴柜市场挂牌的公司必须是公开发行公司，公开发行后，已检送1个月之兴柜公司财务业务重大事件检查表；须有2家以上的证券商推荐，并指定1家公司为主办券商；须报送最近1个月的“财务、业务检查表”；同时，股东应转让持股3%（且不低于50万股）给推荐证券商认购；最后应委任专业股务代理机构办理服务。从申请程序看，在兴柜市场挂牌的须先由公开发行公司向柜台中心提出挂牌申请，并将公开说明书在兴柜市场的网站披露；然后柜台中心在3日内作出是否核准挂牌的决定，将核准公司的概况向大众披露5个营业日，之后即可开始交易。②

而以上柜公司身份申请成为上市公司，较之其他申请方有一定的义务减免。第一，豁免上柜转上市之集保义务；③ 第二，简化上柜转上市之审查制度，同时简化上柜转上市之申请书件；④ 第三，放宽上柜转上市之股权分散标准。⑤

---

① 证券柜台买卖中心．上柜条件及流程简介［EB/OL］．http：//www.tpex.org.tw/web/regular_emerging/apply_way/application_otc/general_listing.php？l=zh－tw，2018年10月28日。以及“台湾证券交易所股份有限公司有价证券上市审查准则”第2－1条：申请本国股票上市之发行公司，除公营事业外，均应先申请其股票登录为兴柜股票柜台买卖届满六个月，并完成有价证券之无实体登录相关作业，本公司始受理其申请上市案。

股票未在海外证券交易所或证券市场上市之外国发行人初次申请其发行之股票上市（以下简称第一上市），应先由主办证券承销商上市辅导或申请其股票登录为兴柜股票柜台买卖届满六个月，本公司始受理其申请上市案。但上市辅导期间有主办证券承销商发生异动者，应由新任主办证券承销商申报上市辅导日起，重新计算届满六个月。

股票或存托凭证已在海外主要证券交易所或证券市场上市之外国发行人申请其发行之股票第一上市者，或第一上柜公司申请股票第一上市者，得免依第二项有关应先由主办证券承销商上市辅导或申请其股票登录为兴柜股票柜台买卖届满六个月之规定办理。但外国发行人自海外主要证券交易所或证券市场终止上市后已逾六个月者，不适用本项规定。股票或存托凭证已通过海外主要证券交易所或证券市场上市审查之外国发行人，于通过该上市审查之有效期间内，申请其发行之股票第一上市者，得向本公司专案申请缩短第二项有关应先由主办证券承销商上市辅导或申请其股票登录为兴柜股票柜台买卖之期间，但不得少于二个月为限，且主办证券承销商或主办推荐证券商于该期间内不得异动。申请有价证券第一上市之外国发行人，应完成其股票或存托凭证之无实体登录相关作业，本公司始受理其申请上市案。但其注册地国法令另有相反规定者，不在此限。

② 证券柜台买卖中心．兴柜条件及流程简介［EB/OL］．http：//www.tpex.org.tw/web/regular_emerging/apply_way/application_emerging/emg_listing.php？l=zh－tw，2018年10月28日最后访问。

③ “台湾证券交易所股份有限公司有价证券上市审查准则”第10－2条。

④ “台湾证券交易所股份有限公司有价证券上市审查准则”第28－1条。

⑤ “台湾证券交易所股份有限公司有价证券上市审查准则”第11条。

四、我国台湾地区多层次资本市场

（一）我国台湾地区多层次资本市场简介

我国台湾地区的资本市场目前分为五个层次：1961 年成立的证券交易所，为有价证券交易创设集中市场；1994 年设立的“证券柜台买卖中心”，只接受“证期会”监管；2002 年在“证券柜台买卖中心”设立的兴柜股票市场，服务中小企业融资；2014 年在“证券柜台买卖中心”成立创柜市场，主要为微型创新企业提供创业辅导筹资服务；此外，台湾地区还有盘商中介为主的未上市上柜股票交易平台。①

（二）各层次资本市场的投资者准入标准

我国台湾地区不同层次资本市场的投资者准入标准是不同的。对于主板市场和上柜市场来说，无论是普通投资者还是专业投资者都能自由买卖，没有过多限制。对于兴柜市场来说，普通投资者也能参与，但是必须在开户之前先签署《兴柜股票风险预告书》；但是专业机构投资人可以免除这一步骤，专业机构投资人主要是一些银行、证券公司、基金公司等机构。② 创柜市场因为风险较大，因此投资者准入门槛较高。对于普通投资者来说，需要先签署《风险预告书》，同时在最近一年时间里认购的创柜股票总额不得超过 15 万元新台币；但是天使投资人、获许投资者和该公司股东不在此限；获许投资者的要求是有新台币 3000 万元以上资产，且具备充分的金融商品专业知识或者投资经验的自

---

① 钟洪明．多层次资本市场改革视域下证券法制重构论纲［M］．北京：中国法制出版社，2017.

② 我国台湾地区“证券柜台买卖中心兴柜股票买卖办法”第十五条：“客户初次买卖兴柜股票时，应与证券商签订开户契约、兴柜股票风险预告书，并完成相关开户手续。

前项风险预告书，除专业机构投资人得免签订外，证券商应指派业务人员说明买卖兴柜股票可能风险，且应于交付风险预告书时，由负责解说之业务人员与客户签章存执。

第一项兴柜股票风险预告书之格式及其主要内容，由本中心订定之。

第二项所称专业机构投资人为国内外之银行、保险公司、票券公司、证券商、基金管理公司、政府投资机构、政府基金、退休基金、共同基金、单位信托、证券投资信托公司、证券投资顾问公司、信托业、期货商、期货服务事业及其他经主管机关核准之机构。”

然人。[①] 天使投资人是指专业机构投资人、股东权益超过新台币 5000 万元且设有专责投资机构的单位或法人、信托业者、创业投资事业。[②]

（三）各层次资本市场的自律监管制度

台湾证券交易所建立了多类型的自律监管制度。第一，通报主管机关核查办理，比如上市公司没有依照规定编制年报，交易所会将相关情况通报主管机关；[③]第二，财务信息查核制度，查核制度分为平时抽查管理和例外管理；抽查管理是指台湾交易所会按照一定比例对公司的定期财务报表予以查核，发现违规则发函通知其改善或者派员参加宣传辅导课程；例外管理是指当出现规定的重大事件时交易所会针对性查核财务报告，如果公司拒绝提交相关财务报告，交易所将对公司处于违约金、停止交易等处罚。[④] 第三，有奖举报制度，为了加强监管力度，台湾证券交易所建立了有奖举报制度，如果行为人举报上市公司的不法行为，将获得最高不超过新台币 300 万元的奖励，一旦查实上市公司

---

① 我国台湾地区“证券柜台买卖中心创柜板管理办法”第十六条：“投资人有认购意愿者，应于本中心创柜板公司筹资系统确认“风险预告书”（附件九）后始得进行认购作业，经系统检核未逾其投资限额，即完成投资人之认购作业。

前项规定所称投资限额，是指投资人当次进行认购时点往前起算最近一年内，透过创柜板进行认购之投资金额，含当次在内，不得逾新台币十五万元。但符合下列条件之一者，不在此限：

一、第十四条第四项规定之天使投资人。

二、提供新台币三千万元以上之财力证明，且具备充分之金融商品专业知识或交易经验之自然人。

三、筹资公司之原有股东对该筹资公司之认购投资金额。

第二项规定所称筹资公司之原有股东，是指受辅导公司或筹备处办理登录创柜板前之现金增资或募集设立时，受辅导公司停止股东名簿记载变更基准日之股东或公司发起人与参与该次募集设立之投资人。”

② 我国台湾地区“证券柜台买卖中心创柜板管理办法”第十四条：“前项规定所称天使投资人，系指投资人符合下列条件之一者：

一、专业机构投资人：是指国内外之银行、保险公司、票券金融公司、证券商、基金管理公司、政府投资机构、政府基金、退休基金、共同基金、单位信托、证券投资信托公司、证券投资顾问公司、信托业、期货商、期货服务事业及其他经主管机关核准之机构。

二、最近一期经会计师查核或核阅之财务报告股东权益超过新台币五千万元且设有投资专责单位之法人或基金。但“中华民国”境外之法人，其财务报告免经会计师查核或核阅。

三、签订信托契约之信托业，其委托人符合前二款之规定。

四、依法设立之创业投资事业。”

③ “台湾证券交易所股份有限公司审阅上市公司年报作业程序”第四条：“上市公司未检送年报或未依规定编制年报，经本公司函请补正逾期未补正者，本公司将依营业细则相关规定办理，并于七月底前列册陈报主管机关；审阅年报所发现之共同缺失，则定期函知上市公司参考改进，并副陈主管机关。”

④ “台湾证券交易所股份有限公司对上市公司财务业务平时及例外管理处理程序”。

确实存在违规行为，台湾证券交易所将采取通知主管机关等相应方式予以处理。[①]

上柜公司和兴柜公司同属于证券柜台买卖中心管理，其自律监管措施相似。适用于兴柜公司的自律监管措施有以下几类：一是查核制度，柜台买卖中心将定期抽查部分公司，检查其财务报告和内部控制制度；[②] 二是陈报主管机关，如果在查核过程中发现违规情形，将上报给主管机关处理；[③] 三是处以违约金处罚，违约金处罚情形较多，比如未充分揭露信息；[④] 四是宣导制度，对于轻微违规行为，将要求公司派员参加培训；[⑤] 五是停止柜台买卖，对于那些严重违规行为，柜台买卖中心将直接停止其买卖资格；[⑥] 六是声誉罚，柜台买卖中心会将部分公司的违规在公开资讯揭露站上公之于众。[⑦]

针对创柜公司的自律监管措施主要包括宣导措施、金钱罚和资格罚两种自律监管措施。第一种宣导措施主要包括函请改善和要求公司派员参加宣导培训这两种自律监管措施，[⑧] 当公司违规行为较为轻微，不会受到处罚，而是被要求改正错误，并加强合规能力。第二种自律监管措施是金钱罚，如果公司未按要求改正或者未参与培训，将支付违约金。[⑨] 第三种自律监管措施是资格罚，具体包括停止公司创柜融资资格和终止登陆创柜板，这两种处罚非常严厉，只

① “台湾证券交易所股份有限公司证券市场不法案件检举奖励办法”。

② 我国台湾地区“证券柜台买卖中心对兴柜公司财务业务管理处理程序”第四、五条，“证券柜台买卖中心对兴柜公司内部控制制度查核作业程序”第二条。

③ 我国台湾地区“证券柜台买卖中心对兴柜公司内部控制制度查核作业程序”第九条。

④ 我国台湾地区“证券柜台买卖中心证券商营业处所买卖兴柜股票审查准则”第四十七条。

⑤ 我国台湾地区“证券柜台买卖中心对兴柜公司财务业务管理处理程序”第十三条。

⑥ 我国台湾地区“证券柜台买卖中心证券商营业处所买卖兴柜股票审查准则”第四十七条之一。

⑦ 我国台湾地区“证券柜台买卖中心证券商营业处所买卖兴柜股票审查准则”第四十七条。

⑧ 我国台湾地区“证券柜台买卖中心创柜板管理办法”第二十五条。

⑨ 我国台湾地区“证券柜台买卖中心创柜板管理办法”第二十五条。

有在公司出现非常大的过错时才会实施。[①]

第四节　大陆法系国家和地区对公众公司监管经验总结

一、公众公司界定

将公司分为公众公司和闭锁性公司的理念起源于英美法系，这并非大陆法系国家的传统做法。日本、我国台湾地区和韩国传统意义上都深受大陆法系影响，因此传统上并没有公众公司的概念，公司监管规则也不是依照这一分类标准展开。但是在全球《公司法》都向美国《公司法》趋同演化的背景下，日本、我国台湾地区和韩国也都深受美国法影响，逐渐出现了公众公司。日本走在最前面，直接在《公司法》中规定了公众公司的概念。我国台湾地区也走得很靠前，虽然没有直接规定公众公司，但是直接界定了闭锁性股份有限公司。韩国公司法的演变程度最低，尚未根据美国法增设新的公司类型。

综合日本、我国台湾地区和韩国的立法规则，公众公司首先必然是股份有限公司，这意味着公众公司必然具有股份可以自由转让的特点。但是股份有限公司并不必然是公众公司，只有当该股份有限公司呈现明显公众性时，才能被视作公众公司。对于公司公众性的界定，日本、我国台湾地区和韩国的差异极

---

① 我国台湾地区“证券柜台买卖中心创柜板管理办法”第二十六条：“创柜板公司有下列情事之一者，本中心得公告其自公告日之次二营业日起停止透过创柜板之筹资资格：一、未公告申报年度财务报表者。二、未依“公司法”规定期限召开股东常会者。三、未依规定办理重大讯息公开，经限期改善而未改善者。四、违反所出具之声明或承诺事项者。五、规避或拒绝本中心之辅导或查核，情节重大者。六、重大违反公司法或本办法相关规定者。七、发生存款不足之金融机构退票情事者。八、其他本中心认为有必要停止透过创柜板筹资资格之情事者。

创柜板公司经本中心依前项规定停止透过创柜板之筹资资格者，应检具有关前项所列情事之说明及具体改善计划函报本中心。创柜板公司除经本中心不同意其说明或计划，依本办法第二十七条之规定终止登录创柜板者外，应将前开说明及计划，暨后续改善情形依本办法第二十三条之规定办理重大讯息揭露。本中心得视后续改善情形，自公告日之次一营业日起恢复其透过创柜板之筹资资格，或终止登录创柜板。”第二十七条：“创柜板公司有下列情事之一者，本中心得公告其自公告日之次二营业日起终止登录创柜板：一、向主管机关提出补办公开发行申报生效者。二、经依前条规定停止透过创柜板之筹资资格逾三个月者，且其停止透过创柜板筹资资格之原因不以同一款事由为限。三、经有关主管机关撤销公司登记或予以解散者。四、经向法院声请破产或重整者。五、其申请书件或提供之资料或说明，对重要事项涉有虚伪之记载或重要之事实漏未记载者。六、重大违反公司法或本办法相关规定或公司接受辅导及登录创柜板契约者。七、依创柜板公司申请或其他本中心认为有必要终止登录创柜板之情事者。”

大，可以依照公司资产、公司雇员人数或者股东人数来认定。三地共通的一点是当依照股份有限公司公开发行或者公开转让这一行为将其认定为公众公司。但是对这一行为的界定不可避免地会涉及合格投资者、公募私募划分等问题。

二、非上市公众公司监管

针对非上市公众公司的监管方式，日本、我国台湾地区和韩国的做法其实较为一致，即主要通过要求该非上市公众公司履行信息披露义务的方式达到监管的效果。这一做法背后的理论基础和监管上市公司的做法较为一致，即坚信“路灯是最好的警察，阳光是最好的防腐剂”。不过为了让投资者能够更便利地获取非上市公众公司的信息，三地都建立了统一的信息披露平台。

三、场外市场向交易所市场转板制度

很多非上市公众公司都在场外市场挂牌融资，作为公司发展规划，未来肯定是希望进一步到交易所上市融资。因此场外市场向交易所市场的转板制度是一项重要内容。

除了尚未查询到日本的转板制度外，另外两地都是存在转板制度的。我国台湾地区由兴柜市场转向上柜市场实行的是“强制兴柜挂牌制度”，而上柜公司到交易所上市时，在审查方面有不少减免措施，简化了上柜公司的上市流程。而韩国则更为极端，KONEX 市场向 KOSDAQ 市场转板时，因为存在“快速通道”（fast track）制度，审核要求简单很多，审核速度也快很多。

四、场外市场分层制度

虽然我国台湾地区的兴柜市场没有实施分层制度（有人将证券柜台买卖中心视为一个整体，认为兴柜市场和上柜市场是两个层级），但是日本和韩国的场外市场都是有分层的。这背后的逻辑其实很好理解，因为场外市场的挂牌公司其实差异也是比较大的，不同公司的融资需求和自身情况不可等同视之，自然应该划分为不同层次，并适用宽严不等的监管要求。而且随着监管标准的变化，投资者类型也应该作出不同限制，以保护投资者的安全。在这一点上，韩国的 K－OTC 市场做得其实很好，值得我国借鉴。

五、上市公司退市后监管

至于上市公司退市后的安排，需要区分该上市公司是完全退市，完全褪去公众性，还是半退市，仍然具有公众性。对于前者，不存在监管问题。对于后者，日本、我国台湾地区和韩国的做法非常一致，都是将其放在场外市场中继续存续。其目的是保护留存的投资者，因为在场外市场中，该公司仍然需要履行一定的披露义务，投资者也保有退出渠道。

六、多层次资本市场的组织特点

对比日本、韩国和我国台湾地区在多层次资本市场的整体组织规划上的做法，可以很明显总结出集中化这一特点。日本的多层次资本市场主要是在 JPX 集团内部设计实施，韩国的多层次资本市场主要是在 KRX 集团内部实施，我国台湾地区的多层次资本市场虽然分为台湾证券交易所和柜台买卖中心两部分，但是在柜台买卖中心内部又区分为三个层次的资本市场（算入创柜板）。

多层次资本市场出现集中化特点具有不少优势：一是设置新板块的阻力较小，即使新板块会分流部分原板块的上市或挂牌公司，但是这些公司仍然留在本集团内部，因此原板块的敌意或者干扰会大幅减少。二是更利于监管，集团拥有的运营原板块的充分经验可以直接适用到新板块监管上。三是更有利于优化整体服务水平，因为多层次资本市场都在集团内，如果挂牌公司想转板到同集团内其他板块，将具有不少便利因素，公司融资将更方便。

七、投资者准入条件

虽然日本、韩国和我国台湾地区在专业投资者的界定上（比如机构投资者的概念、个人投资者财产能力的要求等）存在些许差异，但是三地在投资者准入条件上的做法较为一致。主板市场、中小板市场和创业板市场基本上不对投资者设置准入门槛，而场外市场则设置较高门槛，基本上拒绝普通投资者参与。这一差异的道理也非常简单：凡是公司治理水平越高的市场，投资者准入条件就越低；凡是监管制度越严密的市场，投资者准入条件也越低，其目的仍然是保护投资者。

八、资本市场自律监管措施

日本、韩国和我国台湾地区在自律监管措施上也较为相似，主要手段无非是辅导制度、函送制度、声誉罚、金钱罚、资格罚这五种类型。自律监管措施的设置规律体现两个特点：一是自律监管措施具有契约管理特点，交易所对公司的管理权力来源于两者签订的上市或挂牌契约，在法律地位上属于平等主体，因此最严厉的监管措施也不过是“因公司违约而解除合同”强令退市，发现公司违规只能函送主管机关，而不能由交易所处罚。二是自律监管措施的强度严格与公司违规程度相匹配。三是更强调服务特点，轻微违规不会予以处罚，而是采取教育措施，提升公司合规能力。

第六章　公众公司的制度机理与多层次资本市场发展

总结上述海外法域对公众公司的设立与监管规则，以及在本国/地区的多层次资本市场建设中如何与公众公司有效结合，创建更利于不同规模与诉求公司发展的资本市场法律保障与监管机制，无疑有助于帮助我们更深刻地思考新三板市场发展困境的症结所在，并从中找出可资借鉴的良策加以运用。

第一节　公众公司的层次性及其界定

尽管各法域对公众公司的解读与运用不尽相同，但在资本市场发展带来的经济一体化联系加强和更具优势的金融法制与监管机制的有效竞争下，公众公司的界定与相关制度安排正在趋同并更有利于经济生活中形形色色的公司可以更充分地利用资本市场，与此同时也在强化投资者保护的基础上促进社会公众对资本市场、公司创设与经营的参与，进一步提升了金融的普惠性与民主化。

很难单纯或者单一地对公众公司进行准确的界定，事实上在现代市场经济条件下，特别是伴随着金融创新与多层次资本市场建设的大趋势，以及放松行政管制，回归市场自治以激发经济活力的浪潮下，更应该强调公众公司界定的多层次性并将它放到与多层次资本市场密切结合的层面进行理解，而不应仅仅固守公众公司产生之初的历史含义。

1. 就最广义的公众公司的界定而言，是指公司章程未对股份转让作出限制的股份有限公司，这意味着当股东转让其持有的股份权益时无须董事会的批准或受其干预，以及必须遵守人合属性的公司所要求的其他股东优先购买权。从公司、股东的角度来看，或者说是从《公司法》的角度来看，这其实是打破了公司的闭锁性和公司治理的人合性，揭示了股份公司蕴含着证券市场公开的属性，是一种开放而非闭锁的结构。由此，凭借着对公司—原股东所有权的重构，将公司的所有权进一步拓展到投资者所有权，从而打开了公司向全社会公开的契机。这种界定的先进性，就像日本早稻田大学的知名教授上村达男所指出的，有效运用证券市场的股份公司，不仅是把买入证券后的投资者当作股东，而且还包括未购入证券的市民阶层，在他们还是潜在投资者的阶段就已自然而然地把他们视为公司的股东，从而对外提供了与对待现存股东一样的公司信息披露和治理机制保障等。①当然，这种基于公司法、公司章程的界定，还只停留于公司内部，闭锁于公司与股东之间权利义务架构的设计与调整，尚未真正地将公众公司纳入资本市场的范畴之中。

2. 处于中层意义上的公众公司的界定，是指向社会公众公开发出股票要约的股份有限公司，这意味着公众公司可以在自我原始积累和传统上依靠银行贷款间接融资的途径之外，开辟一条向社会公众筹集资金的新途径，而股东们也找到了除了在熟人之间有限转让股份之外，更便利和更广阔的转让所持股份的新渠道。从股份公司的资合性或投资者的角度来看，抑或是从《证券法》的角度来看，这一界定建立起了公众公司与资本市场的有机联系，使公众公司自然而然地与公开发行、公开转让挂钩并打通了它们之间的联系。如上所述，欧美国家在历史发展中自然经历了面向市场的公众公司的形成过程，“在欧美，构建股份公司制度的历程就是面向资本市场的公司制度形成的历史，所以提到股份公司想当然地是以公开公司为原则，没有必要有意识地构建与证券市场成为一体的‘公开《公司法》’的理论”。②但在大陆法系国家，由于过度关注公司

① 上村达男．公司法改革：公开股份公司法的构想（中日文对照版）［M］．中国证券监督管理委员会组织，译，北京：法律出版社，2015.

② 上村达男．公司法改革：公开股份公司法的构想（中日文对照版）［M］．中国证券监督管理委员会，译，北京：法律出版社，2015.

的法人属性和社员权，相对单一地使用银行等间接融资方式，缺乏从功能角度对股份有限公司的认识，总体上是更需要思考股份有限公司，特别是公众公司与证券市场的关系，思考公众公司与公开发行、公开转让等的内在逻辑，将资本市场潜在的投资者也视为将来的公众公司股东，从而才可能从更宏观的视野和更高的高度来看待公众公司在资本市场中的地位以及由此从保护潜在股东的目的出发，对公众公司施以必要的信息披露、公司治理等方面的基本要求，也才能更好地引导有需求的公司和有需求的公众在资本市场中找到更好的结合点。

3. 就最狭义的公众公司的界定而言，是指股票在证券交易场所公开交易的股份有限公司，这里的交易，既包括了一级市场的新股发行，也包括了二级市场的股票转让。就公司类型来看，既涵盖了公众性最强的上市公司，也包括了公众性次之的在多层次资本市场上公开交易的股份有限公司。从市场或者流动性角度看，或是从证券交易法的角度来看，这种界定充分考虑了公众公司得以组建的股份的自然属性及其作为金融工具的社会属性，关注了公司与社会公众对股票流动性的利益平衡，并将证券市场的资金融通、流动性、价格发现等功能内嵌于公众公司的筹资与股票交易活动中，从而更进一步地描绘了公众公司在现代多层次资本市场中的各种业态，也使二者的相辅相成在促进经济发展和增进社会福利方面有了更精密的结合点。

4. 在《公司法》和《证券法》从权利流转和资金融通方面进行的公众公司的主流界定之外，现代以来，还存在着从社会经济意义角度来界定公众公司的方法。股份有限公司作为一种主流的公司类型，已广为运用，其中占比不菲的公众公司日益成为经济社会发展的中坚力量。这些影响不断扩大的公众公司其企业规模、产品供应、雇工人数，以及对周遭环境和一方社会稳定等的影响已远远超过用经济指标衡量的阶段，也因此有必要对它们施以必要的关注并保障其稳健运营。基于此，从社会经济意义视角来看，一家股份有限公司即使不上市融资，也没有活跃的股票交易量，但因其相对庞大的资产规模，以及达到一定标准的非雇员股东数量，也已然是不可忽视的社会影响力量，为此以美国为首的资本市场发达国家率先对这类公司赋予了公众公司的定位，并将它们纳入必要的监管体系中来。从其衡量标准来看，主要考虑了资产规模（例如1000万美元以上）和非雇员股东人数（如2000人以上，或者不低于300人等，各法域的标准不一），并在这些指标一旦下降的情况下，豁免对它们的监管，以符合这一标准的实质含义并减轻公司的负担。

第二节　公众公司监管理论的共性与特性

公众公司天然有着面向资本市场，特别是多层次资本市场的属性，其公众性可以在投资者更多元化和交易方式更灵活多样的层次性市场上得到充分体现与全面运用，但从本质上，公众公司的监管，始终需要解决面向公众的融资带来的投资者保护与利用公开市场融通资金的公司经营负担二者之间的平衡问题，上市公司作为最典型的公众公司，集中地反映了融资者与筹资者之间的矛盾与平衡需求，也因此最能折射出在公众公司监管理论上的一般性考虑。

就上市公司这一典型性公众公司的监管理论而言，通行的是公共利益监管理论。在公共利益监管理论看来，市场存在着垄断、公共物品、信息不对称和负外部性等失灵状况，无法有效而自发地保护投资者的合法权益，需要某种外部干预予以纠正，以实现经济体系的稳定高效运行和社会资源的有效配置，维护投资者对资本市场的信心。“市场可能失败的论调广泛地被认为是为了政治和政府干预作辩护的证据”①政府被推选为实现公共利益，维护投资者合法权益的唯一代表，成为提供这种具有公共物品属性干预的最佳人选，并且，通过政府的监管，可以有效地解决市场失灵问题。可以说，“公共利益理论是一‘安逸舒适的理论’，指出监管的设计与运作是为了追求集体目标”，②提高社会福利水平。

---

① 詹姆斯·M. 布坎南. 自由、市场和国家［M］. 平新乔，莫扶民，译. 北京：北京经济学院出版社，1988.

② 卡罗尔·哈洛，理查德·罗林斯. 法律与行政（下卷）［M］. 杨伟东，李凌波，石红心，晏坤，译. 北京：商务印书馆，2004.

然而，以政府为公共利益代表而建立起来的现实中的证券监管体制，虽然有效地调和了投资者与上市公司之间的矛盾，促进了资本市场的形成并较好地维护了投资者对资本市场的信心，但随着经济生活的深化和资本市场多元体系的形成，这一监管模式日益受到挑战，一方面是政府有限的监管资源与无限增长的证券市场监管需求之间日益突出的矛盾；另一方面是随着金融工具、交易及相关活动的日新月异，在电子化乃至无纸化和全球化的冲击下，有效监管市场需要的经验技能、信息、灵活度、高效性等反应和问题处理能力要求与置身于资本市场之外的监管部门的不完全专业性之间的矛盾日益突出，“政府失灵”问题促进了对公共利益监管理论的改革，公共选择理论被引入并被运用于证券监管之中。

在公共选择理论看来，监管作为一种公共物品，在不同的主体之间进行分配，其除了强调政府监管者自身通过改革提高监管绩效以外，也提出将市场竞争方法引入政府监管这一公共领域，其中就包括打破公共物品的供给垄断，由多个机构进行竞争性供给或将其交给非政府机构提供。在这一方面美国作出了典范，其在证券监管上奉行“小政府”模式，更多地将身临第一线，具有丰富业务经验的证券交易所、证券分析师、基金管理人、证券律师、审计师和信用评级机构等引入监管队伍中，使之成为协作政府履行监管职责的市场“守门人”（gatekeepers），[①] 既有效解决了上述冲突问题，又充分利用了这些市场自律组织和商业机构的资源与经验，建立富有弹性、面向未来的监管机制，只不过为防止他们因利益冲突而滥用职权或者玩忽职守，需要对他们施加更多外部监督并课以严厉制裁威慑。也因此，在这一理论指导下，证券监管逐步摆脱政府机构独家提供的状况，进入政府监管部门、证券交易所等行业自律组织，以及市场参与主体共同协作，完成市场监管的阶段。

就公众公司的监管理论而言，在解决公众投资者保护与筹资公司监管负担二者平衡的问题上，同样奉行了公共利益监管理论和公共选择理论。特别是，

① See John C. Coffee, Jr.. The Attorney as Gatekeeper: an Agenda for the SEC [J]. Columbia Law Review, Vol. 103, June 2003, p. 1296.

晚近以来，随着多层次资本市场结构的形成，政府监管者更多地授权证券交易场所的组织者对进场交易的证券实施监管，公众公司股票的流通性保障已摆脱了萌发初期资本市场只有简陋的场外交易或者依附实物交易场所的尴尬，进入依靠现代化的电子通信和交易体系提供高效便捷交易的新时代，也因此公众公司股票流通性与多层次资本市场的架构密不可分，作为市场管理人，对应市场的自律组织成为监管公众公司，调和投资者与公众公司关系的最佳和最主要人选，在这个层面上，无疑其监管的理论基础建立在公共选择理论之上。

作为对利用公开市场进行筹资的公司进行监管，晚近以来奉行的监管方法是以完全信息披露为基础的监管设置，这一监管考虑建立在“有效市场假说”（Efficient Capital Market Hypothesis，ECMH）理论①之上，政府希望通过建立规范而统一的强制信息披露，提供给投资者决策所需的必要信息，以扭转传统商事交易下“买者自慎”（Caveat Emptor）的局面，变为“卖者有责”（Caveat Venditor）与“买者自慎”相结合，更加强调筹资者与投资者利益平衡的格局。与上市公司相对整齐划一的标准不尽相同，非上市公司的公众公司基于股票可转让性的特点而被冠以“公众公司”的概称，其内部不同公司在构成、股东人数、行业、规模、发展阶段等诸多方面呈现差异性，而其为保障股票流通性而进入的层次性资本市场，更有着不同于证券交易所主板市场的灵活机制与独特要求，因而在监管上尽管基于强制信息披露的原理是相一致的，但在具体规则设计和实施上，却要根据所在市场的运行特点及进场交易的某种类公司的特点进行个性化安排为宜，如此才能更有效地凸显信息披露的质量和充足度，在减少对投资者的信息噪声污染的同时也有效地减少进场交易公司的信息披露负担。这种基于多层次资本市场建设特点而对应构造的信息披露要求，可以称为分类监管与差异性信息披露理念。也因此，在这种监管理念的指导下，对公众公司的监管就不宜是铁板一块或者千篇一律的，而应是结合多层次市场的预设目标，建立能够保证进场公众公司股票流通性且充分揭示其信息的分类信息披

① Eugene Fama. Efficient Capital Markets：A Review of Theory Empirical Work［J］. Journal of Finance，May 1970，pp. 383－417.

露机制，这也正是公众公司监管最具有独特性的地方。

当然，在探讨公众公司的监管理论时，需要注意的一个核心点是如何界定公众公司或者是公众公司的衡量标准问题。这种标准的宽严，不仅体现出一国监管者对适应经济发展进程的公司业态的认知，而且影响着对应的层次性市场是否以及如何采用差别化的监管规则进行监管。如上所述，各法域在这一方面有着丰富多彩的探索，其核心要点在于如何界定公众公司的“公众性”乃至更宏大层面上的“公共性”。对于公开向公众发出筹资要约，证券在证券交易场所公开转让这些显著体现“公众性”的表现，域外各法域并无不同见解，我国证券法制也肯定了“向不特定对象发行证券”以及“在其他证券交易场所公开转让”股票的公司纳入非上市公众公司管理的监管标准。

但是，对于是否将股东人数作为认定为“公开发行”或者公司具有涉众性而进行监管，海外法域有着不同的做法。就证券市场及其制度最发达的美国而言，其在公开发行的界定上已突破人数的限制，转而以投资者是否需要保护作为区分公募与私募的标准，而在公众公司的界定上，并非基于公开发行的受众人数来界定公众公司与否，在 1964 年其发展出通过考察公众公司的经济社会性，包括公司的资产规模和股东人数来判断公司是否为需要遵守《1934 年证券交易法》关于“报告公司”的规定而履行持续信息披露的法定要求，同时为减轻报告公司负担，当其股东人数降至 300 人而公众性不太强时则豁免其履行这一信息披露义务，体现了监管上的精细化和灵活性。一些大陆法系国家在引入美国资本市场的公众公司制度时也通过斟酌公司股东人数的多少来衡量公司公众性的程度，具有适应本国国情和市场发展阶段的合理性。

就我国证券法制的内容来看，与域外关于界定公开发行的标准不同的是，《2005 年证券法》进行重大修改时引入了评判公开发行的另一项新标准，即第 10 条规定的“向累计超过二百人的特定对象发行证券”（以下简称 200 人标准），并成为各项金融规则中作为判断是否构成公开发行的一项硬指标。回溯历史，200 人标准在 2005 年之前的证券立法中从未单独出现，是《2005 年证券法》的一个新设规定，监管者意图用这一标准来界定当证券向不特定对象发行显著构成公开性、公众性的同时，对于那些向特定对象发售的证券，如何才构成“公众性”，我国因资本市场处于初级发展阶段以及相应的证券监管一直处于转型探索中，因此在《2005 年证券法》重大修改时并未沿用美国的做法——采用界定什么是私募发行的方式来反向界定公开发行，并引入合格投资者制度拓展私募发行的运用而为市场创造广阔的发展空间，而是通过直接界定公开发行的方式并实施核准制的方式来锁定利用公开市场融资的资金流导向和资本市场首先服务于国有大中型企业的功能实现，并且从更容易把控的角度，即设立一个发行/转让股票最终人数结果为 200 人的标准来作为判断是否构成公开发行的硬指标，并因此影响了资本市场有关私募发行与公募发行的评判标准和监管分野，也由此影响了对公众公司的界定问题。从历史发展来看，200 人标准作为公众性的指标，可能可以从 1999 年发布的《群众性文化体育活动治安管理办法》（2010 年 11 月被废止）的相关规定（第 6 条第 1 款）中得到较合理的解释。在这个管理办法里，参加人数在 200 人以上的活动被界定为群众性大型活动，需要取得县级公安机关的许可才可进行，可见在社会生活实践中和其他法制领域，200 人的人数早就被认为是群体性，涉众性的标准并因此采取了相应的管理举措。也因此，如果《证券法》当年在进行重大修订时，对此予以借鉴并作为评判证券发行是否具备“公众性”的标准，也就顺理成章，有着历史和社会实践的渊源。

但值得注意的是，我国资本市场在纵深发展过程中，也引入了合格投资者制度，并将之作为区分私募与公募的考虑因素之一；与此同时，合格投资者也被用在公司债券公开发行的简易审核程序中——如果符合要求的公司向合格投资者公开发行债券，证监会将在证券交易所预审程序的基础上简化核准程序，提高融资审批过程。就此而言，一味地固守 200 人标准作为公开发行标准可能会抹杀合格投资者在分流监管，提高监管效率上的可为之处，因而未来有必要予以适当的调整，将一定的人数标准与合格投资者要求相结合，创造更灵活的私募发行制度。如果可行，也将影响到公众公司的界定。或者说，应该适当地减少从公开发行面向的投资者人数角度考察“公众公司”的标准，而应更多地将这个指标与公司在社会经济意义上是否具有“公众性”“涉众性”“公共性”因素相挂钩，并结合国内界定大中小型企业规模的标准和新三板市场挂牌公司的情况考虑豁免其进行信息披露的合理人数指标和其他公共性指标，如此才能更好地发挥公众公司制度机理的作用，也才能集中监管资源用于必需的公众公司监管需求之上。

第三节　公众公司类型转换与行政管理

在世界范围内，公司作为拟制的法人，只有经过登记才能设立，这已是通例，对于公众公司或者以股份有限公司体现的公众公司而言，也不例外。

如上所述，最早引入公众公司的英国在 1980 年修改《公司法》之后，默认私人公司为公司常态，而要求公众公司只有符合条件才能设立。只不过在要求上，则更强调了尊重公司的自我意思表示，特别是在当代放松行政管制以激发经济活力的浪潮下，对设立公司的强制性要求正在弱化，更多的是在尊重公司对自身属性的选择基础上施以必要的监管。这种做法在监管竞争的驱动下也影响了世界范围内主要资本市场国家对公司设立与管理的总体态度。可以发现，现在设立一家公司的标准变得越来越容易，也越来越低，但宽松的标准并不意味着公司可以妄为，相反在公司自我陈述和承诺的基础上，一旦有所违反，其因失信和违规所受到的惩戒将是全面而持久的。

就公众公司的设立而言，包含着两个层面的含义：一层是事实层面上，公司未必符合法定的公众公司的基准，但公司可以基于自由意志，自愿选择登记为公众公司并接受针对公众公司的相应监管（又称基于自愿的公众公司）。这种意义下的选择凸显了公司对公众公司价值的认同，或其实蕴含着法律制度对公众公司的功能预设，即登记为公众公司，那么意味着获得了法律授予的可以对外进行公开募集或转让股份的权能，而作为对价，公司需要遵守公众公司的相关监管内容，当然能否获得事实上的公开募股或公开转股的权利，最终取决于监管部门和对应证券交易市场的具体监管要求。不过，公司已能从这种登记选择中获得信用加持，并通过遵守公众公司的规范增进公司治理的规范与信息透明度，也有助于日后真正进行公开募股或转股的申请。另一层是公司的指标符合法律设定的公众公司标准，因而必须遵守公众公司的监管要求规范公司的信息披露、公司治理等各方面的事务。对此，又称基于法定的公众公司。这类公司的界定标准，体现了一国对本国所处社会经济发展阶段、企业发展状况、社会闲置资金配置以及多层次资本市场功能建设等的综合考虑，并最终体现在《证券法》和《证券交易法》等资本市场法律制度的建设上。从对公众公司的设立及后续监管来看，部分法域遵循传统因而更多地依靠历史形成的行政管理机构进行监管，如英国；部分法域在引进公众公司之时更多地强调了这类公司的资本市场功能，加之公司行政管理与金融监管的管理可能合一，因而要么在公众公司设立登记上归口一般登记机构，而将公众公司的金融监管交给证券市场监管部门；要么统一将二者交给证券监管部门，以便其更好地统筹信息实施监管。对于期待更充分地利用公众公司制度，且没有深受传统行政管理体制影响的法域来说，这种合二为一的做法更有利于简化行政管理并提高监管效率，因而更受到欢迎。

第四节　公众公司的《公司法》监管机理与规则设计

在证券市场和《证券法》没有诞生之前，有关公司的相关事务与管理，主要通过公司法制进行统筹安排，而对于一些没有专门制定《证券法》或者有着行业自律管理传统的法域而言，公司法制至今仍发挥着调整公司事务的重要作用。

值得注意的是，晚近以来资本市场的兴起以及公司通过外部金融做大做强的激励正在改变《公司法》与《证券法》在调整公司事务上的比重，在后工业时代和资本主义发达时期的更多时候，人们倾向于从促进《公司法》发展的角度谈论公司，更热衷于通过《证券法》的视角讨论公司与公众的关系，而不是固守公司法的传统，在农业社会和工业社会的框架下探讨公司与股东的联系，尽管《公司法》和《证券法》的关系属于公司的一体两面，是割舍不开的法律架构。其缘故，就像学者指出的，“对于从股东的角度保证股份转让的便利，公司法做得相当少”，“不经同意自由转让的保证不存在于《公司法》中而是存在于监管证券市场运作的规则中”。[①]

也因此，就公众公司《公司法》路径下的监管而言，主要侧重于公众公司的设立登记（如果没有合并到金融监管中）、有关公司股权分布、雇员人数，以及保障公众参与公司治理的合理结构安排等情况的释明、公司年度财务状况报告（如无纳入金融监管中）及外部审计等要求，总体上是揭示公众公司的一般概况，并对未纳入《证券法》调整的部分予以填补，构建相对完整的监管体系。

第五节　公众公司的《证券法》监管机理与规则设计

如上所述，由于面向资本市场，直接建立公司与社会公众联系的关系，证券法制在调整公众公司的相关事务上变得日益重要并已占据主导地位。随着晚近以来金融创新与多层次资本市场建设的推进，这种调整也正在结构化和精细化。

证券法制调整公众公司的根本，首先在于肯定公众公司的面向社会公众募集资金或公开转股的权能。

其次，是提供公众公司可资利用的公开发行新股、公开转让股票的合法途径，并将之与一国构建的多层次资本市场相结合，将不同途径下的公开发行与公开转让股票嵌入各层级证券交易场所中，使社会公众可以投资于不同层次的证券市场而参与到公众公司的成长和经营中来。

再次，证券法制调整的第三层次还需要在配置公开发行与公开转让股票途径，建立公众公司公开发行之后自然获得公开转让股票权利的机制基础上，进

① 保罗·戴维斯．英国公司法精要［M］．樊云慧，译．北京：法律出版社，2007.

一步考虑先于公开发行存在的老股流通（老股公开转让或所谓的存量发行），公开发行而未上市的公众公司的公开转让，以及私募发行股票的公开转让等涉及公开转让与公开发行的逻辑联系问题，破除只有公开发行才能公开转让的唯一通途，破除用公开发行审核限定所有股票公开交易权的魔咒，在公开发行审核之外增加公开转让审核（或注册），允许存量股或者私募发行的股票等通过公开转让注册获得公开转让权，也允许公开发行之后未在证券交易所上市的公众公司在办理公开转让注册之后在其他证券交易场所获得公开转让权。

最后，证券法制调整的第四层次是基于公众公司的公开发行、公开交易，建立一个统一的评价标准与快速衔接通道，顺利实现可能条件下公司股票在不同市场之间的转板。尽管各个证券交易场所的预设目标存在差异，其准入条件也各有侧重，但在认同公司是否进行了公开发行或者公开转让，其股票已具有公众性上应该有所共识，不宜像《证券法》规定的要求到证券交易所上市的条件之一是股票经过证监会核准已公开发行，将公开发行作为公开交易的唯一途径，从而抹杀了实践中通过公开转让和业务发展已达到实质上市标准的非上市公众公司的转板上市要求，而只能通过从新三板摘牌并重走首次公开发行并上市的道路。当然，这个问题的症结还在于我国对首次公开发行实行严格的核准制，有着很高的实质经济指标要求，而相比之下，证监会对在新三板挂牌的公司没有盈利性等要求，根据《非上市公众公司监督管理办法》的规定，对非上市公众公司的公开转让登记相比首次公开发行的核准，也要高效和简便许多，其不确定性因素更少。如果无法在二者监管上达成一致或者平衡，很容易令市场通过这种操作进行制度套利，从而危及首次公开发行的监管目标，也因此造成了上述窘境。为此，在将来这一方面的实质性协调还需要建立在监管层对公开发行与公开交易逻辑关系的更统一和理性认识上。

《证券法》上对公众公司的监管，主要在于公司的公开发行/公开交易注册与初始信息披露，以及后续的定期信息披露和对应的反欺诈行为的制裁。对于新股发行而言，其关系双方是公司与股东，因而必须保障股东对公司信息的充分了解，在这一被称为发行注册的环节，更多地强调了公司向股东的公开，其信息披露也更全面深入地挖掘了公司可能影响股东决策的核心信息。而在公开交易环节，其关系双方是资本市场上的投资者，公司只是作为双方交易的标的对象，在现代无纸化和电子化交易下，无法要求投资者每次就其交易向监管部门申请注册，作为替代的一种解决方法以及更好地向交易双方提供信息的途径，监管上并不要求投资者就其交易进行注册，而是要求公司就拟在证券交易场所进行交易的股票进行注册，并定期披露信息和交易情况，以便投资者在买卖时可以获得充分的信息参考，从而作出投资判断。其制度设计的出发点和原理是有别于公开发行注册的，也因此，这种注册也被称为“公开交易”注册，只有经过这种注册，公众公司的股票才能被公开地进行交易（当然那些通过公开发行的股票已自然地获得公开交易权，只需再续上注册履行后续的信息披露义务即可）。由于两种注册的目标有所差异，因而在注册要求上还是有所区别的，不过在某种意义上，发行也可以被看作是更广泛意义上的交易（只不过交易对象的一方换成了公司），都是需要向投资者提供有关公司股权结构、经营及财务状况、管理层及公司治理等关系投资决策的主要状况，因而在有关信息披露的内容上是可以相互引用或者在后的适当简化的，这其实也是监管者在进行监管时未必需要特别强调区分二者，或者需要建立二者之间相互为用的机制，以便在节约监管资源，提高管理效率的同时，减少公司的监管负担并可为投资者提供更少噪声的有用信息。

第六节　公众公司分类监管与多层次资本市场建设

公众公司作为公司的一种类别，其内部并非铁板一块，由于行业差异，更因规模大小，股票交易活跃度，更重要的是所在证券交易场所施加的条件不一，对公众公司的监管也需要一定程度上量体裁衣，才能真正体现监管的有效性，真正起到作用并节约公司的监管负担。当然，基于公众公司的属性，以及其公开交易活动，有必要在监管上进行适度区分。

一方面，从作为公众公司的基本要求出发，其一般性的要素信息和便利于公众参与公司事务管理的治理安排应属于不可或缺的内容，并且不应在实质上存在重大差异，以免将公众公司等同于一般公司或者私人公司，未能体现应有的监管要求和保护投资者的必要安排。

另一方面，在信息披露方面，则需要根据公众公司的一些指标或者交易活动，乃至所在市场的要求进行区分。如上所述，公众公司的注册，只是使其获得向社会公众募集资金或转让股票的可能性，法律上授予的权能还需要经由实践中发生的事实触发对应市场层级的信息披露义务，如果只是登记为公众公司，既无公开融资行为，也无或者只有很少的股票交易量，那么应该从简处理，不宜对之苛求过多的信息披露义务；而如果是市场上活跃的公司，也时有发生重大性事项，那么就应该使用最充分而全面的信息披露要求，不应因信息披露滞后而影响投资者的决策。在具体标准上，各国经济发展水平、投资者成熟程度与资本市场发展阶段各不相同，不宜简单套用海外市场的数量化或者经验化的指标，而应立足本国国情和市场发展到一定阶段积累的数据，通过分析挂牌公司自身及其融资、交易等方面的数据与特点，提炼出能够反映公众性强弱及揭示监管意义的重要指标，之后再将这些指标根据市场建设要求纳入监管要求之中，成为指导公众公司分类监管的有力依据，如此才能真正促进公众公司充分利用多层次资本市场的功能，相辅相成。

第七节　公众公司的退市管理与规则设计

证券市场的建立是为了更方便和高效地为社会公众提供交易场所，并通过市场本身的流动性和信息化管理，有效地揭示公司价值，发现价格并进行风险管理。如果一家公司在财务指标上已经破产，或者已经达不到所在市场的标准，那么应该从这个市场中剔除，以免因此影响投资者对市场功能的定位、投资判断，并埋下违规交易的风险。当然，在很大程度上，一家公司的股票是否有价值，可能取决于多种因素，也会因投资者的不同视角而有不同解读，但相比不够理性的投资者，专业化程度更高且以此为业的证券公司的评估可能更具有参考价值。

在许多法域，可能一家公众公司的经济指标等已不符合在某个市场交易的条件，但未必意味着在其他层次的市场无法找到需求，也因此，从更好地保障投资者的交易权和合法权益的目标出发，法律并不倾向于“杀死公司”，但会更多地选择让市场优胜劣汰。为此，当一家公司从某个市场退市之后，从法律上未必终结其股票的自由转让权，但能否找到相对应的可提供交易的市场，除了法律规定的退市板途径之外，更多的是看有无证券机构愿意为该公司的股票做市或者提供经纪服务，提供给投资者相应的交易机会。换言之，在合理的发展路径之下，应该由市场而不是由监管者来保障公司股票退市之后的可交易，一些法域采用了对公司股票一退到底的做法，不无道理，也能够通过这种风险处置令投资者提升风险意识，从而促进资本市场的深化。

第七章 代结论：公众公司制度机理运用于新三板市场发展的探索

本质上属于股份有限公司的公众公司，骨子里带着面向资本市场的潜能，当公司从仅仅打破对股份转让的限制，发展到可以向社会公众公开募集资金或者转让股份的阶段，已经将公众公司的做大做强与多层次资本市场的功能发挥紧密地联系在一起，晚近以来基于公司总资产规模、股东人数等指标更使社会经济意义上的公众公司纳入监管视野，从而形成事实上与法律上两种类型的公众公司，也更完善了现代金融监管对公众公司与社会公众之间利益进行平衡的精细化安排。

借鉴海外法域的经验，并充分利用公众公司的制度机理，在很大程度上可以帮助新三板市场获得新的发展逻辑，回归政策预订的目标，形成服务于中小微公司的具有重要功能的全国证券交易场所。

当然，新三板制度的变革，还需要首先在上位法，包括《公司法》《证券法》及国务院条例等方面有所突破，确立公众公司的法定地位，理顺公开发行、公开转让之间的逻辑关系，以及证券交易所、新三板等证券交易场所在多层次资本市场建设中的分工与合作关系，如此才能有理有据地推动实践的有序和健康发展。特别是，突破新三板市场在发展初期只能倚重《公司法》作为市场建设法源的局限性，通过修改《证券法》对公众公司制度规则和新三板市场作为全国性证券交易场所的地位予以法律层面的确认和规则细化，引入《证券法》法源为新三板市场的发展保驾护航。

就具体规则的改革而言，在协调公众公司与多层次资本市场建设的关系上，包括但不限于：（1）确立新三板作为公开交易市场的明确法律地位，允许在这个市场上进行公开发行和公开交易，但其服务对象应限定于创新型、创业型和成长型中小微公司；（2）引入公众公司的法律概念并规定成为公众公司的条件，而不仅仅限于目前的“非上市公众公司”，并根据条件的变化动态调整公司是否被纳入公众公司监管。其类型包括法律上的公众公司和事实上的公众公司，将前者限定于公开发行股票的公司以及未有公开发行但进行公开转让的公司，将后者限于股东超过200人的公司（可以根据市场调研情况，适当加入公司规模指标，以及在计算股东人数上，排除雇员和公司高管及其他关系密切的人员，以及考虑是否排除合格投资者人数等）。与此同时，建立公众公司满足一定条件时可以豁免信息披露义务，对应的条件是公众公司不再具有公众性，例如人数少于200人或者其他公共性指标而无须再承担信息披露义务；（3）打破公开交易权只能通过公开发行途径获取，以及证券交易所只允许直接上市公开发行的股票的局限，确立老股转让在法律层面的合法地位，以及其他因私募发行、小额发行等豁免发行注册（核准）的股票转公开的法律途径，建立更丰富多元的公开交易渠道，并使之与多层次资本市场建设相对应，继而基于股票可公开交易的共性而建立不同市场之间符合各种要求的转板快速通道，帮助不同类别的公众公司成长，实现资本市场的功能。

在协调挂牌公司的监管与全国股转公司的监管配置上，包括但不限于：（1）明确挂牌公司与公众公司的联系与多层次区分，特别是挂牌公司虽然具有公开转让股票的权利，被视为非上市公众公司，具备公众公司的一般性界定，但如果其股东人数较少，例如股东人数未达到200人，使用传统的信息交流方式已能满足向股东披露公司信息的要求，则可以豁免其承担强制性的信息披露义务，从而在减轻挂牌公司负担的同时也节约监管资源。（2）根据上述确定的公众公司条件从中甄别符合标准的公司作为需要受到更强监管的公众公司进入到新三板市场相应的层级进行交易，并进一步在前期经验积累和调研的基础上，适当区分大中型公众公司，施以对应的信息披露监管，体现市场内部分层，建立良好的激励约束机制。（3）尽管海外法域有允许公司自行选择为公众公司的做法，但考虑到未来我国公众公司制度初创以及监管部门的有限监管资源，倾向于暂时不放开公司的自主选择成为公众公司这一途径，而还是应按公众公司的实质条件进行筛选和监管。更重要的是不宜对所有进入新三板市场，具有股票公开转让权利的非上市公众公司都进行一体化的监管，应规定公众公司在一定条件下免于信息披露的豁免规则，这种条件如上所述，一方面是公众公司因股东人数降至一定标准（例如200人）以下，其公众性不强，可以对其信息披露义务不做强制性要求；另一方面可以是公众公司在过去一年或者连续一段时间（半年）内未发生重大的需要披露的交易性信息或者非交易性信息未发生实质变化的，那么可以豁免其披露对应期间的定期报告，减轻其负担，也免于给市场增加不必要的信息容量。这种情况下，监管者将无须对这类公司投入更多的监管资源，不过一旦其涉嫌欺诈而违法，那么不管其是否豁免于信息披露义务，监管者都有义务予以介入，以为投资者提供全面的必要保护。如果采用这一做法，那么对于目前数量不菲的股东人数达不到200人，“公众性”显著不强的挂牌公司（非上市公众公司），或者那些几乎没有交易或融资活动，更类似于闭锁公司的挂牌公司（非上市公众公司），就可以采用这种方法进行分流或者分离，而不是“一揽子”划入新三板基础层，并要求其承担法定披露义务，造成严重的公司负担和监管负担。（4）如果进一步延伸，随着新三板政策预设功能的逐步恢复，以及在多层次资本市场建设中地位的更加明确，未来可能不必再重复发展之初的粗放式发展策略，对于一些不尽符合公众性要求或者在一定周期内无法满足公众性要求的公司申请挂牌的，全国股转公司可以加以拒绝或者将之分流到地方区域股权市场或多层次资本市场的下一层级，以集中监管资源用于发展新三板。（5）而对于因法律规定而承接的退市板，在法律规定未做更改前，可能还需承担原来的功能，但应进一步对退市的公司进行观察，在其交易量日益稀少的情况下，应赋予全国股转公司有权终止为其在退市板提供服务的权力，除非有证券机构愿意为此提供做市或者经纪服务，但这种情况下应转移至券商的柜台交易进行，而不宜再通过退市系统，从而最终建立从法定退市交易到市场机构服务再到最终退出市场的处置机制。

参考文献

［1］陈颖健．事实公众公司制度研究［J］．证券市场导报，2016（4）．

［2］邓峰．普通公司法［M］．北京：中国人民大学出版社，2009．

［3］方流芳．中西公司法律地位历史考察［M］．北京：中国社会科学，1992（4）．

［4］葛伟军．英国公司法：原理与判例［M］．北京：中国法制出版社，2007．

［5］葛伟军．英国公司法要义［M］．北京：法律出版社，2014．

［6］葛伟军．英国2006年公司法［M］．北京：法律出版社，2017．

［7］胡海峰．多层次资本市场：从自发演进到政府制度设计［M］．北京：北京师范大学出版集团（北京师范大学出版社），2010．

［8］胡经生．证券场外交易市场发展研究［M］．北京：中国财政经济出版社，2010．

［9］何美欢．公众公司及其股权证券（上册）［M］．北京：北京大学出版社，1999．

［10］刘俊海．欧盟公司法指令全译［M］．北京：法律出版社，2000．

［11］刘鹏，龙军，刘格菘．美国公众公司监管制度及启示［J］．西南金融，2014（4）．

［12］李建伟．公司组织形态重构与公司法结构性改革［J］．财经法学，2015（5）．

［13］盛学军．证券公开规制研究［M］．北京：法律出版社，2004.

［14］史尚宽．有价证券之研究［M］．民法债篇论文选辑（下），台北：台湾五南图书出版公司，1984.

［15］王文宇．公司法论［M］．台北：元照出版公司，2016.

［16］施天涛．公司法论（第四版）［M］．北京：法律出版社，2018.

［17］覃天云，申海恩．论资产证券化的有价证券制度基础［J］．中国法学，2005（2）.

［18］唐应茂．美国 144 规则对我国存量股转让监管的借鉴意义［J］．证券市场导报，2013（1）.

［19］童元松．机构投资者行为对股市的影响研究［D］．苏州：苏州大学，2016.

［20］邢会强．新三板市场合格投资者制度及相关制度改革［J］．环球法律评论，2018（6）.

［21］王保树．公司法律形态结构改革的走向［J］．中国法学，2012（1）.

［22］武玉胜．注册制改革下我国股票转售限制法律问题研究［J］．金融法律评论，2016（8）.

［23］朱大明，陈宇．日本金融商品交易法要论［M］．北京：法律出版社，2017.

［24］钟洪明．多层次资本市场改革视域下证券法制重构论纲［M］．北京：中国法制出版社，2017.

［25］郑燦亨．韩国公司法［M］．崔文玉，译．上海：上海大学出版社，2011.

［26］罗伯塔·罗曼诺．公司法基础（第二版）［M］．罗培新，译．北京：北京大学出版社，2013.

［27］詹姆斯·M. 布坎南．自由、市场和国家［M］．平新乔，莫扶民，译．北京：北京经济学院出版社，1988.

［28］大冢久雄．股份公司发展史论［M］．胡企林，等，译．北京：中国

人民大学出版社，2002.

［29］上村达男．公司法改革：公开股份公司法的构想（中日文对照版）［M］．中国证券监督管理委员会，译．北京：法律出版社，2015.

［30］保罗·戴维斯．英国公司法精要［M］．樊云慧，译．北京：法律出版社，2007.

［31］罗纳德·拉尔夫·费尔摩里．现代公司法之历史渊源［M］．虞政平，译．北京：法律出版社，2007.

［32］卡罗尔·哈洛、理查德·罗林斯．法律与行政（下卷）［M］．杨伟东，李凌波，石红心，译．北京：商务印书馆，2004.

［33］阿德里安·德瑞斯丹，等．欧洲公司法［M］．费煊，译．北京：法律出版社，2013.

［34］斯蒂芬·格伦德曼．欧盟公司法上册：基础、公司治理和会计法［M］．周万里，等，译．北京：法律出版社，2018.

［35］Eugene Fama. Efficient Capital Markets：A Review of Theory Empirical Work［J］. Journal of Finance，May. 1970.

［36］Gower，L. C. B. . The English Private Company，18Law and Contemporary Problems. John C. Coffee，Jr. . The Attorney as Gatekeeper：an Agenda for the SEC［J］. Columbia Law Review，Vol. 103，June 2003.

［37］Langevoort，Donald C. and Thompson，Robert B. . Publicness in Contemporary Securities Regulation after the JOBS Act［Z］. Georgetown Law Faculty Publications and Other Works，2013.

［38］Milton Cohen. Truth in Securities Revisited，79 HARV. L. REV，1966.

［39］Joel Seligman. The Transformation of Wall Street：a History of the Securities and Exchange Commission and Modern Corporate Finance，315（3d Ed. 2003）.

［40］S. Jostrom William K. . Questioning the 500 Equity Holders Trigger［J］. Harvard Business Law Review Online，March 2011.

第二篇

资本市场服务中小微企业的实践研究*

* 本课题承接方为武汉大学。课题负责人：余明桂；课题组成员：方杰、安娜。

摘 要

中小微企业在我国经济增长、技术创新等方面都具有重要作用，已经成为中国经济发展不可或缺的力量。随着中国经济进入新旧动能转换时期，一大批新兴中小微企业应运而生。相对于传统中小微企业，这些新兴中小微企业具有科技含量高、研发投入大且周期长、融资需求大且轮次多、长时间亏损但市值持续增长等特征。与这些特征相对应的是，这些企业普遍接受过机构投资者的资金支持。但受制于企业研发周期长、短时间内难以上市等原因，其股份流动性较差。目前，我国资本市场在满足新兴中小微企业对资本和流动性需求方面仍存在不足。

新三板作为我国多层次资本市场的重要一环，在服务创新型、创业型、成长型中小微企业方面发挥重要作用。截至 2018 年末，新三板挂牌公司 10691 家，这些企业在业绩、股权分散度、融资和交易活跃度等方面存在较大差异，基于挂牌公司差异化的特征，新三板市场应探索建立差异化服务模式，提高对新兴中小微企业的服务能力。基于此，本文通过系统研究美国资本市场对中小微企业的服务模式，结合新三板发展实际，为新三板探索创新服务模式提供可行的政策建议。本文共分为四章内容，主要如下：

第一章，绪论部分。首先，介绍了本文研究背景。其次，对本文研究目标分解，并阐述本文的研究思路。然后，介绍本文研究方法。最后，对本文研究主要内容进行概括。

第二章，中国资本市场服务中小微企业的现状。首先，对中小微企业概况进行介绍。包括中小微企业概念、中小微企业分类、中小微企业特征等内容。其次，简要介绍资本市场服务中小微企业的现状及问题。最后，分析导致资本市场无法满足中小微企业融资需求的原因，以及企业在新经济时期的需求改变。分析发现，资本市场对中小微企业支持力度不足的主要原因在于，A股市场门槛过高，区域股权市场流动性低且不可跨区域交易，非官方私募股权交易平台难以为继，中证机构间报价系统仅对机构投资者开放，这些问题和限制使我国现有资本市场体系难以满足中小微企业的需要。因此设立符合我国中小微企业需求的资本市场服务内容十分必要。

第三章，美国资本市场服务中小微企业的经验。通过对美国资本市场历史变革的分析，美国私募股权交易市场一直以来都在弥补传统交易所对中小微企业服务的不足。因此通过研究美国私募股权市场诞生的背景、原因及服务模式，可为我国建设中小微企业服务体系提供参考。私募股权交易市场（Private Market），即为非公众公司提供股权发行、转让的资本市场，市场主要服务于中小微企业。企业可通过私募股权交易市场进行交易，在还不具备上市条件或者还不愿意成为公众公司的阶段获得资金支持。对于促进技术创新和科技发展的科技型中小微企业具有重要作用。美国政府多年来为推动经济发展，制定了一系列针对中小微企业的刺激政策，逐步放松对非公众公司股权发行及转让的限制。资本市场也为此作出了应变，形成了诸多以较低成本为中小微企业提供股权融资和股权流动性的私募股权交易市场。这些市场各具特色，如有专注早期企业的AngelList、关注Pre-IPO的纳斯达克私募股权交易市场（NASDAQ Private Market，NPM）等。

从美国私募股权交易市场的政策来看，关注于规范私募发行、转让制度的法规主要有：第一，《证券法》4（2）条，确立了私募的法律地位。第二，《D条例》，明确了获许投资者范围，获许投资者不计入发行对象人数计算。第三，《144A规则》，允许了合格机构投资者之间的证券转让可以豁免相应注册、报告义务。第四，《JOBS法案》，打破了非公众企业股东数量以及宣传方式的限制。以上政策制定历经多年的时间，政策从投资者门槛、发行人承担信息披露义务等角度不断明确相关细则。其总体的制定原则是在设置严格的投资者准入标准的前提下，放宽转让的限制条件，增强私募股权的流动性，活跃私募股权市场。

美国产生私募股权交易市场的原因除了以上提到的政策放宽外，还有以下几个方面的原因：第一，公司股东有流动性需求。由于企业，特别是以独角兽为主的新经济企业大量使用员工股权激励计划和私募融资，未上市企业的投资者和员工有转让其所持股份的需要。第二，私募股权市场成本低、资金充沛。由于企业无须花费高昂的上市成本、满足交易所较高的上市条件，就可以获得融资及流动性，使部分企业的IPO意愿下降，美国甚至出现私募股权交易市场募资额一度超过IPO募资额的现象。第三，私募股权市场信息非公开，为企业保持灵活性。企业不愿意对外披露更多的信息，并承担公众公司所需要的各项审核以及显性或隐性成本。同时，成为公众公司后股东的不确定性往往导致企业丧失对股东结构把控，这也是企业不愿意看到的。而私募股权市场的非公开性满足了企业的需求。

从美国私募股权平台发行人类别来看，发行人主要分为两类：一类以发展早期的企业为主；另一类以相对较成熟的Pre－IPO企业为主。前者往往会专注某一行业的早期企业，甚至为早期项目提供融资服务，如专注于文化传媒行业的Kickstarter，以及专注于新材料领域的AngelList。后者以新经济企业为主，专注于发展前景及投资价值相对明确的独角兽企业。早期的Facebook曾在SecondMarket和SharesPost两大最具代表性的私募股权交易平台交易。Twitter、特斯拉、LinkedIn、Jive、Software等一众独角兽企业均在上市前通过私募股权交易市场进行多次融资。随着纳斯达克私募市场与SharesPost合作，SecondMarket也被纳斯达克私募市场收购，可以说目前的纳斯达克私募股权市场是吸收了SharePost和SecondMarket两家典型的私募股权交易平台之后发展起来的，也是美国最具代表性的私募股权交易平台。

从美国私募股权平台服务来看，平台服务主旨是“减负”。企业方面，平台通过大数据技术及中介机构服务为企业简化申报流程、降低报告频率、多角度完善企业信息来降低企业信息披露成本。平台还为企业提供投资者关系管理、公司治理、投资者推荐、研究报告等服务，帮助企业完善公司治理的同时促进股权流动性。投资者方面，推荐符合其投资偏好的企业标的，并提供企业估值、尽调、交易、结算一站式服务。另外，券商在交易审核和交易执行方面发挥核心作用，主要包括对发行人进行尽职调查、确认投资者是否符合合格投资者的标准，以及在股份转让过程中协助投资者确认股份转让的价格。此外，交易后的结算也需通过券商在清算系统的账户实现，如在纳斯达克私募股权市场投资者只有通过券商才能参与未上市公司股份的发行和交易。

第四章，对新三板市场的借鉴。首先，介绍了新三板的发展历程。其次，对新三板市场现有服务机制存在问题进行总结。最后，提出具体改进方案。由于新三板数量众多，行业、规模跨度大，对于新三板的定位则要以服务企业全生命周期为主。无论是大中型企业或小微型企业，拟采用信息公开或定向公开方式，新三板市场都可利用合格投资者进行风险把控，并以促进融资和流动性为目标对企业进行定制化服务。从企业规模来看，新三板既能允许处于萌芽期尚未盈利的创业公司挂牌，也能允许新经济独角兽企业进驻。从投资者来看，既允许机构投资者，也允许个人投资者。总而言之，新三板可为不同阶段企业提供更为灵活的定制化服务。服务内容则围绕低成本、高流动性两大目标。向上采取沪深交易所公开服务模式，向下采取定制化服务模式，向上的交易所模式由于路径较为明确，这里不做展开，向下的定制化服务模式可以尝试如下改变：第一，新设定向信息披露服务等定制化服务；第二，保留创新层，即头部企业进入，设置较严格的进入门槛，具体制度可参考公开市场模式。

为了确保定制化服务模式的融资效率，其具体服务内容可围绕着以促进市场流动性、提高信息披露、促进企业规范治理三方面进行。如以促进市场流动性为目的的服务：减少业务办理、买卖双方推荐服务、投资者关系服务、财务顾问服务、做市服务。以促进信息披露为目的的相关服务：估值服务、报价服务、信息披露服务、研究报告服务。以促进企业规范治理为目的的服务：企业管理咨询服务，股东结构把控服务，法律、财务咨询服务。

服务机制方面。第一，设立平台参与者规则。平台参与者由投资者、企业、中介机构组成。其中，中介机构包括证券公司、私募基金、投资咨询机构、孵化器平台、做市商、报价商、估值商、会计师事务所、律师事务所、资产评估机构。每种中介机构在注册时可申请开通相应的权限，不同的权限对应的业务不同。第二，设立投资者和机构准入标准。第三，设置企业定向的信息披露。第四，设立转让机制。平台转让方式如点击成交、协商成交、中介机构推荐、结构化流动性项目、做市转让、股权收益权和基金份额转让等，同时配以在线即时沟通工具、在线签约功能，为参与者搭建了一个便捷、高效的私募产品的发行和报价转让平台。但是哪怕建立了有效运营管理机制，平台有效建立依然围绕企业信息披露的真实性、中介机构的质量和全面的监管三大基础进行。

关键词：中小微企业　服务模式创新　新三板市场

第一章 绪 论

第一节 研究背景

目前我国已初步形成了由主板、中小板、创业板、股转系统和区域股权交易中心构成的多层次资本市场体系，通过不同层次资本市场的相互补充，能更有效地匹配不同企业的融资需求。但由于中小微企业治理机制不健全、财务管理混乱、公司治理不规范、公司经营不稳定、信息不对称问题突出，只有少部分中小微企业可以通过资本市场这一渠道融资。相对于 A 股市场的高门槛，新三板为中小微企业的发展提供了沃土，为新制度实行创造了良好的条件，使其可以成为金融服务创新的试验田。但由于目前资本市场过分强调新三板的孵化功能，市场上形成新三板是孵化板或者说过渡板的固定印象，造成头部优质企业的流失。另外，新三板近年来快速扩张已发展至上万家的规模，其监管及企业服务面临较大的压力。企业呈现多样性的特征，包括业绩多样性、股权分散度多样性，企业行业跨度大、融资金额和交易的活跃度差异也很大。对这些不同特征的企业采取单一的公开市场服务模式，准入门槛相同、信息披露规则相同、交易模式相同、挂牌成本相同的前提下，市场更青睐规模相对大的企业，中小微企业不具优势，导致市场融资效率不高、缺乏流动性。

因此，本文通过研究美国资本市场服务中小微企业的方式，分析美国资本市场在服务中小微企业方式选择上的逻辑。基于新三板的角度分析在实践中如何能够有效服务中小微企业，提出改进建议，为新三板市场深化改革、提高中小微企业服务效率做参考。

第二节　研究目标及思路

课题组将研究目标分为以下几项：(1) 中国资本市场服务中小企业的现状及问题。(2) 美国资本市场服务中小微企业的经验。(3) 新三板市场如何改进。通过文献梳理、调查访谈和案例分析法对中国资本市场服务中小微企业的现状和目前存在的问题进行总结。并整理美国资本市场服务中小微企业的经验，分析其服务制定的内在逻辑，以此结合新三板市场的现状，提出改进意见。

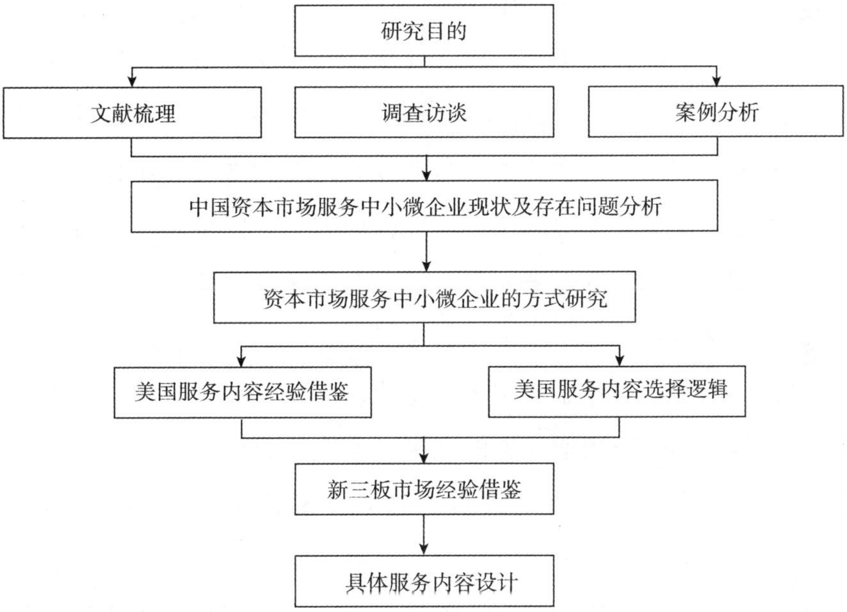

图1　本文研究思路

第三节　研究方法

本文的研究方法：(1) 文献梳理法。通过对国内外相关文献的梳理，对重点文献进行深入研究，挖掘美国资本市场服务中小微企业的内容及特征，探索新三板市场的服务体系建设。(2)访谈调查法。通过调查中小微企业通过资本市场这一渠道的融资及服务现状，进一步了解中小微企业面临的困境，探讨解决困境的具体方案。(3)案例研究法。对美国资本市场服务中小微企业体系进行研究，总结其成功经验，为新三板市场提供改进思路。

第四节　研究主要内容

本文的结构安排如下：

第一章为绪论。首先，阐述了本文研究的背景。其次，对研究目标和思路进行归纳。最后，介绍了本文研究方法及内容。

第二章为中国资本市场服务中小微企业的现状。首先，介绍了中小微企业的概念、特征及在我国经济中的作用。其次，分别从上市公司股票交易市场和非上市公司股权交易市场两个方面，对资本市场服务中小微企业的现状进行分析。总结出在资本市场上大多数中小微企业难以获得融资的结论。最后，分析中小微企业通过资本市场渠道融资难问题的原因。主要是新经济时期中小企业的快速发展、创业者的改变带来的中小微企业需求的改变，而资本市场不能快速响应企业的变化所致。

第三章为美国资本市场服务中小微企业的实践经验。首先，介绍了美国在新经济时期同样面临企业快速发展的状况。其次，分析资本市场为应对中小微企业的改变而作出的服务调整。最后，总结美国资本市场服务中小微企业的经验。

第四章为对新三板市场的借鉴。首先，介绍了新三板发展历程。其次，分析目前新三板服务机制存在的问题。最后，提出新三板改进方案。

第二章　中国资本市场服务中小微企业的现状

中小微企业在我国经济增长、促进就业、技术创新等方面均发挥了重要作用，已经成为中国经济发展的重要推动力量。数据显示，中小微企业贡献了50%以上的税收，60%以上的GDP，70%以上的技术创新，80%以上的城镇劳动就业，90%以上的企业数量。[①] 但是，与中小微企业的重要地位不相符合的是，其长期面临融资难、融资贵的问题。随着中国经济进入新旧动能转换的时期，一大批新兴中小微企业应运而生。这些新兴中小微企业具有科技含量高，研发投入大且周期长，融资需求大且轮次多，长时间亏损但市值持续增长的特点。但受制于成立时间短、尚未盈利等因素，企业短时间内难以达到上市融资要求。符合要求的资本市场如新三板、区域股权市场等却又面临融资能力及流动性不足的问题。

第一节　中小微企业概况

世界各国对中小微企业的定义各不相同，中小微企业的概念在亚洲新兴工业化国家或地区的使用较为普遍。美国经济发展委员会对中小微企业的界定规则主要有以下四条，企业符合其中的两项即可界定为中小微企业：第一，独立经营；第二，经理通常就是企业主；第三，只有部分或少数人具有资本；第

---

① 刘鹤主持召开国务院促进中小企业发展工作领导小组第一次会议研究部署推动中小企业高质量发展，http：//www. gov. cn/guowuyuan/2018 –08/20/content_5315204. htm，2019 年 5 月 31 日最后访问。

四，当地市场是产品销售的目标市场。我国国家统计局2018年1月3日印发了《统计上大中小微型企业划分办法（2017）》，对企业的划分给予了明确标准。中小企业划分为中型、小型、微型三种类型，具体标准根据企业从业人员、营业收入、资产总额等指标，结合行业特点制定。但根据行业的不同，中小微企业在资产总额、从业人数和纳税所得额方面的具体标准又不一致。这一文件发布的目的就是统一化管理，将中小微企业进一步地明确划分。

表1　　中小微企业划分标准

行业名称	指标名称	计量单位	大型	中型	小型	微型
农、林、牧、渔业	营业收入（Y）	万元	Y≥20000	500≤Y<20000	50≤Y<500	Y<50
工业*	从业人员（X）	人	X≥1000	300≤X<1000	20≤X<300	X<20
	营业收入（Y）	万元	Y≥40000	2000≤Y<40000	300≤Y<2000	Y<300
建筑业	营业收入（Y）	万元	Y≥80000	6000≤Y<80000	300≤Y<6000	Y<300
	资产总额（Z）	万元	Z≥80000	5000≤Z<80000	300≤Z<5000	Z<300
批发业	从业人员（X）	人	X≥200	20≤X<200	5≤X<20	X<5
	营业收入（Y）	万元	Y≥40000	5000≤Y<40000	1000≤Y<5000	Y<1000
零售业	从业人员（X）	人	X≥300	50≤X<300	10≤X<50	X<10
	营业收入（Y）	万元	Y≥20000	500≤Y<20000	100≤Y<500	Y<100
交通运输业*	从业人员（X）	人	X≥1000	300≤X<1000	20≤X<300	X<20
	营业收入（Y）	万元	Y≥30000	3000≤Y<30000	200≤Y<3000	Y<200
仓储业*	从业人员（X）	人	X≥200	100≤X<200	20≤X<100	X<20
	营业收入（Y）	万元	Y≥30000	1000≤Y<30000	100≤Y<1000	Y<100
邮政业	从业人员（X）	人	X≥1000	300≤X<1000	20≤X<300	X<20
	营业收入（Y）	万元	Y≥30000	2000≤Y<30000	100≤Y<2000	Y<100
住宿业	从业人员（X）	人	X≥300	100≤X<300	10≤X<100	X<10
	营业收入（Y）	万元	Y≥10000	2000≤Y<10000	100≤Y<2000	Y<100
餐饮业	从业人员（X）	人	X≥300	100≤X<300	10≤X<100	X<10
	营业收入（Y）	万元	Y≥10000	2000≤Y<10000	100≤Y<2000	Y<100
信息传输业*	从业人员（X）	人	X≥2000	100≤X<2000	10≤X<100	X<10
	营业收入（Y）	万元	Y≥100000	1000≤Y<100000	100≤Y<1000	Y<100
软件和信息技术服务业	从业人员（X）	人	X≥300	100≤X<300	10≤X<100	X<10
	营业收入（Y）	万元	Y≥10000	1000≤Y<10000	50≤Y<1000	Y<50

续表

行业名称	指标名称	计量单位	大型	中型	小型	微型
房地产开发经营	营业收入（Y）	万元	Y≥200000	1000≤Y<200000	100≤Y<1000	Y<100
	资产总额（Z）	万元	Z≥10000	5000≤Z<10000	2000≤Z<5000	Z<2000
物业管理	从业人员（X）	人	X≥1000	300≤X<1000	100≤X<300	X<100
	营业收入（Y）	万元	Y≥5000	1000≤Y<5000	500≤Y<1000	Y<500
租赁和商务服务业	从业人员（X）	人	X≥300	100≤X<300	10≤X<100	X<10
	资产总额（Z）	万元	Z≥120000	8000≤Z<120000	100≤Z<8000	Z<100
其他未列明行业*	从业人员（X）	人	X≥300	100≤X<300	10≤X<100	X<10

资料来源：《统计上大中小微型企业划分办法（2017）》。

中小微企业在发展过程中所具有的特点主要有以下三点：第一，规模偏低，不具有依附性，而作为一个独立的企业而立足于市场，因而不具有很大的话语权。第二，不管是在资本上还是在技术上，单一化且创新力不足，因而竞争力不强，抗风险能力较弱。第三，种类繁多，涉及面广泛，能够在各行各业都有所发展，尽可能地满足更多人的需求，作为促进发展的一种推动力。

与世界其他国家和地区相比，中国中小企业的显著特点是最近20年发展速度快、数量大。改革开放以来，中国中小企业的数量翻了好几番，成为促进中国经济发展的一支重要力量。其发展历程大致可分为以下四个阶段①。

第一阶段：20世纪50年代初，我国中小企业的调整发展阶段。在新中国成立初期，个体经济产值约占国内工农业总产值的90%，现代工业占10%左右，个体经济自然是以小企业为主。即使是在现代工业中，小企业也占重要地位。民营资本在整个现代工业中占20%，而从规模上统计，全国工业企业12.3万家，职工164万人，资本20多亿元，平均每个企业有职工13人，资本1.6万元，由此可见，新中国成立以后经济发展的主体是中小微企业。

第二阶段：20世纪50年代中期至70年代中期，我国中小企业的曲折发展。经过短时间的经济恢复和调整，中央提出和实施了向社会主义时期过渡的总路线，提出私营中小企业实行公私合营、手工业实行合作化、发展国有中小

① 建国以来中国中小企业的发展历程［J］. 中国中小企业，2017（7）：24-27.

企业。到 1956 年上半年，全国实行公私合营的工业企业占原来私营工业企业的 97.3%，从业人员占 97.7%，产值占 99.1%。经过上述工商业的改造，中国中小工业企业的所有制结构发生了深刻的变化，中小企业的国有化程度达到了 73%以上，公私合营约占 26%。

第三阶段：1958—1960 年是大跃进时期，出现了“全民大办企业”的群众性运动。此时，中小企业也急剧膨胀。1959 年底，全国工业企业达到 31.8 万个，比 1957 年增加了 14.85 万个，增加部分主要是地方的中小企业。1964 年以后，中小企业基本没有增加，出于解决就业压力的考虑，1970 年以后，全国的小企业数量有所恢复，兴办的小企业主要是街道集体企业，但它们对经济总量的贡献几乎可以忽略不计。

第四阶段：改革开放至 20 世纪 90 年代，我国中小企业的迅速发展。1978 年以后，随着农村经济体制的改革，中小企业首先以乡镇企业的形式开始大幅度增加。根据 1995 年全国工业企业普查资料，从数量上看，1995 年中型工业企业达到了 10983 个，小型工业企业达到了 102332 个，中小型企业数量占企业总数的 99.68%。1978—1994 年，全国乡以上中小企业由 34.7 万个增加到 52.7 万个，增幅为 52%。1995 年，全国乡及乡以上的工业小型企业 56.91 万家，比 1978 年的 34.40 万家也增加 65%，并且数量达到历史最高。党的十四大以来，包括中小企业在内的非公有制经济的发展步入快车道，中小企业创造的社会财富迅猛发展，民营经济创造的 GDP 占比已从改革开放初期的 1%发展为 2015 年的 50%以上，河南、浙江、辽宁、河北、福建等省份的民营经济产值超过 60%，甚至高达 70%以上。在经济转型背景下，中小企业表现出了较强的发展活力，从税收角度看，来自民营企业的税收占全国税收的 50%以上，超过来自国有企业的税收，成为我国主要的税收主体来源。

一、中小微企业基数大

根据我国市场监督管理学会和国家市场监督管理总局联合公布的《企业年度报告（2018）》显示，我国企业的数量从 2012 年的 1366.6 万户上升到 2017 年的 2658.06 万户，上涨趋势明显。其中，中小微企业注册占企业总数的 90%以上。

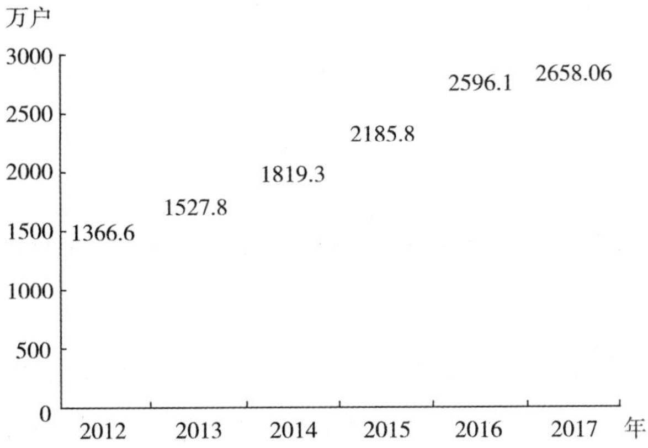

资料来源：《企业年度报告（2018）》。

图 2　历年全国企业数量

二、中小微企业具有重要地位

根据习近平总书记 2018 年 11 月在民营企业座谈会上的讲话，中小微企业在我国经济发展中的作用主要包括：

（一）促进经济增长。据统计，我国中小微企业占全国总注册企业数的 90% 以上，其生产总值、销售收入和税收贡献分别占总量的 73%、57% 和 40%。中小企业数量众多、覆盖行业广，已经成为推动经济增长的重要力量。

（二）缓解就业压力。我国有四分之三的就业来自中小微企业，在我国 1.5 亿多个岗位中，中小微企业的岗位人数约为总人数的 73%，有近 1.1 亿的人员在中小微企业就职。中小微企业创造了更多的就业机会。

（三）推动技术创新。根据国家市场监督管理总局发布的《全国中小型企业发展情况报告》，我国中小微企业完成了 80% 以上的新产品开发、75% 以上的技术创新和 65% 的发明专利。在高新技术产业领域，大量中小型企业将高校或科研单位的科研成果转化为现实的生产经营，促进了地方经济建设与高新技术产业化的发展。

（四）促进市场活力。中小微企业具有敏锐的“市场嗅觉”，能够迅速反映市场变化，弥补大型企业运转周期较长、产品调整较慢的劣势，为市场注入活力。

（五）利于社会稳定。中小微企业因为数量众多、涉及面广泛，因而每年吸纳大量的就业人群，缓解了就业压力，并且为当地的发展带来更多的经济效益。

第二节　资本市场服务中小微企业的现状及问题

从当前我国中小微企业融资的实际情况来看，大多数中小微企业主要通过自身积累来实现融资，只有少数企业可以通过外部资金来缓解压力，如银行贷款、股票等方式。但自筹资金具有局限性，无法满足中小微企业的发展需求。根据《中国成长型中小企业发展报告》发布的数据，选择利用自筹资金作为资金来源的企业占比 48. 81%。但由于筹资力度有限，内部利润留存所筹资金仅占所筹全部资金的 16. 67%。造成中小微企业融资难的原因主要有以下几点：

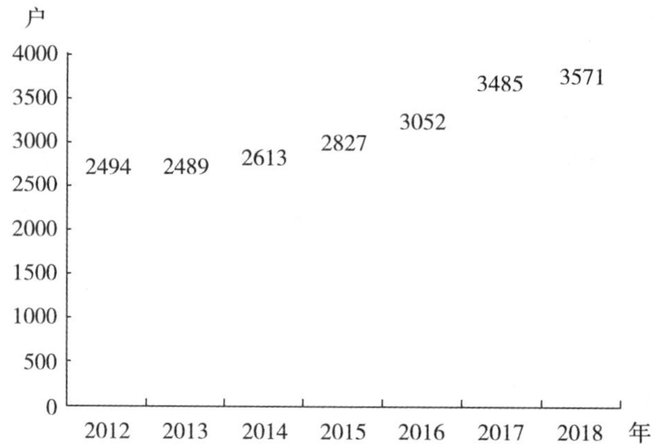

资料来源：上交所、深交所网站。

图 3　历年全国上市企业数量

第一，企业上市门槛高。我国上市公司以国有企业和大型民营企业为主，大部分的中小微企业难以通过上市的途径融资。截至 2018 年底，A 股上市企业数量 3571 户，与我国中小微企业总量相差甚远，大多数企业无法享受上市融资的便利。虽然我国专为中小微企业设立了新三板、区域股权交易市场，但由于挂牌成本、市场的融资能力、流动性波动等无法全面满足中小微企业便捷融资的需求。

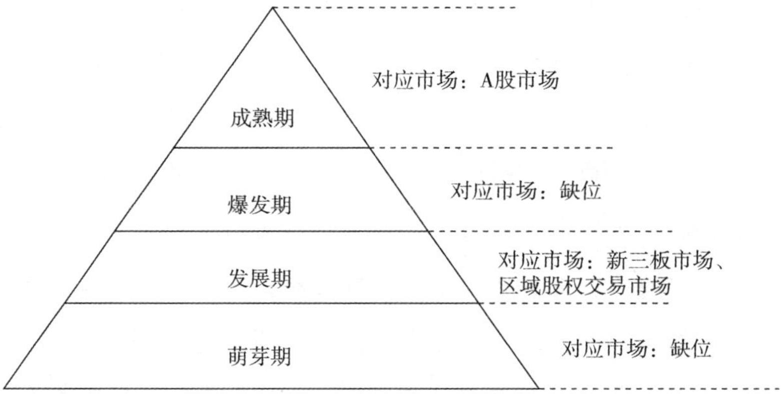

图4　企业各生命周期对应资本市场

第二，资本市场服务滞后，无法适应新兴中小微企业的需求。由于新兴中小微企业的崛起，中国正式步入新经济时代。新经济中小微企业与传统中小微企业特征存在明显差异，即新经济是指以高密度知识作为核心要素，包含云计算、大数据、新能源等在内的新兴技术产业。与传统经济的区别在于新经济产业结构更加优化，增长更为迅速。从狭义上理解，新经济是指在信息社会背景下的互联网经济。从广义上理解，新经济是包括各种新技术、新产业、新要素、新业态、新模式等一切动能相关的经济①。因此，差异的存在使新经济企业需求与传统企业不同，而资本市场服务发展滞后，并未根据新经济企业的需求作出相应的调整。另外，根据企业发展的各个阶段可将企业划分为萌芽期、发展期、爆发期和成熟期四类。中小微企业集中在萌芽期、发展期和爆发期。其中，发展期的企业大多符合挂牌门槛，且有一定实力承担挂牌带来的相应成本，可通过挂牌的方式进行融资。A股由于设置较高的上市门槛，适合成熟期的企业进行融资。萌芽期的企业及处于爆发期的企业在资本市场服务匹配上面出现缺位。

第三，中小微企业自身的原因。具体包括：（1）信用缺失。大多中小微企

① 吴晗晗．新经济如何提升传统经济质量和效率——以共享单车为例［J］．社会科学动态，2018（1）：37－41.

业都是由私人成立，由于经济原因，可抵押的实物较少而且投资力度不大，加之个人素养原因，有些中小微企业在进行还款时出现失约的现象。因此，在融资时金融机构不愿意将资金投拨给中小微企业。(2) 财务管理缺陷。企业在实际管理运作中，财务运作往往依照管理者意志行事，为了眼前利益出现逃税漏税的现象普遍，这就导致在进行融资时，不健全的财务审计制度使其存在信息不对称的问题，不利于投资者进行下一步的投资决策。(3) 经营风险大。中小微企业大多采用粗放式管理模式，经营者在没有进行全面的风险评估就投入资金，使企业倒闭的风险加大。据不完全统计，中小微企业贷款出现不良率高达30%以上，这意味着很大程度上中小微企业的贷款会发生坏账的情况。

一、A 股市场服务于大中型企业

我国资本市场主要分为上市公司股票交易市场（A 股市场）和非上市公司股权交易市场。其中，上市公司股票交易市场包括上海证券交易所和深圳证券交易所在内的主板、中小板和创业板市场，服务于大中型企业。市场具有企业信息公开、企业准入门槛高、融资量大、信息披露严格、股票流动性高、投资者众多等特点。非上市公司股权交易市场则分为公开市场和私募市场，服务于中小微企业。公开市场即新三板市场，具有企业信息公开、企业准入门槛相对上市公司股票交易市场低、股权流动性有限、融资规模两极分化严重、投资者更专业但数量有限等特点。私募市场即区域股权交易中心，是为非公开非上市企业提供股权发行、转让从而获得融资的交易市场。该市场具有企业准入门槛低、股权流动性低、融资能力有限等特点。

上市公司股票交易市场准入门槛高，导致新经济企业外流。首先，由于上市公司股票交易市场长期为成熟的大型企业服务，在要求企业有一定的体量前提下，还需要有较高的利润。但新经济时期中小微企业由于所在行业科技含量高、研发周期长，其不能在短时间内盈利，甚至长期亏损，难以满足上市要求。其次，由于新经济企业具有企业生命周期提前的特点，部分企业成立一年即达到较大规模，而 IPO 的企业则需要三年的财务数据。最后，由于新经济时期创业者具有良好的教育背景、丰富的工作经历，由此在选择资本市场时，拥有比传统创业者更广阔的国际视野，如小米、美团等。

表 2　　我国资本市场体系

市场类别	市场类型	代表市场
上市公司股票交易市场（A 股市场）	交易所，2 家	上海证券交易所深圳证券交易所
非上市公司股权交易市场	公开市场	新三板市场
	私募市场	区域股权交易中心、非官方股权交易平台

二、新三板市场企业服务单一

新三板市场从 2013 年的 356 家，增加到 2018 年的 10691 家，在一定程度上缓解了中小微企业的融资需求，但仍然有较大的改善空间。其一，由于新三板万家挂牌公司差异较大，过于统一的服务方式忽略了企业的差异化特征，市场融资效率低。其二，大量企业进入，质量参差不齐，导致市场投资风险高，流动性低。其三，传统的公开服务模式，并未有类似同股不同权等明显的制度创新，且融资能力及流动性有限，对新经济中小微企业形成不了吸引。

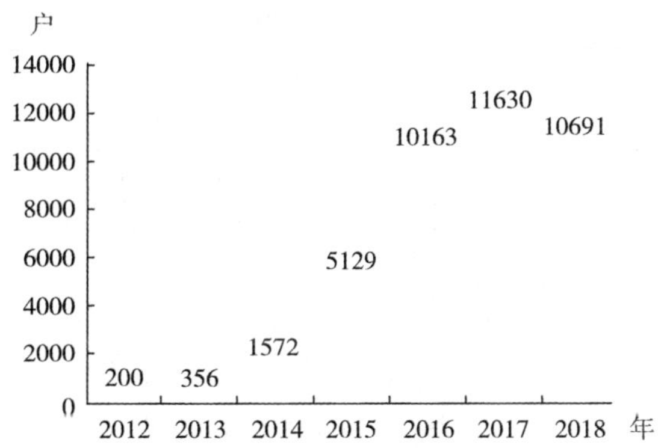

资料来源：http：//www. neeq. com. cn/。

图 5　2012—2018 年新三板挂牌企业数量

三、区域股权交易市场企业服务存在较多限制

由于区域股权交易长期处于监管的边缘地带，风险频发。为了规范区域股权交易市场的发展，国务院先后发布《国务院关于清理整顿各类交易场所切实

防范金融风险的决定》（国发〔2011〕38号）、《国务院办公厅关于清理整顿各类交易场所的实施意见》（国办发〔2012〕37号）、《国务院办公厅关于规范发展区域性股权市场的通知》（国办发〔2017〕11号）、《区域性股权市场监督管理试行办法》以监督各类交易场所的规范运作[①]。截至2019年初，全国已有30个机构进行备案，累计挂牌企业10.81万户。

表3　　全国区域股权市场挂牌数量　　单位：户

地区	区域性股权市场运营机构名称	挂牌数
深圳	深圳前海股权交易中心有限公司	13580
上海	上海股权托管交易中心股份有限公司	9822
广东	广东股权交易中心股份有限公司	8910
四川	天府（四川）联合股权交易中心股份有限公司	6700
浙江	浙江股权交易中心有限公司	6614
江西	江西联合股权交易中心有限公司	5141
湖北	武汉股权托管交易中心有限公司	5098
河南	中原股权交易中心股份有限公司	5095
北京	北京股权交易中心有限公司	4735
江苏	江苏股权交易中心有限责任公司	4404
天津	天津滨海柜台交易市场股份公司	4015
湖南	湖南股权交易所有限公司	3172
山东	齐鲁股权交易中心有限公司	3152
安徽	安徽省股权托管交易中心有限责任公司	2986
广西	广西北部湾股权交易所股份有限公司	2769
甘肃	甘肃股权交易中心股份有限公司	2713
福建	海峡股权交易中心（福建）有限公司	2643
厦门	厦门两岸股权交易中心有限公司	2302
陕西	陕西股权交易中心股份有限公司	1997
河北	石家庄股权交易所股份有限公司	1830
辽宁	辽宁股权交易中心股份有限公司	1681
宁波	宁波股权交易中心有限公司	1614

① 封北麟. 打好"三大攻坚战"/"'脱实向虚'风险防范"系列笔谈之四"脱实向虚"风险防范与企业降成本［J］. 改革，2017（10）：45-48.

续表

地区	区域性股权市场运营机构名称	挂牌数
青岛	青岛蓝海股权交易中心有限责任公司	1530
海南	海南股权交易中心有限责任公司	1468
宁夏	宁夏股权托管交易中心有限公司	951
重庆	重庆股份转让中心有限责任公司	858
新疆	新疆股权交易中心有限公司	804
内蒙古	内蒙古股权交易中心股份有限公司	666
大连	大连股权交易中心股份有限公司	507
青海	青海股权交易中心有限公司	382
合计		108139

资料来源：各区域股权交易中心网站整理。

虽然多项政策的出台在一定程度上规范了区域股权交易市场的发展，但区域股权交易市场仍然存在以下问题：第一，标准不一，管理参差不齐。由于区域性股权交易市场大多是地方建立，管理水平不一，全国区域股权交易市场的准入门槛、板块设计、合格投资者等没有统一标准。各市场的规模、流动性也存在较大差异。第二，区域股权交易市场限制较多。由于《区域性股权市场监督管理试行办法》限制了区域内企业只能挂牌该区域的股权交易市场，且交易方式和交易产品限制较多。虽然规范了市场，但也在一定程度上弱化了市场融资能力，抑制了其流动性。第三，区域股权交易市场吸引力不够。随着新三板的发展和私募投资的兴起，区域股权交易市场企业挂牌业务受到较大冲击，挂牌的企业也面临长期无人问津的困境。

四、中证机构间报价系统仅对机构开放

中证机构间报价系统股份有限公司，原名中证资本市场发展监测中心有限责任公司，2013 年 2 月 27 日成立，2015 年 2 月 10 日更名改制，是经中国证监会批准并由中国证券业协会按照市场化原则管理的金融机构。公司股东包括上海证券交易所、上海期货交易所、中国证券登记结算有限责任公司、深圳证券交易所、中国金融期货交易所股份有限公司。目前已发行资管计划、收益凭证、私募基金、债券（证券公司短期债、次级债、可交换债券）、私募股权融

资、资产支持证券等产品。发行规模增长迅速，日均发行量和发行总规模不断攀升。报价系统目前已与全国证券公司、私募基金和证券投资咨询机构、区域市场实现互联互通[①]。

表 4　中证报价系统产品发行情况（2016—2017 年）

产品	2016 年		2017 年	
	数量（只）	金额（亿元）	数量（只）	金额（亿元）
收益凭证	2967	2223.75	7506	3493.47
资管计划	89	163.05	57	47.13
私募基金	0	0	0	0
非公开发行公司债	10	22.9	21	128.95
资产支持证券	86	536.63	79	350.24
信托产品	0	0	0	0
私募股权	33	0.11	75	0.04
合计	3185	2946.44	7738	4019.82

截至 2018 年 1 月 30 日，报价系统 3178 家参与者构成中，私募基金继续稳稳占据报价系统第一大参与者位置，为 1045 家，占报价系统参与者总数近三成。综合性投资机构为 596 家，据报价系统第二大参与者位置。非金融类企业排名第三位，为 388 家。银行的参与家数为 325 家排名第四位，余下的则是证券公司。由于中证平台具有公信力，参与者众多、交易活跃，且具有为交易提供一站式服务的能力，规模逐年增加。但由于私募股权交易一直占比不高，平台也不允许个人进入，未上市公司股权流动需求仍未得到根本解决。

五、非官方股权交易平台难以为继

由于中小微企业的融资需要，我国出现了一批私募股权交易平台，代表有股权易、潜力股、股权通、创业股等。但受制于政策及非上市公司股权低流动性等原因，这些平台难以为继，即使正在运行的股权交易平台也不能从根本上解决中小微企业股权流动性需求。这些平台可分成两类：一类是由投资机构创

① 资料来源：中证机构间报价系统官网。

立的平台；另一类是由科技公司创立的平台。

表 5　国内私募股权交易平台概况

平台类型	平台名称	特点
风险投资领域机构主导型	股权易（2014）	（1）清科资本旗下的股权交易在线服务平台。（2）成立之时便集聚了风险投资行业内投资者、创业者两端的核心人群。（3）线上信息对接、线下自由沟通的运作模式。（4）以在线工作平台产品提供财务顾问服务。（5）现已改为“项目工场”，发展重点变为实现创业者与投资机构的快速精准匹配
互联网科技公司主导型	潜力股（2015）	（1）向早期投资者、公司创始人及持股员工提供股权转让服务。（2）如交易各方协商一致，可由平台管理者关联方或指定的第三方作为 GP，投资人作为 LP 设立有限合伙企业。（3）吸引了滴滴出行、美图秀秀等“独角兽”企业入驻
	股权通（2015）	（1）专注 TMT 行业非上市公司股权期权流通，模式与 SharesPost 类似。（2）引入了审核股权机制、保证金制度及在线电子签章。（3）现已转型做股权激励方案平台
	创业股（2015）	（1）提供股权转让和质押服务。（2）围绕私募股权流动性设计出三类不同产品，分别是新股募集类、老股转让类和股权质押固定收益类。（3）官网显示最近一只产品的完成时间是 2016 年 3 月，此外再无其他产品上线

资料来源：各大平台网站整理。

股权易[①]成立于 2014 年，是清科资本旗下在线股权交易平台。平台以线上发布信息的模式帮助企业与投资人匹配，并实现存量股权的交易。由于清科集团自身的投资背景，成立之初就积累了一部分企业及业内投资人，覆盖 1000 余个项目，深度合作 3000 余家机构。平台以线上信息发布，线下自由沟通的模式运作，为企业提供财务顾问服务。目前股权易已更名为“项目工场”，并推出《人人都是 FA》计划，面向全国招募“合作 FA”，即平台向招募对象开放大量项目认领权限及投资人核心信息及数据，以促成更多的交易。但由于投资者及企业门槛过低、参与者鱼龙混杂使得市场效率低、平台公信力不足，交易量一直萎靡。

① www. pemarket. com. cn，2019 年 7 月 3 日最后访问。

潜力股[①]成立于2015年，主要为公司股东提供股权转让服务。平台上待交易的企业包括滴滴出行、美图秀秀、Airbnb、蚂蚁金服、新美大、会分期等。与股权易相比，潜力股的投资门槛较高，例如设立了最近三年个人年均收入不低于人民币30万元的要求等。但平台的风险也显而易见，除了无法提供交易、结算、登记一站式服务外，平台企业及投资人的信息真实性无法有效监管，这也直接导致平台实际交易量并不大。

股权通[②]成立于2015年，是北京众点网络科技有限公司旗下产品，与潜力股等不同的是股权通专注于TMT行业。但由于该类平台共有的信息失真、交易不便、政策风险等问题，使股权通并没有成功的案例。迫于盈利的压力，股权通目前整个团队已转型做股权激励方案平台。

创业股[③]成立于2015年，是上海聚板网络科技有限公司开发的互联网平台，专注于企业的股权质押和股权转让服务，一般针对已有知名投资机构入股的公司。同样由于该类平台交易不便、公信力差、政策风险等原因，该平台目前谋求转型。

第三节　问题的原因

综合资本市场服务中小微企业的现状及问题，总结出导致资本市场提供的服务与企业需求之间存在差异的主要原因有以下三点：第一，新经济背景下中小微企业的改变。包括企业发展速度快、生命周期提前、独角兽企业激增等。第二，创业者的改变。新经济时期的创业者拥有良好的教育背景及工作经历，拥有国际视野，深谙资本市场。因此，除了传统的融资需求外，新经济时期的企业也对资本市场提出了低成本、有限信息披露、高流动性的需求。

---

① https：//www. mailaogu. com/aboutus，2019年7月3日最后访问。

② https：//www. kapbook. com/，2019年7月3日最后访问。

③ http：//www. vcstock. cn/，2019年7月3日最后访问。

一、中小微企业特征改变

（一）企业发展速度快，生命周期提前

新经济企业创立时间都比较短，一般不超过 10 年。这也说明了新经济企业有着跟传统企业明显不同的基因，那就是高成长性。新经济企业从成立之初发展速度就极为迅速，呈指数级爆发式增长。一些成长较快的新经济企业，只用了两年甚至更短的时间就做到行业前列。根据阿里巴巴研究院跨境电商研究中心的研究，从市值的角度来看，全球十大传统跨国企业在 2018 年 9 月市值是 2.9 万亿美元，而谷歌、FaceBook，亚马逊、阿里巴巴、腾讯等十大平台经济体市值高达 4.1 亿美元。从创立时间来看，十大传统跨国企业创立的时间是 129 年，而像亚马逊、谷歌、阿里巴巴等企业平均设立时间只有 22 年。例如，全球最大的传统零售企业沃尔玛经过 54 年的发展，其零售额在 2018 年达到 3 万亿美元，而阿里巴巴实现这一零售额的时间是 13 年。由此可见，相对于一般企业，新经济企业成长周期较短。根据企业的成长发展情况，可将其分为萌芽期、发展期、爆发期和成熟期四个阶段，不同的成长阶段企业的特殊性有如下表现：

1. 新经济企业萌芽期集群、集聚效应明显。萌芽期是指企业创新理念诞生的初创阶段。随着社会分工逐渐细化，创业者的成熟以及用户的迭代，大量科技型小而专的企业开始快速发展。数据显示，76.2% 的新经济企业诞生于产业集群。这与聚集区内部良好的创新创业生态和充足的创新创业资源有关。

2. 新经济企业发展期风险较高，依赖外部资本助力快速成长。发展期是新经济企业成长过程中最艰难的一段时期，大量企业在该阶段夭折。相对于萌芽期，发展期的新经济企业仍保持着小微企业的基本特质，但却要面对激烈的市场竞争。同时，科技型企业面临投入较大，而回报周期长等问题。企业在发展期如果尊重市场规律，抓住用户需求、强调用户体验、精准定位市场，就能逐渐积蓄能量，开始扩大规模，进入市场竞争的第二阶段。在该阶段，VC、PE、股权基金成为新经济企业持续发展的重要助推力量。外部资本的注入缓解了企业融资难题，解决了科技型小微企业孵化为新经济企业的关键一环。

3. 新经济企业爆发期呈指数增长，“风口效应”明显。新经济企业爆发期是指在经历发展期的大浪淘沙之后，伴随着行业风口的到来，使企业迅速抢占市场，整体规模呈指数增长，最终成长为新经济企业阶段。经历过发展期的企业已经拥有了进一步发展的资源禀赋和内生动力。企业进入稳定的发展轨道，凭借发展期在行业内集聚的优势，实现自身规模的迅速膨胀。虽然爆发期是新经济企业快速增长阶段，但企业的爆发期具有明显的“风口效应”，只有对未来发展有着充分认识并对市场细分领域做好充足准备的企业才能在该阶段抓住机遇。

4. 新经济企业成熟期站稳市场，带动创新链良性循环。新经济企业的成熟期是指企业估值较高，且在某一领域获得领先优势，具有稳定的利润来源的阶段。新经济企业的成熟期是分享创新创业成果的阶段，在经历爆发期的快速增长之后，企业赢得了市场认可，利润大幅上升，发展期的诸如 VC、PE、股权基金等资本开始谋求退出。通过企业上市，获取长期稳定资金。而新经济企业自身行业影响力逐渐扩大，随即整合多主体资源参与新项目的孵化，构建自身产业生态，形成良性循环，带动整体经济发展。

（二）“独角兽”企业激增

表 6　　2018 年中国“独角兽”企业的行业分布情况

行业	重点企业
信息科技	（1）云服务：阿里云、腾讯云、金山云、百望云（2）SAAS：纷享销客；（3）大数据：亿赞普、集奥聚合；（4）人工智能：云知声、商汤科技；（5）通信服务：钉钉、触宝科技、WiFi 万能钥匙；（6）信息安全：360 企业安全；（7）其他应用：APUSgroup；（8）互联网科技公司：小米；（9）全球无人机领军者：大疆创新；（10）柔性电子设备公司：柔宇科技
生物医药	复宏汉霖、三胞国际医疗、科信美德、信达生物、碳云智能、药明明码、诺禾致源等
电子商务	美丽联合集团、惠民网、万达电商、猪八戒网、口袋购物、宝宝树、返利网、我买网、酒仙网等
互联网传媒	今日头条、奇思科技、大地影院、一下科技、阿里音乐、万达影视投资、爱奇艺、快手、芒果 TV、阅文集团、界面、英雄互娱、掌阅科技、36 氪、知乎、乐道互动、斗鱼 TV、映客、FACE + +
新能源汽车及“互联网 +”出行	（1）新能源整车：蔚来汽车、威马汽车、奇点汽车；（2）动力电池：宁德时代、银隆新能源；（3）网约车：滴滴出行、神州专车；（4）共享单车：OFO 共享单车、摩拜单车；（5）汽车服务：ETCP、Here 地图；（6）平衡车：纳恩博；（7）二手车平台：优信互联、车猫二手车

续表

行业	重点企业
“互联网＋”教育	（1）少儿在线英语一对一：VIPKID；（2）在线英语培训：VIPABC；（3）在线教育平台：沪江网校；（4）教育培训：朴新教育
“互联网＋”金融	人人贷、拍拍贷、微贷网、蚂蚁金服、51 信用卡、众安保险、微众银行、陆金所、京东金融、易鑫金融、苏宁金融、易生金服、玖富、融 360、乐信、趣店
“互联网＋”物流	菜鸟网络、易商、安能物流、新达达、罗计物流、云鸟配送、货车帮
“互联网＋”生活消费	（1）线上综合服务：美团点评、口碑；（2）线上订餐平台：饿了么、百度外卖；（3）线上票务平台：淘票票、微票儿；（4）线上短租服务：途家网；（5）上门 O2O：58 到家；（6）生鲜电商类企业：易果生鲜；（7）线上旅游服务：要出发；（8）线上职业发展平台：猎聘网

资料来源：清科研究中心《2018 年中国独角兽企业研究报告》。

根据科技部火炬中心等发布的《2017 中国独角兽企业发展报告》显示，截至 2017 年底，我国“独角兽”企业共 164 家，总估值 6284 亿美元。其中估值 100 亿美元以上的超级“独角兽”企业有 10 家。中国的“独角兽”企业已呈爆发式增长。

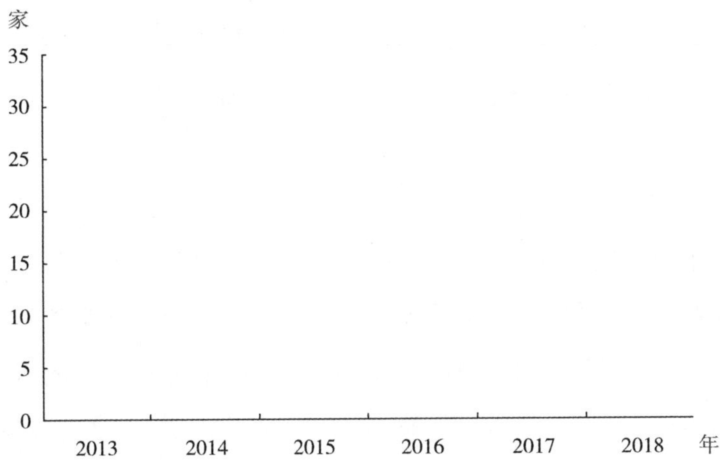

资料来源：Deloitte & Touche。

图 6　2013—2018 年全球新生“独角兽”企业数量（截至 2018 年第一季度）

“独角兽”企业概念于 2013 年由著名风投基金 Cowboy Ventures 创始人 Aileen Lee 提出，指的是发展速度快、投资者追求的高科技企业。“独角兽”企业的衡量标准有以下几方面：第一，企业成立不超过十年，接受过私募投资并且未上市。第二，企业的估值超过10亿美元[①]。根据CB Insights所发布的“独角兽”企业榜单，截至2018年第一季度，全球“独角兽”企业共计237家，总估值为8370亿美元，主要集中在电子商务、金融科技、软件服务等高新技术产业领域。

1. “独角兽”企业分类

按照企业估值分类，“独角兽”企业分为潜在“独角兽”企业、普通“独角兽”企业和超级“独角兽”企业。潜在“独角兽”企业指的是估值虽没达到10亿美元以上，但发展前景好、成长性高，且融资轮数较少，再经一两轮融资就能实现估值大幅提升的企业。普通“独角兽”企业指的是估值达到10亿美元以上的企业。超级“独角兽”企业指的是估值超过100亿美元的企业，这类企业成长性非常高、市场前景广阔、资本普遍看好[②]。

2. “独角兽”企业全球分布

根据CB Insights发布的“独角兽”企业榜单统计，目前全球237家“独角兽”企业中，美国的“独角兽”企业数量排名第一位，共118家，占“独角兽”企业总数的49.78%。中国紧随其后，共有62家“独角兽”企业，占“独角兽”企业总数的26.16%。英国和印度分别以13家和9家的数量排名第三、第四位。

3. “独角兽”企业的特点

“独角兽”企业的特点主要有以下三点：其一，创新的商业模式。“独角兽”企业通过商业模式创新，创造了新的市场需求，其产品或服务对人们的生活和工作方式等产生了根本性的变化。如滴滴出行在手机互联网的普及和共享经济浪潮下推出的网约车、代驾、滴滴司机等。其二，是大力进行技术创新。“独角兽”企业诞生于每一次的技术变革。例如，1960年的英特尔、1970年的微软、1980年的思科、1990年的谷歌、2000年的Facebook、2010年太空领域

---

① 陈华，王晓．培育独角兽企业的金融支持体系建构研究［J］．上海企业，2018（7）：72－75.

② 周锦昌，钟昀泰．中国“独角兽”之梦［J］．新理财，2017.

的 SpaceX 等。未来人工智能、大数据应用等领域也将诞生大批“独角兽”企业。其三，经济增长的风向标。“独角兽”企业对于新经济及创新发展具有引领作用，这些企业以其独有的核心技术或颠覆性的商业模式，代表着未来经济的发展方向。

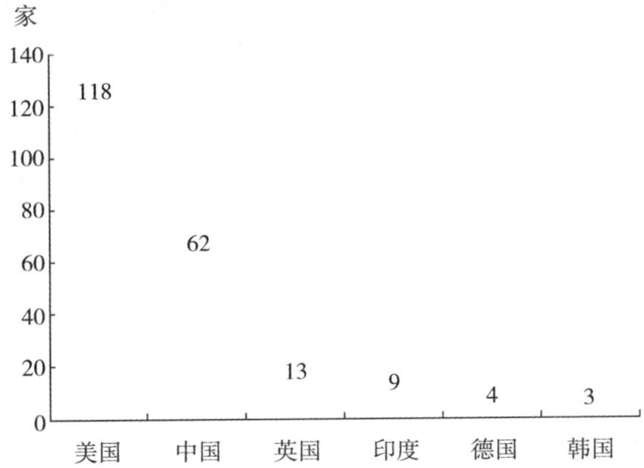

资料来源：Deloitte & Touche。

图 7 2013—2018 年各国“独角兽”企业累计数量

（三）研发投入大、周期长，长期亏损但市值持续增长

新经济企业大多分布在知识密集型行业，包含生物科技、云计算、人工智能等当前科技的前沿领域。但在这些企业推出成熟产品之前，无一例外都经历着大量的研发投入和较长的研发周期。如生物医药行业需要历经技术积累期、研发突破期、销售黄金期和衰退期，这期间包括新化合物实体的发现、临床前的研究、申请临床实验、上市、大样本观察等过程，完成以上过程通常需要 5 年以上的时间。而人工智能和高端制造行业则需要通过部件研发及集成期、系统验证期、制造和质量控制期等，并在此期间不断的研发、试错，从而得出可靠的产品，这一过程同样也需要漫长的时间。其他新经济行业，在产品及服务推出前也需要经历漫长的市场调研及数据采集的投入过程。

新经济企业的又一特征是企业长期亏损但企业市值却持续增长。例如小米、京东和滴滴等“独角兽”企业即便处于亏损的状态，其估值仍旧高达上百亿美元。因为新经济企业的估值即反映企业未来潜力，不体现当前企业盈利能

力，也反映企业整个生命周期所能创造的价值，即企业资产及未来获利能力。

（四）融资需求大、轮次多

新经济企业由于前期研发投入大、周期长，从而使企业资金需求大。如滴滴出行4年时间投资数百亿元。这主要是由于企业成长初期尚未盈利、投资回报小、无抵押资产等，不适合传统融资渠道，但新经济企业凭借对大数据、云计算等技术应用，使其拥有很好的市场预期，不仅产生巨大的经济影响，更为重要的是显著影响和改变人们的生活方式，解决人们在衣、食、住、行、社交、安全等日常生活中的需求。比如电子商务中支付宝的应用，改变了人们日常消费使用现金的习惯，UBER、滴滴成功解决了人们日常出行难问题，共享办公为创业、办公生活提供了新的选择等。

二、创业者的改变

（一）创业者深刻了解资本市场

新经济时代的创业者不同于传统创业者，他们通常情况下有良好的教育背景、丰富的工作经验，多是技术、管理方面的复合型性人才，通常也熟悉资本市场运作规律。具体特点如下：

1. 良好的教育背景。新一代的创业者大多有着良好的教育背景，根据美国著名天使投资平台AngelList统计，在该平台注册的企业创业者教育背景前五名的学校和相应企业数依次是：斯坦福大学3604家、加州大学伯克利分校3141家、麻省理工学院大学2060家、南加州大学1858家、加州大学洛杉矶分校1855家。

2. 丰富的工作经验。根据AngelList的统计，平台上创业者过去工作背景中前五名分别是Microsoft的3171家、Google的2414家、IBM的2185家、Apple的1373家、Oracle的1118家。而在中国新经济的创业者大多处在BAT生态圈，以百度、阿里、腾讯三家巨头投资催生了众多“独角兽”企业。

根据科技部火炬中心等发布的《2017中国独角兽企业发展报告》显示，2017年由平台型企业孵化或投资产生的“独角兽”企业共77家。其中，腾讯投资了包含滴滴出行、新美大、链家、猫眼微影、摩拜单车、知乎6家企业，估值高达 5670 亿元。百度投资了爱奇艺、快手、蜜芽、我买网 4 家企业，总估值 670 亿元。阿里投资了蚂蚁金服、阿里云、菜鸟网络、口碑、阿里音乐、淘票票、钉钉、阿里体育 8 家企业。小米投资了蔚来汽车、金山云、51 信用卡、汇通达、纳恩博等企业。此外，京东、乐视、奇虎 360 及中国平安 4 家平台型企业均投资了 2 家以上的“独角兽”企业。这些“独角兽”创业者大多都有 BAT 任职经历。2017 年腾讯、阿里、百度企业内人员创业均达到 500 名左右，如淘宝用户产品经理陈琪创立蘑菇街、阿里巴巴区域经理程维创立滴滴出行，摩拜单车的联合创始人胡玮炜和王晓峰曾在腾讯工作，曾在百度供职过的宿华创立快手等。

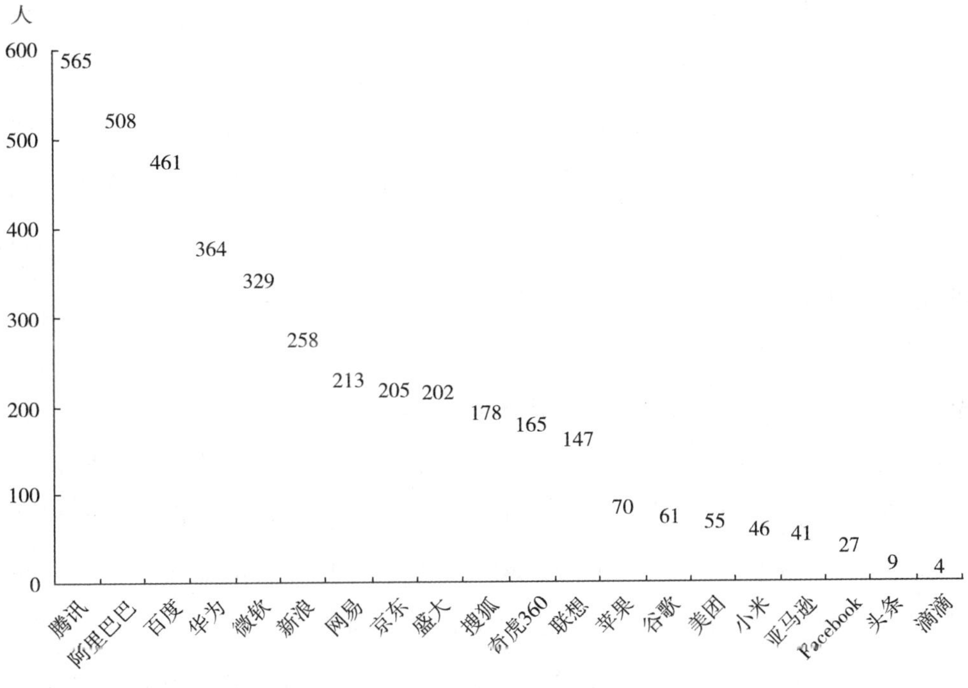

资料来源：各公司网站。

图 8　2017 年中国大公司派系创业者人数对比

（二）创业者重视企业控制权

新经济企业在早期普遍规模较小，因此在募集资金时，如果一味地通过股权融资则很容易过多地稀释股权。一方面新进投资者具有投票权，会在公司管理和决策上产生一定阻力；另一方面使创业者控制权旁落。此外，过早地在公开市场披露信息，会吸引大量不同类型的投资者进入，使创业者对企业股权架构失去控制。

三、中小微企业股权流动性需求产生

在新经济背景下，由于企业及创始人特征的改变企业需求发生了变化。资本市场除了需要满足企业融资需求外，还需提供创新服务模式，以满足中小微企业低成本融资需求、股权流动性需求和信息保密的需求。其中股权流动性需求主要体现在以下几点：

一是员工持股变现的需求。新经济企业通常拥有轻资产、重人力的特点，不排除企业在早期以股票期权的形式奖励雇员。但随着公司的发展，持有这些新经济公司股票的创始团队或早期员工，在经过长期艰苦工作之后，有套现一部分现金来改善生活的需求。但是，如果没有任何的流通性，这些股权难以起到激励的作用，员工将会要求更高的薪水。这不仅增加了企业现金压力，同时也削弱了员工利益与公司利益的捆绑。在美国著名私募股权交易市场 SecondMarket 平台上，离职员工出售股权的交易额曾占市场总交易量的 79.3%，是市场上第一大卖方。

二是投资机构的退出需求。伴随着高新技术的发展和互联网技术的演进，中国涌现出一大批高新企业，这些企业在成长的过程中得到资本的青睐，并通过私募发行股票筹集成长资本，其产生的一个后果就是在资本市场上积累了大量的流动性很低的非上市公司股权。相对于二级市场完善的体系，一级市场交易除了每一轮固定的大额融资外，几乎不再有任何流动性。

三是企业外部投资者购买的需求。随着 IPO 之前的明星初创公司拥有越来越大价值，有的融资额超过上市公司融资额，其市值也更高，但它们的股权却严重缺乏流动性。新经济企业与外部投资者之间耸立着一面巨壁，许多机构及个人投资者都希望持有未上市新经济公司的股份。在 SecondMarket 平台上，买方为资产管理公司的交易量曾占总交易额的 31.3%，买方为家族财富管理机构的交易量曾占总交易的 29.6%，分别居于市场第一、第二位。

四是公司股份回购的需求。由于企业在早期主要以稀释股份来吸引资本和引进人才，企业发展中期创始人丧失控制权。部分企业哪怕有能力回购，也会出现股东漫天要价或者以过低价格转让对公司产生负面影响的情况发生。为了避免这种情况，企业也需要一个公允的市场以合理的价格回购股份。例如，美国 SecondMarket 在 2014 年历经转型后，半年时间就达到了近 10 亿美元交易额，这是因为当期三分之一买方都是公司回购股份。

第三章　美国资本市场服务中小微企业的经验

当今国际竞争加剧的背景下，各国政府为了取得竞争优势，不断进行科技、金融创新。美国作为发达国家的代表，自进入新经济时期，其资本市场体系一直伴随着经济的变化而不断创新，服务模式也逐步完善，为我国资本市场建设中小微企业服务提供参考。

第一节　美国新经济发展历程

美国新经济发展历程共分为三个阶段。第一阶段为20世纪初的新经济起步阶段，主要特征是信息产业的诞生及崛起，奠定了新经济时代的基础。第二阶段为20世纪90年代的新经济发展阶段，科技创新替代传统经济成为新的经济增长动力。第三阶段为新经济繁荣阶段，金融创新保持市场繁荣。中国新经济发展相比美国起步晚，处于新经济的第二阶段，即发展阶段，新经济替代传统经济成为新的经济增长动力。美国资本市场在新经济的发展和繁荣阶段变革及服务对中国资本市场服务中小微企业的实践研究有着前瞻式的参考意义。

一、新经济起步阶段：信息产业高速发展

信息产业的发展是新经济产生的源头，其包容性强，能够联系和带动其他各行业的发展。在信息产业硬件方面，“信息高速公路”[①] 的建设使美国在信息

① “国家信息基础设施行动计划”（NII）又称“信息高速公路计划”，建立由通信网络、计算机、数据库以及电子产品组成的互联网络，创新发展信息技术产业。

产业方面领先全球。在信息产业软件方面，电子商务的快速发展，让人们通过互联网就能享受到餐饮、购物、教育等便捷服务，为社会创造了旺盛的消费需求。信息产业的发展在促进经济增长的同时，产生了大量就业岗位，而电子商务又使生产商与消费者之间的中介作用弱化，商品价格下降。

20 世纪美国信息产业大致经历了三个阶段。第一阶段指的是 1977—1985 年的技术创新阶段。在这一时期，信息产业规模较小，以计算机为主的信息产品主要用于投资研发。这一时期的信息产业占经济总量的份额不到 5%，但由于技术的不断积累，为新经济时期信息产业的快速发展奠定了基础。第二阶段为 1985—1990 年的个人电脑普及阶段。在这一时期计算机小型化技术已经十分成熟，个人电脑开始普及，为新经济时期信息产业的快速推广奠定了基础。第三阶段为 1990 年以后的网络普及阶段。由于互联网信息传输的便利性，使其与各产业的关联度不断提高，信息化产品不断增加，产业规模急速膨胀，从而带动了全行业的发展，劳动生产率大幅提高。

二、新经济发展阶段：科技创新成为新的经济动力

20 世纪 90 年代，科技创新带动了美国组织管理和运营方式的创新。由于企业需要长期生存，就得不断地运用新科技、创造新技术。企业根据市场的需求变化，调整生产运营方式，运用高新技术使生产方式更加合理，生产效率也得到优化。通过管理模式创新有效地配置高科技资源，从而使高科技能够快速地转化为产品，为企业带来效益，企业也更愿意进行技术投入。美国创新的全面性，使美国的经济在 20 世纪 90 年代保持了快速增长。与此同时，吸引并汇聚大量高科技人才，也成为美国科技竞争力比较强的重要原因。

三、新经济繁荣阶段：金融创新保持市场繁荣

美国新经济时期金融创新也开始逐渐增多。由于中小微科技企业在发展初期规模较小，但需要大量的资金支撑其研发运转，因此需要有相关风险投资机制支撑中小微企业运转。而美国风险投资基金在这一时期给予科技型中小微企业较大支持。只要经风险投资基金评估具有良好发展前景的中小微企业都能获得风险投资。风险投资基金通过给中小微企业资金支持从而孵化优秀企业，同

时又在优秀企业发展壮大中获得收益，进而孵化更多企业，形成一种双赢的良性互动。

第二节 资本市场在新经济时期的发展变革

我国资本市场总体规模与美国相比存在较大差距。从市场体量看，2017 年我国 GDP 规模是美国的 63.3%，而股票市场仅仅是美国的 27.1%，成交量仅及美国的 33.8%。从证券化率看，2017 年我国股票市场占 GDP 比例为 77.8%，美国为 173%；从市场主体看，2017 年我国上市公司 3485 家，美国 5235 家；世界排名前十的投资银行中，美国占据前五名，这五家投行净资产平均 1772 亿美元，我国最大的中信证券净资产 234 亿美元；我国公募基金、私募基金、保险公司和社保基金等机构投资者持有市值占比仅为 22.5%，美国各类机构投资者持有市值占比超过 80%。从基金规模来看，美国私募基金总规模是我国的 10 倍，单只基金平均规模是我国的 7 倍，私募基金种类也比我国丰富。[①]

一、美国资本市场体系

美国资本市场由 14 个交易所、几十家另类交易系统（ATS）和 200 多家经纪自营商（Broker Dealer）内部撮合平台组成，形成了近 300 个股票交易中心。全国共 4400 多家券商（不包括 14000 多家 SEC 注册的投资顾问以及在州注册或豁免注册的投资顾问），拥有 63 万具有从业资格的业务人员，提供上市股票的交易服务及非上市股票的场外交易服务，形成粉单市场等券商柜台联网系统。它们共同组成了全世界最复杂的交易体系。

① 高星惟．中国构建现代化资本市场体系的意义与对策［J］．理论视野，2018（10）：37－42.

表 7 美国资本市场结构

市场类别	市场类型	代表市场	特点
上市公司股票交易市场	交易所，14 家	NYSE、NASDAQ 等	在 SEC 注册为交易所
	另类交易系统（ATS），90 多家	电子通信网络和黑池平台	在 SEC 注册为自营经纪商及 ATS
	经纪自营商的内部撮合平台，200 多家	做市商平台等	在 SEC 注册为自营经纪商
非上市公司股票交易市场	OTC 市场	粉单市场和公告板市场	交易由做市商组织完成，做市商通过报价系统连接起来分别形成公告板市场和粉单市场
	非标权益市场和私募市场	Portal、SecondMarket 等	针对客户需要提供个性化交易服务

资料来源：中国证监会研究中心。

按照交易的股票是否在交易所挂牌上市，可以将整个市场划分为上市公司股票交易市场和非上市公司股票交易市场。前者由交易所、另类交易平台（ATS）、经纪自营商（Broker Dealer）内部撮合平台组成；后者包括为数众多的经纪自营商的柜台交易（OTC）和 ATS，比较著名的包括为经纪自营柜台交易提供联网信息服务的粉单市场、公告板市场（OTCBB）、专门交易私募证券的 portal 市场以及若干交易非标准化股权产品的交易中心。按照场内市场、场外市场的角度划分，场内市场指交易所市场。场外市场包括两部分：一是上市公司股票交易市场中，交易所之外的交易市场；二是非上市公司股票交易市场。

（一）上市公司股票交易市场

1. 全国性交易所

据统计，美国目前以股票为主要交易标的物的证券交易所有 14 个，除了纽交所、纳斯达克、美国证券交易所（已被纽交所集团并购）等为大家所熟知的交易所之外，近年来一些以电子化交易为主要业务的电子通信网络（ECN）也纷纷申请转变为全国性交易所。但其中一些交易所只提供交易服务，本身并没有上市公司挂牌上市，主要只有纽交所、纳斯达克为大中型企业提供上市服务。

2. 另类交易系统

随着计算机网络技术的发展，美国出现了大量基于电子化网络，以匹配成交证券买卖双方的委托指令为目的，发挥传统交易所的类似功能，但又不是交易所的交易平台，美国证监会统称为另类交易系统（Alternative Trading System，ATS）。其产生和存在为证券市场提供了额外流动性，发挥着类似经纪自营商的功能，所以美国证监会将它们统一注册为经纪自营商。另类交易系统（ATS）有多种表现形式，其中两种有代表性的形式是电子通信网络（Electronic Communication Network，ECN）和黑池（Dark Pool）。ECN是电子交易系统，能将限价买单和卖单在系统中自动配对并撮合成交。黑池交易平台允许在公开市场外匿名执行大额交易。从找到的统计资料来看，目前美国有大约52个黑池交易平台，高盛的Sigma X、摩根士丹利的MSPool和瑞银的PIN自动交易系统是美国最大的黑池交易平台。

3. 经纪自营商撮合平台（Broker – Dealer Internalizer）

主要体现为柜台市场的做市商（Market Makers）。目前已经有至少200家自营经纪商平台在进行上市公司的股票交易，承担着17.5%的交易量。

（二）非上市公司股票交易市场

非上市公司股票交易市场主要包括两大类：一是传统的券商柜台，它可以为几乎所有非上市股票提供交易服务（当然也可以为上市股票提供OTC服务）。其中，160多个券商的柜台通过联网，形成了有约10000只非上市股票挂牌的粉单市场①（Pink OTC，原名Pink Sheets）；与此类似的还有公告板市场（OTCBB），但是公告板市场近年逐步萎缩并即将被收购。粉单市场和公告板市场只是把券商柜台通过电子手段连接起来的报价系统，本身不从事交易活动，交易活动由分布各地的做市商平台分别完成。在公告板市场和粉单市场上交易

① 粉单市场指的是全国160多个券商柜台上的10000只非上市公司组成的私募市场。与此公告板市场（OTCBB）类似，二者均是把券商柜台通过电子手段连接起来的报价系统，本身不从事交易活动，交易活动由分布各地的做市商平台分别完成。

的股票无论从上市标准还是从信息披露程度上都比上市公司的股票要差。二是以交易私募股权、限制性股权和非标准化股权的市场。美国私募股权交易市场代表平台主要有纳斯达克私募股权交易市场、SecondMarket、SharesPost 等。其中，纳斯达克私募股权交易市场主要专注于私募股权的转让，而 SecondMarket、SharesPost 除了开展私募股权交易外，也进行私募债券、破产债权等非标准化的私募产品交易，类似我国分布在全国各地的产权交易中心。[①]

二、美国资本市场在新经济时期的发展变革

随着美国政策不断推动新经济企业发展，资本市场也在适应企业变革过程中不断对服务内容进行调整，由此诞生了服务不同企业生命周期的多层次资本市场。根据学者廖士光等人的研究，美国资本市场在新经济时期的调整大体分为三个阶段。

（一）第一阶段：政府大力支持新经济企业融资，资本市场降低准入门槛

1980—2000 年，政府大力支持新经济企业融资，资本市场降低准入门槛。1980 年，美国国会颁布《小企业投资促进法》（*Small Business Investment Incentive Act*）以大力发展中小微企业为目的，积极拓展中小微企业的投融资渠道，帮助中小微企业开展技术创新。根据该法案，美国证券交易委员会制定了私募豁免注册的 D 条例（*Regulation D*），为小企业私募和小规模公开发行确立了法规依据和可行的具体标准。

1990 年，美国进一步加大对新经济企业的扶持力度，实施“先进技术计划”（The Advanced Technology Program，ATP），为美国中小微企业提供技术开发基金，协助其开展创新研究。1990—2000 年“先进技术计划”共资助 522 个项目，资助金额超过 16 亿美元。1993 年，美国政府随即启动“国家信息基础设施行动计划”（“信息高速公路计划”），建立由通信网络、计算机、数据库以及电子产品组成的互联网络，发展信息技术产业。在政府一系列的政策扶持下，20 世纪 90 年代末，高科技对美国经济增长的贡献率达到 80% 左右，其中

① 鲁公路，李丰也．美国股权市场交易体系介绍［R］．中国证监会研究中心，北京证券期货研究院，2014-06-10.

信息通信产业的贡献率接近30%。

资本市场方面，由于信息技术等新兴行业具有前期投入巨大、有形资产较少、盈利回报不强等特点，这一时期，纽交所和纳斯达克主要通过调整上市标准、放松盈利限制等方式，吸引互联网科技企业发行上市。纳斯达克私募股权交易市场Potal建立，由于建立不久，私募股权又具有低流动性，使平台难以获得稳定的收入来源，经营难以为继。

（二）第二阶段：提高上市门槛、严格退市制度，增设私募股权交易市场服务

2001—2005年，IPO难度加大、数量锐减，私募股权交易市场应运而生。由于2001年安然公司财务丑闻、2002年世界通信公司财务欺诈、美林证券勾结上市公司欺骗投资者等事件，引发了美国证券市场严重的信用危机。美国互联网泡沫开始破裂，超过半数互联网公司宣布退市或破产倒闭。为了改变这一现状，2002年美国国会通过《萨班斯—奥克斯利法案》以提高公司信息披露的准确性和可靠性，保护投资者利益。根据《萨班斯—奥克斯利法案》相关要求，纽交所和纳斯达克开始加强自律监管，在强化信息披露、提高公司内部治理的同时，提高上市门槛、严格退市制度，努力提升上市公司质量，重塑投资者对市场的信心。由于这一阶段监管从严，导致IPO数量从2000年前的年均200多家，降至80余家。于是，美国中小微企业开始通过私募股权交易市场融资，以避免因为上市带来的严格审查①，私募股权交易市场迎来发展。

（三）第三阶段：制定差异化上市机制，并允许尚未盈利的“独角兽”上市

2006年至今，由于私募股权交易市场的迅猛发展，交易所之间开始进行收购兼并，以拓宽业务线。例如纳斯达克不仅为企业提供资本市场服务，更为多个交易所、结算中心提供基础设施服务。交易所也纷纷修改上市标准，以吸纳优质企业资源。私募市场方面，在2012年JOBS法案的颁布下，打破了非上市公司股东数量限制。即非上市公司股东可达2000人，进一步刺激了私募股权交易市场的发展。在此背景下，以SecondMarket、SharesPost为代表的私募股权交

① 廖士光，缪斯斯，张晓斐，等．纽交所和纳斯达克上市制度变迁及启示［J］．证券市场导报，2018（1）：13－20.

易市场快速发展，先后被纳斯达克收购。纽交所和纳斯达克纷纷也开始制定差异化上市机制，并允许尚未盈利的“独角兽”企业上市。

第三节　资本市场服务中小微企业的经验

在美国资本市场变革过程中，私募股权交易市场的诞生及发展弥补了交易所在中小微企业服务方面的空缺。虽然交易所近年来通过降低准入门槛吸引新经济企业的进入，但私募股权交易市场发展至今不仅没有被交易所市场替代，反倒成为中小微企业的重要融资场所，主要原因有以下六个：

1. Pre – IPO 公司股东的股份转让需求

由于2002年美国通过了《萨班斯—奥克斯利法案》，使监管层以严格的审计标准来提高上市公司信息披露的准确性，同时也加重了企业 IPO 的成本。很多成长型公司选择推迟 IPO，以避免公开财务报表带来的成本和在公开市场交易的成本。2000年一家公司完成 IPO 的平均时间是3.1年，2005年则延长至5.7年，到2010年更是几乎再翻一番，达到9.4年。更长的 IPO 时间意味着市场上积累了更多的非上市股票，也就有更多的对非上市股票的流动性需求。而非上市公司股份交易平台的及时出现，解决了非上市公司股东的流动性需求。

2. 发展前景、投资价值相对明确的非上市公司出现

伴随着互联网时代的到来，非上市公司的经营情况和发展前景逐渐明朗。例如早期的 Facebook、LinkedIn、Twitter 等。与传统的非上市公司不同，这类公司在公众中的知名度较高，产品为公众所熟悉，吸引了一批为博取上市后高溢价而进行投资的机构和个人投资者。从实践看，未上市股权交易平台内交易的公司很多属于此类，即具有一定知名度、发展前景明确的公司。

3. 私募股权交易市场资金充沛，受企业青睐

由于资本助力、私募股权交易市场的崛起，一批初创不久市值便超过10亿元的“独角兽”企业迅速诞生并崛起。企业无须花费高昂的上市成本，满足交易所较高的上市条件就可以获得融资及流动性，如 Facebook、Twitter 在未上

市阶段均通过私募股权交易市场进行过交易。Facebook 在私募股权交易市场不足半年股价一举高达 40 美元/股，高于之后 IPO 的 38 美元/股，其在私募股权交易市场的融资额达 4.5 亿美元，Twitter 也通过私募股权交易市场获得 2 亿美元融资。由于没有后期成长压力，私募股权交易市场的资金充沛，这些“独角兽”企业都不急于上市。

4. 获得融资的情况下，企业更希望有限的信息披露

二级市场的投资者对于上市公司具有盈利增长性和稳定性的要求，除此之外，对上市公司的发展战略和信息披露也提出更多的要求。但对于非上市公司而言，企业则希望减少信息披露。一是减少信息披露成本。新经济企业成长期需要大量的资金，过高的信息披露成本企业也会慎重考量。二是保守商业秘密。由于企业科技含量高、投入成本大，从技术保密的角度，也希望保持有限的信息披露。三是减少关注度。为了保持盈利性，企业要进行更多的试错工作，承受更多的失败，这都无疑会对盈利稳定性造成影响。但是作为非上市公司可以避免盈利忽高忽低带来的负面影响。同时，创业者不希望过多地引进投资者从而失去企业的控制权，而有限的信息披露可以在一定程度上避免过多非目标潜在投资者关注。

5. 非上市公司股权迫切需要流动性

新经济企业往往会对员工进行股权激励，也会通过引进投资机构来为企业发展助力，但其产生的一个后果就是在资本市场上积累了大量的流动性很低的非上市公司股权。SecondMarket 兴起就是由于 2007 年的全球金融危机，很多知名非上市公司上市步伐因此受阻，如 Facebook。当时 Fcebook 的股东们存在着大量的退出需求，而 SecondMarket 恰好提供了一个平台，其因 Facebook 的成功，也被纳斯达克以 200 亿美元收购。

6. 政策对私募的逐步放宽

美国私募政策的发展从明确私募相关的定义及法律依据，再到制定合格投资者、转售条件、明确发行方式，前后经历多次修改。具体如下：

（1）确定私募证券的法律依据。《1933 年证券法》的第 4 节第 2 项规定

“第五节中的规定不适用于不涉及公开发行的发行人交易[①]”。该条规定虽然是为了规范公开发行的行为，并没有提及公募和私募的判定标准，但却是肯定了私募的存在。为了进一步规范证券市场，1935 年美国证券交易委员会拟定了私募的评判标准。第一，不允许有公开募集的行为，只能以直接谈判的方式进行小规模的发行。第二，投资者需要有一定的经验且人数不超过 25 人。

（2）允许企业私募融资。由于《1935 年证券法》在转售细节上未能明确，1974 年美国证券交易委员会颁布了《146 规则》进行补充，添加了通过私募获得企业股票的投资人不能成为承销商的规定，以及制定了购买者的人数 35 人为上限，但购买超过 15 万美元的大额投资人不计入 35 人限制之内的规定。

（3）进一步完善私募发行转让的制度。由于《146 规则》受到金融从业者的诟病，认为该规定阻碍了企业融资。因此，政府颁布《D 条例》以取代《146 规则》。《D 条例》由 501 规则至 508 规则组成，共有 8 项条款。501 规则即名词定义，如认可投资者（Accredited Investor）[②]。502 规则规定私募条件，例如信息披露义务、转售限制等。503 规则规范了企业向美国证券交易委员会报备的义务。504 规则与 505 规则规定了小额发行的定义，即不超过五百万元的证券发行豁免。506 规则规范了购买人数及其属性。该规则规定投资者如果全都是认可投资者，且人数不超过 35 位，则可享受注册豁免。507 规则规范的是私募地位的撤销。508 规则规范的是实质遵守原则。

（4）放宽私募股权转让限制。美国证监会在《D 条例》的基础上颁布《144》和《144A》规则。其中，《144》规则明确了私募转让承销商的认定。认定方式包括证券转让方式限制、持有时间限制、转售数量限制等。《144A》

① Security Act of 1933, As Amended Through P. L. 111 – 229. Approved August 11, 2010.

② 认可投资者中的个人投资者（含配偶）需要满足净资产须超过 100 万美元，或者最近两年来个人的年收入超过 20 万美元，或者家庭年收入超过 30 万美元并且今年仍然有望达到这一指标。机构投资者要求包括：第一，银行、保险公司、经注册的投资公司、商业发展公司或者小规模商业发展公司。第二，依据职工退休收入保证法案而设立的职工收益计划。第三，资产超过 500 万美元的慈善组织、公司或者合伙。第四，公司的董事、执行官或者一般合伙人。第五，资产超过 500 万美元的信托。

规则允许合格投资者之间的证券转让豁免注册和报告义务。[①]

（5）刺激私募股权交易市场需求。由于大量公司出现财务危机，2002 年美国政府颁布《萨班斯—奥克斯利法案》要求上市公司成立审计委员会，并且加大企业违法行为的惩罚力度等，无形中提高了 IPO 的门槛，加重了上市公司的负担。因此很多打算 IPO 的公司开始选择私募股权交易市场，多个私募股权交易市场诞生。

（6）允许私募股权在线交易。随着互联网的发展，场内外市场开始寻求更为快捷的交易方式，在线交易系统（ATS）诞生。2007 年美国证券交易委员会正式允许私募股权的在线交易系统的使用，使以交易所、证券公司和在线交易商为代表的众多机构开始建立私募股权交易市场。据统计，美国出现过 20 余家私募股权交易平台，有的专注于某一类私募产品的交易（如 SharesPost），有的则提供多类别私募产品交易（如 SecondMarket）。

表 8　　美国私募股权交易市场场所

市场名称	成立时间	组织力量	业务范围
Portal	1990 年	纳斯达克	144A 证券
GSTrUE	2007 年	高盛等投资银行	144A 证券
OPUS－5	2007 年	花旗集团、雷曼兄弟、美林、摩根士丹利和纽约梅隆银行等	144A 证券
144A	2007 年	JP 摩根	144A 证券
Best Markets	2007 年	贝尔斯登	144A 证券
Portal Alliance	2009 年	纳斯达克以及高盛等 11 家证券公司	144A 证券
SecondMarket	2004 年	—	多类别低流动性资产
SharesPost	2009 年	—	私募股权

资料来源：根据各私募股权交易市场网站资料整理。

（7）放宽私募各项限制。2012 年通过的 JOBS 法案打破了非上市企业股东数量以及宣传方式的限制，私募流动性需求激增。该法案规定，只要是合格投

① 《144A》具体包括：第一，证券的发行或转让的受让人限于合格机构投资者。第二，证券出卖人须采取一定措施确保购买者知悉该证券为限制证券，其流通也受相关法律规范。第三，转让证券与美国境内市场发行证券不得冲突。第四，相关信息披露要求。容许发行人向合资格机构投资者发售股票。

资者，就可以通过广告等公开的方式进行交流。同时，该法案将私募发行的门槛从 500 万美元提高到 5000 万美元。此外，该法案还优化了 IPO 程序并允许企业首次提交申报材料时选择保密，且审核程序没有时间限制，给企业充分披露或澄清的时间①。

美国私募股权交易平台分为两类：一类为非上市公司提供股权流通服务，包括 SharesPost、SecondMarket、Nasdaq PORTAL；另一类主要为私募股权投资基金份额提供流动性的服务，代表平台有 Second Cap、NYPPEX。

表 9　　　　美国私募股权交易平台概况

SecondMarket	2004 年	(1) 在线经纪商 & 另类交易系统（ATS），主要为非上市公司股权和公众公司发行的限制性股票提供交易服务；(2) 与会计、法律、估值咨询等第三方公司深度合作，最大限度提供交易过程所需信息，利用技术最优化匹配买卖双方，提高交易透明度
SharesPost	2009 年	(1) 在线经纪商 & 另类交易系统（ATS），专注于非上市公司的股权转让，采用类似网络论坛的模式运行；(2) 对买卖双方按机构和个人设置了资产要求；(3) 引入了银行作为监管方；(4) 创建了 SharesPostVenture – Backed Index 指数，是交易、平台公告和市场研究等情况的综合反映
NASDAQ Private Market	2013 年	(1) 向非上市公司提供融资、股权交易等资本服务，类似于国内的新三板市场；(2) 在融资额、总资产和年收入等方面对注册公司设置了条件，要求至少满足一条；(3) 所有投资者都要经过授权券商的认证
Xpert Financial	2009 年	(1) 在线经纪商，提供一级市场募资和股权转让服务；(2) 公司可以设置信息访问权限，控制买卖细节
Second Cap	2010 年	(1) 在线交易平台，为 LP 份额流通提供服务；(2) 允许 LP 在交易过程中使用匿名；(3) 转让交易需得到 GP 同意
NYPPEX	1988 年	(1) 主要提供二级市场的大宗交易、咨询、交易执行、信息匹配、市场数据提供以及询价等服务；(2) 客户类型丰富，囊括几乎所有市场参与者类型

资料来源：根据各私募股权交易市场网站资料整理。

私募股份的传统转让方式是将非上市公司股权（包括普通股和优先股）通过一对一的形式在老股东和新股东之间进行线下转让，但在实践中会遇到不少

① 赵英杰，张亚秋. JOBS 法案与美国小企业直接融资和监管制度变革研究 [J]. 金融监管研究，2014 (2).

障碍。非上市公司一般会在公司章程中加入不少条款，限制公司股份向第三方转让。这一方面是为了公司股东的适宜性；另一方面也是为了保证公司的非上市性，防止公司股东超过规定人数或者触犯非上市公司信息不得公开披露的规定。为了应对这一问题，不少私募股权交易市场采用以公司为主导的股份转让模式，强化发行人在公司股权转让中的控制权。目前最普遍使用的模式是纳斯达克私募股权交易市场的结构化流动性项目模式。

一、纳斯达克私募股权交易市场

1990 年纳斯达克推出 Portal Market，为未备案股票提供免监管交易平台。2011 年，纳斯达克又针对创业公司推出 BX Market，但是这两大市场并没有建立起来。一方面 1990 年 IPO 标准降低，国家大力扶持创新企业使企业通过 IPO 便能得到融资，并未催生出私募股权交易市场需求；另一方面私募股权天然流动性低，平台没有收入来源，大多数平台无以为继，再加上很快遭遇了全球金融危机，投资者对任何缺乏流动性的金融产品都感到恐惧。直接导致第一代私募股权交易市场的失败①。于是，2014 年纳斯达克出资 1000 万美元与著名私募股权交易平台 SharesPost 合作，正式推出 IPO 前私募股权交易市场（Private Market）允许非上市公司通过平台进行融资和管理其股票非公开交易。2015 年 12 月，纳斯达克 Private Market 收购了美国典型私募股权交易平台 SecondMarket，实现了在非上市公司股权交易方面的一大统。目前的 NASDAQ 场外市场是吸收 SharesPost 和 SecondMarket 两家从事股权转让平台之后发展起来的。2016 年该平台交易量达 11 亿美元，2017 年上涨至 32 亿美元。交易案例也从 2016 年的 32 家增至 51 家。

（一）主要产品和服务

纳斯达克私募股权交易市场的主要业务涉及四大模块：私募发行、私募股份转让、资本管理、投资者关系管理。

1. 私募发行。纳斯达克私募股权交易市场的成员公司可以通过平台进行私

① Chris Brumme. Disruptive Technology and Securities Regulation [J]. Fordham Law Review, 2015, Vol. 84, p. 1014.

募发行以筹集资金。原则上，私募发行的证券种类没有限制，但纳斯达克私募股权交易市场的实践中以普通股和优先股为主。投资者是包括共同基金、对冲基金、家族信托（family offices）、非上市股票基金（secondary funds）和高净值合格投资者在内的五类认可投资者（Accredited Investor）。在私募发行过程中，公司与券商进行沟通，阐述公司的情况以及预发行证券的情况，由券商向公司推荐潜在的投资者。此外，平台还提供或者协助提供以下服务：（1）估值、尽职调查、准备文件。（2）准备发行文件。（3）向投资者推广以及与投资者进行沟通。（4）与法律顾问合作完成交易。（5）按照一定的标准进行筛选，确认可以参与交易的投资者。此后，公司在其门户网站内的虚拟数据信息发布室（Data Room）中向参与交易的投资者发布信息，以及提供交易合同。

2. 私募股份转让。与传统的私募股份转让不同，纳斯达克私募股权转让更加注重公司的意见。即按照公司意愿将特定卖家的股份打包出售给特定的买家。公司能在很大程度上决定哪些投资者能买、什么时候买卖以及买卖的数量。

3. 资本管理。除股份发行、转让外，纳斯达克私募股权交易市场通过子公司提供资本管理相关服务。资本管理服务主要通过网络进行，内容包括管理公司的多轮融资、计算投资前的估值、股价、持股份额等，并追踪可转换公司债和权证以及其转换，对公司历次资本变动存档。另外还会对员工持股计划的各个实施阶段提供指导和帮助等。

4. 投资者关系管理。纳斯达克私募股权交易市场还提供投资者关系管理服务。市场向成员公司提供专门的门户网站，公司可以在此空间内进行投资者管理。包括向投资者提供财务信息、尽职调查材料、投资者公告以及其他的信息。发行人对于用户可以接触到的信息拥有控制权。纳斯达克私募股权交易市场所提供的信息都经过行业领先的加密手段，投资者在只有在签署了相应的合同后方能浏览公司信息。同时，纳斯达克私募股权交易市场帮助公司不定期向投资者更新信息披露，帮助企业与投资者建立长期联系。

（二）市场参与者的条件

表 10　　纳斯达克私募股权交易市场发行人需要满足的条件概览

财务指标（择一）	
吸引投资和公司估值*	2 年内 3000 万美元和 5000 万美元
总资产和年收入**	5000 万美元和 5000 万美元
净收入/年	75 万美元
股东权益	500 万美元以及 2 年运营历史
投资者	投资者包括知名金融投资者，且有股份投资的成功经验
公司治理指标	
独立董事	至少有两名独立董事
审计委员会	成员皆为独立董事且能看懂基本财务报表，至少有两名成员，一名成员熟知金融知识，审计委员会全权负责选举审计师
员工行为指南	公司应当有适用于全体董事、高管和员工的行为指南
股东大会	每年应当召开 1 年年会，年会应当提供在线技术
利益冲突	应当对关联交易进行审核，避免潜在利害冲突
信息披露标准	IPO 企业发行市盈率
年度财务报告和临时报告	成员公司应当向公司选定的投资者提供经审计的年度报告和未经审计的季度报告
信息披露	每年向交易参与方提供董事简历、公司经营描述、融资情况
内幕交易	公司应当执行内幕交易政策，防止未公开信息的泄露

资料来源：https：//www. nasdaqprivatemarket. com/。

纳斯达克私募股权交易市场对股份发行人提出了相对严格的要求，公司需要满足财务指标、公司治理指标和信息披露要求，才能成为纳斯达克私募股权交易市场成员并在其平台上发行转让股份。对比纳斯达克私募股权交易市场和 NASDAQ 小型资本市场的挂牌标准可以看出，在财务指标等重点指标上，纳斯达克私募股权交易市场与 NASDAQ 低层次市场的要求趋于一致。这种相对严格的挂牌标准有利于纳斯达克私募股权交易市场控制挂牌企业的质量，也与该市场致力于服务成长中后期企业的目标相吻合。

（三）投资者的条件

纳斯达克私募股权交易市场平台上的股份购买者必须是美国《证券法》下的合格投资者，包括机构投资者和个人投资者两类。前者依靠机构的性质和管理的资产规模判断，后者主要依靠收入和资产规模判断。从实践看，纳斯达克私募股权交易市场致力于吸引基金等专业投资者，其重点吸引的投资者包括共同基金、对冲基金、家族信托、高净值认可投资者。纳斯达克私募股权交易市场通过券商（经纪自营商）确认投资者是否符合平台规定的条件。投资者需要提交自身财务和投资经验等证明材料，以及有意向的公司名单，并预计交易时间。券商确认投资者资质后，给予投资者纳斯达克私募股权交易市场的账户和密码。但是，这只能使投资者看到纳斯达克私募股权交易市场上的基本信息（如成员公司的名称）。如果投资者希望参与某个公司的具体交易，还需要经过券商向公司提交自身的资质等证明文件，经由公司同意后，方能进入该公司的门户内浏览信息、参与交易。

（四）股份出售者的要求

由于私募股权交易市场出售者主要为创始人团队、员工，以及其他投资者，因此纳斯达克私募股权交易市场并不要求股份出售者一定是合格投资者。出售者只需要经过券商的认可并获得自己的账户和密码，方可使用纳斯达克私募股权交易市场平台进行交易。

（五）平台券商的要求

目前纳斯达克私募股权交易市场平台认可的证券经纪自营商包括 Axiom Capital Management、Concept Capital Markets、Consensus、Emerson Equity 和 SharesPost。这些券商总体上属于规模较小，且致力于成长型企业的私募股份投资和交易的机构。

二、SecondMarket

SecondMarket 成立于 2004 年，是一家专业提供私募产品的交易平台。该平台产品包括非上市公司证券、市政债券、破产债权、有限合伙权益、上市公司大额股权和整体贷款等私募产品。SecondMarket 在美国证券交易委员会注册为经纪交易商，受美国金融业监管局和美国证券交易委员会共同监管。其盈利模式是以每笔交易收取费用，费用由每笔交易的转让类型、转让价格、转让的复杂程度计算。SecondMarket 平台上有包括全球金融机构、非上市公司、对冲基金及个人投资者在内的10万多名用户。

因为平台涉及不同类型非流动资产交易的多种程序和环节，因此平台运转需要与不同行业的公司合作，如会计、数据分析（如Delta Hedge）、法律（如Lowenstein Sandler PC）、第三方研究、交易咨询（如Growth Concepts）和估值服务（如ARAM Global）公司等。再者由于非流动资产的特殊性，SecondMarket不能像普通交易所一样采用“选择、点击、交易”简单快速的交易模式。为了促进交易的便利，SecondMarket通过在网络平台上建立综合的生态系统来保证系统有效运转。即利用全球相关领域的专家（来自买家、卖家和合作者）对非流动资产交易的信息进行自由访问，为企业提供估值、研究报告、分析报告、法律评估和交易咨询等服务。SecondMarket从系统层面撮合交易双方，以最大限度地创造流动性。常规的流程是当卖家发布信息时，系统自动对买方成员们的档案进行运算。根据买家的历史交易信息，例如交易量和已经实现或有兴趣的交易等，对可能的买家进行排序。然后SecondMarket便尝试电话联系排序最高的买家实现交易。如果卖家的要价与买家认同的价值之间差异太大无法实现交易（这种情况很常见），平台的谈判专家会参与进来。买卖双方达成协议后平台收取成交价格2%~4%的佣金。

SecondMarket的成功是由于Facebook员工期权的成交。2007年下半年，SecondMarket还未开展私募股权交易业务，Facebook的前雇员联系到SecondMarket的创始人Silbert，希望能出售Facebook的股票。由于当时Facebook还未上市，也没有对外宣布上市计划。SecondMarket随即启动市场调研，衡量私募股权交易市场的可行性。当了解很多非上市公司保持非上市的时间比之前延长，且公开市场的系统性变化使这些公司上市变得更难时，SecondMarket决定开展私募股权交易业务。2009年Facebook的股票一出现在SecondMarket上就大受欢迎，占据了总交易额的39%。其卖家主要以Facebook在职员工为主，占总交易额的79.3%。相对于卖方，买方的组成更复杂，占比最多的两类买家是资产管理公司和家族信托，占比分别为31.3%和29.6%。由于对Facebook上市前景看好，加上供不应求，2010年1月Facebook的交易量上涨了四倍，股价一度高达 40 美元。显示了市场对科技创业公司的认可。由于短期内没有融资压力，非上市公司都不急于上市，也避免了过早上市从而接受严格监管，并保持了经营的灵活性。这也是 SecondMarket 等非上市股权交易市场成功的原因：既满足了股东转让需求，又让投资者获得持股热门创业公司的机会。

SecondMarket 遭遇市场质疑，平台面临转型。2011 年下半年，Facebook 公司的财务人员开始抱怨被无数陌生人的电话骚扰，致电者声称有意成为 Facebook 的股东，并要求获得该公司的财务报告。这使公司很难辨别出哪些人是有效投资者，也很难控制股东结构。此外，Facebook 对公司在二级市场的股价也基本上丧失了掌控力。公司上市前在 SecondMarket 收尾阶段曾达到每股 43. 5 美元，而在其 IPO 发行时定价为每股 38 美元，此价格很大程度上被私募股权交易市场的股价干扰。2012 年 5 月，Facebook 登陆纳斯达克次日就暴跌 11%，上市三周之后，股价更是暴跌至每股 25 美元，估值缩水了三分之一。伴随着“Facebook 风波”，市场对 SecondMarket 的质疑也越来越多。主要质疑私募股权按交易市场扭曲了股票定价，以及无序的信息披露给公司带来诸多不利影响。由于市场的质疑，SecondMarket 损失了大量业务，2012 年 4 月宣布裁员 10%，以便节约成本。

面对新变化，SecondMarket 决定调整公司的商业模式。首先，在没有得到企业的授权情况下，SecondMarket 不帮助公司进行股权交易。其次，由企业（发行人）决定交易的关键因素，例如辨别合适的买家和卖家、设定股权出售的比例或数量，以及决定交易的频率。卖家方面，有些公司只同意前雇员出售，有些只同意现雇员去购买。交易频次方面，有些批准每周交易，有的只愿意每季度或每年交易。当企业在 SecondMarket 发布发行或转让信息时，SecondMarket 要求企业（发行人）提供财务信息，并披露给企业允许的买家。信息披露包括经审计后的财务报表和公司风险因素分析等信息。这些信息只针对企业（发行人）批准的买家和卖家，并且只能在 SecondMarket 管理的一个安全在线的数据库中查看。整个过程包括保密、合法和无缝对接。SecondMarket 不再是一个自由交易的市场，而是一个私密式的大厂牌。最后，SecondMarket 积极开发技术，从场外的电话经纪交易方式，转变为大数据推送。经历转型后，2014年 SecondMarket 又到了一个高峰，半年时间就达到了近 10 亿美元交易额。这种现象是 SecondMarket 转型后开发的软件和咨询服务在筛选客户中起到很大作用。此时市场三分之一买方都是公司回购员工股份，另外三分之二中的四分之三都是证券投资信托基金，四分之一是对冲基金。

由于 2011 年的“Facebook 股票风波”使公司备受压力，公司随后积极转型调整，重新创立了很多重要的行业标准，并在 2015 年被纳斯达克收购，成为纳斯达克私募股权交易市场很多标准的设立基础。

三、SharesPost

SharesPost 成立于 2009 年，是美国第二大的私募股权交易平台。与 SecondMarket 不同，SharesPost 从一开始便专注于非上市公司的股权转让交易，是一个涵盖经纪业务和投资管理服务的综合性公司。SharesPost 为非上市公司提供私募发行服务，包括估值、尽职调查、文件准备、投资者筛选、谈判、完成交易等服务。并成立 SharesPost100 基金为平台企业提供资金支持，使投资者无须认证，即可进行私募投资。与 SecondMarket 不同的是 SharesPost 专注于相对成熟的公司，设置了较高的挂牌门槛。挂牌交易的标的公司必须至少满足以下标准之一：一是募集资金在过去两年内不少于 3000 万美元，企业价值不少于 5000 万美元。二是总资产和年收入都不少于 5000 万美元。三是年净利润不少于 75 万美元。四是股东权益不少于 500 万美元，且至少有两年的经营历史①。定位于相对成熟的企业至少从两个方面有利于买卖双方达成交易：一是标的公司在发展的相对成熟阶段，风险较小，有利于吸引新的投资者介入。二是成熟公司在估值上相对容易。

SharesPost 在成立之初本质上只是一个论坛，一种“被动的公告栏”（Passive Bulletin Board），即 SharesPost 仅仅是作为买卖双方信息的集合平台，而不去参与交易。作为一个公告栏，SharesPost 不具备注册经纪自营商的资格。为

① 陈明端．证券经营机构场外股权业务发展及监管模式探析［J］．时代金融，2017（36）：132－133，138.

了规避监管，SharesPost 也无意成为注册的经纪自营商，但也导致 SharesPost 不能主动采取行动以促成会员间的交易。为了获取盈利，SharesPost 在网站上会给每一挂牌的非上市公司一个门户，每个门户下面会有一个买方名单和卖方名单。买卖双方在注册成为会员后，支付 39 美元的会员费就可以在相应的板上挂出自己想要买卖的股票数量和价格。如果有匹配的，则双方可以进行线下的谈判和交易。但之后 SharesPost 发现作为公告栏仅仅依靠单纯地集合买卖信息来促成会员间的交易方法效率很低，因此 SharesPost 通过与其他注册经纪自营商合作的方式，更好地促进交易。在这一过程中，其对会员间交易的影响力日益增大，最终引起了美国证券交易委员会的调查。2011 年，美国证券交易委员会认定 SharesPost 违反了《证券交易法》的证券购买或出售必须在 SEC 登记注册的规定。于是，2011 年 6 月 SharesPost 全资收购一家经纪自营商，将其改名为 SharesPost Financial Corporation，并于同年 12 月获得美国金融监管局的批准从事网上经纪业务，SharesPost 正式从一个公告栏转变成注册经纪自营商。在注册成为经纪自营商以后，SharesPost 的经营业绩大幅提高，自创立到 2011 年 12 月，SharesPost 才完成 1000 笔交易，而从 2012 年 1 月开始后的 6 个月，交易笔数就与历史数据持平。截至 2012 年 9 月，SharesPost 的注册会员已经超过了 10 万名，总交易额突破 10 亿美元。

2013 年 3 月 6 日，SharesPost 与 NASDAQ OMX 集团合资成立纳斯达克私募股权交易市场，并于 2014 年 3 月正式投入运行。2014 年 3 月，SharesPost100 基金正式发行，标志着 SharesPost 不仅是为别人的交易服务，还成为非上市公司股权市场 大买方。和 SecondMarket 一样，SharesPost 也是因为 Facebook 一炮而红，但是后来同样遇到了股权转让市场紧缩的难题，所以公司转型为帮助公司进行 IPO 前的流通性解决方案。

由于 SecondMarket 和 SharesPost 的巨大成功，除了私募股权交易市场外，针对企业早期阶段的股权众筹平台也开始活跃。由于股权众筹制度的发展也进一步促进未上市公司股权转让市场的发展，大量投资者参与到未上市公司股权的投资中。传统未上市公司股权交易平台如 SecondMarket 也开始通过联盟的形式涉足众筹股权的转让。众筹通过互联网，可以缓解项目发起人和潜在融资人之间的信息不对称，为初创企业融资提供一种新的方式，对多层次资本市场来说是一种有益补充。最近几年，世界各国的众筹公司如雨后春笋般涌现，如美国的 Indiegogo、AngeList、ZIIBRA，英国的 Zopa、Crowdcube，澳大利亚的 Pozible、ASSOB 等。这些众筹平台主要为特定类型的项目提供资金支持，涵盖了从科学研究到智能硬件、电影、音乐专辑等各个领域。

四、Kickstarter

Kickstarter 公司成立于 2009 年，是美国众筹网站鼻祖，奠定了全球众筹网站模式。公司专注于文化传媒行业。项目融资首先由项目发起人提交一份完整的项目策划。项目通过审核后，可进一步确定最低募资金额和项目截止日期。如果在预定的截止时间前达到或超过目标筹集金额，项目即完成。Kickstarter 作为平台方抽取 5% 的手续费，项目发起人拿到剩余金额。如果未达到目标金额，所有金额将原数返回。Kickstarter 的这一模式也基本奠定了全球众筹网站的流程模式。Kickstarter 平台上音乐、艺术和影视行业成功众筹项目占到一半以上。而从众筹金额上看，游戏类项目募集最多。而给大众印象最深的科技类项目，成功率只有 20%，在所有品类里排到第 15 位。这类产品往往呈现两个极端，少量头部产品获得媒体大量报道聚集众多资金，众筹成功率仅有 36.75%，即有三分之二的项目未能得到实现。

五、AngelList

AngelList 公司于 2010 年初在美国成立，是美国著名的股权众筹平台。且主要针对早期阶段的初创公司，通过平台的力量帮助初创公司寻找天使投资、风险投资以及团队成员。AngelList、Kickstarter 以及 Indiegogo 是目前美国境内最为活跃的三大众筹平台，汇聚了数量众多的创业家和创业公司。但是与文化创意产业起家的 Kickstarter 以及电影类项目起家的 Indiegogo 不同，AngelList 上还活跃着一群来自全世界材料领域的创业者。他们以各自不同的角度切入新材料领域，其中很多项目已获得投资人的青睐。对美国的大多数初创企业来说，在 AngelList 建立自己或公司的主页已经成为一种习惯，就像在 Facebook 和 Twitter

注册一样平常。2015 年，AngelList 仅有的 40 余名员工完成了 441 笔初创企业融资，额度高达 1.63 亿美元。平台现投资者 24811 名，投资机构 7000 家，领投人 172 名。为来自全世界超过 650 家初创企业提供了 2.05 亿美元的资金支持，它们的投资组合中就包括 Uber。2017 年中国中科招商 4 亿美元投资 AngelList。

第四节　经验总结

美国资本市场服务中小微企业主要分为以下五个特征：

第一，政策大力支持中小微企业融资。美国政府在新经济时期陆续出台一系列刺激中小微企业发展的政策，包括《小企业投资促进法》（*Small Business Investment Incentive Act*）、"先进技术计划""国家信息基础设施行动计划"、D 条例、《创业企业促进法》（JOBS 法）等，从产业政策到投融资政策全面覆盖。

第二，包含纽交所、纳斯达克在内的交易所市场开始向下争取优质中小微企业资源。交易所在不同阶段均出现降低标准，接纳中小微企业进入的信号。媒体音乐服务商 Spotify 于 2018 年以直接上市（direct listing）方式登陆纽交所。纳斯达克与 SharesPost 合作，正式推出 IPO 前私募股权交易市场（Private Market），并收购了 SecondMarket 实现了非上市公司股票交易市场的一大统。这些现象体现了一向服务大中型企业的交易所均有意向中小微企业服务延伸，为企业提供全生命周期的服务。

第三，资本市场为中小微企业提供创新产品模式及服务模式。其逻辑是在降低企业融资成本的前提下满足企业融资及流动性的要求。从创新产品模式来看，除了传统的股权发行与转让外，资本市场还为中小微企业提供基金份额、众筹股权等创新产品模式。例如纳斯达克私募股权交易市场对私募发行的证券种类没有限制，不一定要求是普通股和优先股。Equityzen 平台为投资者设立私募股权投资基金份额产品，投资者从基金的分红中获利。由于不涉及股权变更，可以减少公司层面上对于股权转让设置的障碍。Equityzen 的交易模式可以减少直接进行股权转让带来的投资者人数过多、投资者结构不稳定等风险。

从创新服务模式来看，资本市场无一例外均在股份发行、转让之外提供包括资本管理、买卖双方推荐、行业研究、企业咨询、投资者关系管理等在内的综合服务。由于中小微企业股权融资大多在线下进行，具有搜寻成本高、专业性不强、交易模式不具有可复制性等问题。而新型的非上市公司服务平台均属于互联网平台，其在发行、转让、结算、法律文件的标准化、交易文件审查和券商服务等各个方面进行充分展示，进而提高交易的便利性，促进买卖双方信息的双向流动。

第四，为了更好地服务中小微企业，资本市场将交易过程中的关键要素交给企业自主把控，以维护企业股份控制权。美国资本市场为企业提供以企业自治为主的服务模式，即由公司决定信息披露对象、新进投资者的类型、数量、价格、交易时间等要素。此制度可以使公司在信息保密的情况下，既能获得融资，也能够对公司信息保密并牢牢把握控制权。新经济企业在早期普遍规模较小，因此在募集资金时，如果不能完全把控股权稀释的节奏，一味地引进新股东则很容易导致控股权旁落，使创业者陷入为他人做嫁衣的困境。这也是新经济公司创业者比较在意的情况。例如 Facebook 早期在 SecondMarket 上进行交易，由于 SecondMarket 还处于建设探索期间，各项服务不完备，使 Facebook 信息完全公开，导致大量投资者打电话向公司询问公司情况，企业难以分别哪些是有效投资者。随后 SecondMarket 调整服务模式，即同意公司去决定它们市场的关键因素，例如辨别合适的买家和卖家，设定股权出售的百分比或数量，以及决定交易的频率。这样做的目的是有些公司只同意前雇员出售，有些只同意现雇员去购买。有些批准每周交易，更多的只愿意每季度或每年交易。

第五，充分发挥中介机构作用。利用中介机构填补交易所服务的深度及广度。传统的交易平台以平台组织者为核心，由平台提供交易审核等服务。但是不少新兴的交易平台已逐步演化成连接券商之间的交易媒介。例如在纳斯达克私募股权交易市场和加拿大多伦多私募股权交易市场（以下简称 TSX Private Market），投资者只有通过券商才能参与非上市公司股份的发行和交易。TSX

Private Market 通过打分的方式确定哪些券商能参与平台的服务。评分项目包括注册地、从业年限、交易额、雇员人数，只有满足最低打分条件的中介才能成为平台的认可中介。由上可见，券商在交易审核和交易执行方面发挥核心作用，主要包括对发行人进行尽职调查、确认投资者是否符合合格投资者的标准以及在股份转让过程中协助投资者确认股份转让的价格。此外，交易后的结算也需通过券商在清算系统的账户实现。

在非上市公司的股权转让中引入券商具有以下优势。首先，从商业上看券商掌握客户资源。基于券商为中介的纳斯达克私募股权交易市场，在上线之初即具有 4 万注册用户，大多具有 SharesPost 的券商资格。其次，从合规守法性上看私募平台上的交易与公开市场不同，对守法的要求很多需要依据具体案例把握。例如，各国法律一般规定只有成熟投资者才能参与非上市公司的股份转让活动，并规定了证券转让过程中信息披露的基本要求。通过券商的参与，可以更好地保证证券转让的合规性。此外，各国证券监管者多对券商进行牌照监管，以券商为核心的发行、交易模式容易保证有效的监管。

第四章　对新三板市场的借鉴

美国资本市场为吸纳新经济企业，纷纷开始进行金融制度创新以迎合企业需求。在这场新经济优质标的争夺战中，我国资本市场不占先手。一方面由于全球各个主要证券交易所开始有意识地与我国资本市场竞争优质公司资源；另一方面我国资本市场产品单一、服务滞后，无法满足新经济企业的需求。新三板市场作为专为中小微企业提供服务的资本市场，应该汲取美国资本市场服务中小微企业的经验，制定符合我国现况的服务模式。

第一节　新三板的发展历程

新三板市场经过数年的发展历经了以下四个阶段：第一阶段，股份制改革阶段。第二阶段，民营资本快速崛起，新经济企业萌芽阶段。第三阶段，全国公开转让市场制度形成阶段。第四阶段，全国股份转让系统制度完善阶段。

第一阶段：20 世纪 90 年代，为改善国有企业经营状况，我国进行了一场轰轰烈烈的股份制改革。在这一过程中，为了防止国有资产流失，有关部门设立了法人股，专门向企业法人和内部职工进行定向募集，但却限制这些股份在二级市场上进行交易。由于股份流转困难，使此次改革濒临失败。为了解决这一问题，中国证券市场研究设计中心和中国证券交易系统有限公司分别于 1992 年和 1993 年，在北京相继开通了 STAQ 和 NET 市场，从而形成全国“两所两网”的资本市场格局。1993 年，由于利益的诱导，大量的资金蜂拥而入“两网”交易市场，投资者从以法人为主转向了以个人投资者为主，市场更是由投资市场转变成投机市场，助推“两网”达到了发展的顶峰时期。但是由于制度设计存在问题，监管制度缺失，作用难以发挥，1998 年，由于地区证券柜台交易泛滥，国家决定整顿场外非法交易市场，STAQ 系统和 NET 系统也在其中，1999 年“两网”被正式关闭，又一次给国有企业法人股的流通带来了困难。

为解决这一问题，2001 年 6 月经中国证监会批准，中国证券业协会发布《证券公司代办股份转让服务业务试点办法》，指定申银万国、国泰君安、大鹏证券、国信证券、闵发证券和辽宁证券 6 家证券公司代办原本在两网系统挂牌的公司的股份转让业务，以解决两市挂牌企业的股份流通问题，确立了由证券公司代办股份转让业务的场外交易制度。同年 7 月 16 日，第一家公司挂牌三板转让股份，由此形成的证券公司代办股份转让系统正式开通运行。2001 年水仙股份从主板退市，于当年 12 月 10 日开始在代办股份转让系统挂牌。自此，该系统也开始成为退市机制的一部分，同时这也标志着三板市场的雏形基本形成。

第二阶段：随着市场经济的发展，国有企业并购重组的规模快速扩大，以中小企业为代表的民营经济不断发展壮大，民营金融资本快速崛起。但是，中小企业发展中融资难的问题更加突出，素有中国“硅谷”之称的北京中关村科技园区的成长型、科技型中小企业在此方面的问题同样尖锐。而缺乏依靠资本市场进行直接融资的制度安排是科技型中小企业融资困难的重要原因。针对科技型中小企业发展对资本市场的客观需求，2006 年 1 月 3 日，中关村非上市股权转让系统正式启动，主要承接中关村科技园区内中小股份公司的股权转让。

因为这两个市场层次的服务对象、交易方式、信息披露、融资制度、投资者适当性等均存在根本性不同，为了将二者区分，社会各界将原来的以两网公司和退市公司为主体的市场层次称为“老三板”，而将 2006 年开始的以中关村园区企业为主体的市场层次称为“新三板”。“老三板”成立后一直发展缓慢，至 2002 年底，在代办股份转让系统挂牌的公司仅有 12 家，股票 14 只，投资者开户数 12 万人，市值 83 亿元人民币。2003 年更是处于停顿状态，2004—2005

年，新增挂牌交易股票仅30只。截至2005年底，证券公司代办股份转让系统共有43只股票交易。[①] 另外，截至2007年6月底，在代办系统挂牌的股票共67只股票中，退市公司的股票为43只（包含退市A股38只和退市B股S只），占总挂牌公司总数的64%，中关村科技园区内中小股份公司挂牌的数量很少，市场缺乏活跃性。

第三阶段：全国公开转让市场制度形成期。2013年1月16日，全国股份转让系统正式揭牌运营，对原证券公司代办股份转让系统挂牌公司全部承接，并由此开始形成非上市股份转让的全国性证券交易场所。市场运作平台的运营管理工作由中国证券业协会转为由全国中小企业股份转让系统有限责任公司负责。2013年2月，国务院颁布《全国中小企业股份转让系统有限责任公司管理暂行办法》和证监会批准的《全国中小企业股份转让系统业务规则》，非上市公众公司突破股东人数200人的限制；同年6月19日，国务院第13次常务会议决定将全国股份转让系统试点扩容至全国。因此，全国股份转让系统是对“老三板”和试点期间“新三板”的法定延续，“新三板”作为社会各界对证券公司代办股份转让系统的习惯性俗称，伴随着全国股份转让系统的正式运营，已用于专指全国股份转让系统。

第四阶段：全国股份转让系统制度完善阶段。2013年12月13日，国务院正式发布《国务院关于全国中小企业股份转让系统有关问题的决定》，明确了全国股份转让系统的具体工作职责。证监会就落实《国务院决定》有关事宜时指出，全国股份转让系统是继沪深交易所后第三家全国性证券交易场所，在场所性质和法律定位上，与证券交易所相同，都是多层次资本市场体系的重要组成部分。全国股份转让系统定位于非上市公众公司发行和公开转让股份的全国性证券交易场所，为公司提供股份交易、发行融资、并购重组等资本市场服务，为市场参与者提供信息、技术和培训等服务。

① 资料来源：中国证券监督管理委员会网站。

第二节　新三板现有服务机制存在的问题

与美国资本市场中小微企业服务相比，新三板现有服务机制存在以下三点问题：

第一，服务模式单一。新三板由于数量众多，企业间的差异巨大，存在部分企业需求无法满足，无法充分发挥市场融资功能的问题。标准化单一的服务模式可以方便交易所标准化运作，批量开展企业服务；同时，通过公开信息来降低市场的信息不对称。但作为专为中小微企业服务的市场平台，目前新三板提供的服务的模式还不够多元化。具体的：一是监管过于统一。对于部分已经达到上市公司标准的新三板头部企业而言，其监管要求完全可对标上市公司监管规则，并允许普通投资者投资。现有的监管规则下对头部企业的投资者要求过高，监管要求则过低。导致企业资质达到上市公司要求，但融资效率还未达到。对于基础层的部分企业而言，目前的监管相对严格，需要付出的监管成本也给企业带来压力。二是挂牌成本单一。新三板市场由于是一个公开市场，企业挂牌需要承担相应的成本。对于头部企业而言，企业有付费能力，能够承担相应成本。但对于盈利能力较弱的中小微企业则带来一定的负担。虽然部分成本有相应的政府补贴，但对于每年中介机构持续督导、董秘一职的配备等显性成本，企业更在意维护信息披露带来的隐形成本，如若企业短时间未能通过新三板获得融资或流动性，则会导致企业摘牌。三是产品单一。中小企业股权天然的低流动性的特点，需要多样化产品来促进融资效率。例如，同股不同权、基金份额转让等创新服务。四是信息披露要求单一。新经济企业对于信息保密性的看重使得部分中小微企业存在即使满足上市要求，却也依然选择成为非上市公司，例如华为、老干妈。主要原因在于企业不愿意对外披露更多的信息，并承担上市公司所需要的各项审核以及显性或隐性成本。同时，成为上市公司由于股东的不确定性往往导致企业丧失对股东结构的把控。伴随着私募股权基金、创业基金的发展，企业也可以通过有限的信息披露获得融资，成为上市公司不再是企业融资的首选渠道。因此，新三板市场应探索设置有限信息披露机制。

第二，企业综合服务欠缺。不同于美国资本市场主动为中小微企业推荐合适投资者及提供财务顾问服务等促进企业融资和股权流动性服务，新三板目前的企业服务有所欠缺，除了传统交易所的信息、数据等服务外，也提供企业挂牌前后的培训服务和董秘、投资者培训服务。但由于中小微企业股权天然的弱流动性，仅凭借规范的培训服务远远达不到提高市场融资效率的目的。中小微企业所在资本市场需在丰富产品的情况下，主动为企业提供综合服务。美国资本市场在服务中小微企业过程中积极开设买卖双方推荐服务、财务顾问服务、标准化文件服务等综合服务。利用交易所信息优势促进买卖双方在交易过程中的信息传递，用于提高融资效率。例如，纳斯达克为企业提供董事会管理门户软件服务、投资者关系管理服务等。

第三，中介机构未完全发挥市场化作用。新三板市场的中介机构主要承担挂牌督导的职能，其他促进企业融资、股权流动性的综合服务则因为缺乏成熟的盈利模式较少开展。由于做市行情惨淡，券商纷纷改变战略。一类券商直接选择退出，不再主动新增挂牌，只保留持续督导团队。另一类则选择继续坚守，只是将重心向存量市场转移，提高服务深度，延伸产业链。

第三节　新三板完善服务机制的具体操作

一、建立新三板市场参与者服务机制

要解决新三板服务单一、企业综合服务欠缺及中介机构缺乏服务动力的现状，首先需制定相应的服务机制。通过对各参与者类型的界定和对参与者业务范围的明确，以保证新三板市场规范运作。服务机制应围绕降低买卖双方信息不对称、提高市场融资效率、维护市场运营规范三大目标。考虑到国内投资者数目庞大，但投资渠道匮乏，投资者的投资知识相对欠缺，中介机构也存在操作不规范等潜在风险。新三板市场须提供主动筛选机制，规定不同资质用户可

参与的业务范围。具体操作如下：

首先，针对不同企业进行差异化服务。交易方式方面，企业可自行选择协议转让、做市转让、集合竞价等交易类型；信息披露方面，企业可以选择定向披露对象，包括机构投资者、个人投资者甚至是国有背景的投资者；交易时间方面，企业可自行选择交易的窗口期，全年交易、每季度交易、每周交易等；交易对手方面，企业可选择员工持股的退出、机构投资的退出等，并可限制其卖出股份数量。

其次，建立标准化业务流程，提高业务效率。整个交易过程应从用户注册开始的尽职调查到平台程序算法的买卖双方最优化匹配，不仅提供交易前和交易中的服务，同时对交易后的投后管理等业务进行覆盖，使投资者可以在线上享受买卖双方匹配等服务，完成关于交易的所有程序，促进用户参与的积极性。

再次，建立标准化数据库。企业、投资者和中介机构注册成为新三板参与者时，需在线上登记注册。参与者在新三板市场进行业务活动时，市场自动将行为数据收集，并根据各参与者的特点进行分类。利用大数据云计算技术分析各买卖双方的偏好，在交易过程中搜索可能的意向方进行匹配，并推荐最可能促成的中介机构辅助双方的沟通，以提高融资效率。

最后，充分发挥信息监控功能。新三板市场需要实时监控投资主体信息、市场交易信息、市场运营数据，及时对异常信息进行查证、处理。但完善的监管除了实时监控外，还需从制度方面明确各参与主体及其行为规范。

具体来说，主要包括以下方面：

一是明确参与者类型。新三板市场参与者由交易双方及中介机构组成，包括投资者、企业、企业创始人、企业在职或离职员工、证券公司、私募基金、孵化器平台、投资咨询机构、会计师事务所、律师事务所、做市商、报价商、估值商、资产评估机构组成。

（1）投资者。对于基础层部分企业，应设置较高的投资者门槛，一是为了保护普通投资者以免遭受损失；二是建立一个以高门槛的专业投资者市场，提高市场价格的有效性。投资非上市公司涉及高风险，投资者必须具备专业的风险识别能力，并准备好承受全部投资损失。在投资之前，强烈建议投资者完成自己的独立尽职调查，包括获取其他信息、意见、财务预测以及法律或其他投资建议。投资者进入平台后，需要填写投资意向，方便平台向投资者推荐适合的标的。适合在中小微企业市场交易的投资者主要有以下几类：（1）企业员工（在职、离职员工）；（2）创始人及创始团队成员；（3）机构投资者；（4）家族信托；（5）发行人（股份回购）；（6）高净值个人。

（2）中介机构。允许符合证券公司、私募基金、投资咨询机构、孵化器平台、做市商、报价商、估值商、事务所、资产评估机构注册成为新三板市场参与者。其中，报价商即在企业拟进行私募股权融资、企业股东拟转让私募股权时，委托报价商对企业股权进行报价。报价商可以出具参考报价和授权报价，其中参考报价不具有成交的义务，而授权报价具有成交义务。

估值商提供估值服务。开展估值业务前，应初步了解被估值企业基本情况，确保自身已具备估值业务所需要的独立性。估值商应与委托人签署《股权估值服务协议》，约定估值服务内容、双方权利与义务、具体估值服务年限和收费标准等内容收费标准，其中标准不得与估值结果挂钩。同时，估值商应从被估值企业的业务、财务、合规等方面对其进行尽职调查。估值商应当在平台开立资金结算账户和产品账户，用于开展估值业务。估值商应在尽职调查的基础上，对被估值企业进行合理估值并披露报告。

做市商为平台提供做市交易，包括双边报价和回应询价。在做市开始前，做市商向平台提交产品做市申请单，设置产品做市参数，包括做市产品代码、做市交易方式、做市报价开始日、最高报价价差、初始持仓比例和做市持仓上下限等做市产品要素，并明确是否允许投资者之间转让。经平台确认通过后，对该产品提供做市服务的情况在平台进行公告。

二是厘清参与者业务范围。在注册阶段，各参与者可根据自身需求开设相应的业务权限，业务权限有代理交易类、投资类、创设类、推荐类、展示类、服务类、出售类，不同参与者可开通的业务范围不同。

表 11　新三板参与者业务范围

市场角色	参与者类型	业务范围
中介机构	证券公司	代理交易类、投资类、创设类、推荐类、展示类
	私募基金	投资类、创设类、推荐类、展示类
	投资咨询机构	投资类、创设类、推荐类、展示类
	孵化器平台	创设类、展示类
	三商机构（做市商、报价商、估值商）	做市、报价、估值服务
	会所、律所、资产评估机构	服务类
交易双方	机构投资者	投资类、创设类、推荐类、展示类
	个人投资者	投资类、创设类、展示类
	企业	创设类、展示类
	企业创始人	出售类、创设类、展示类
	企业在离职员工	出售类、创设类、展示类

推荐类权限是指企业申请注册时，委托具有推荐类业务权限的中介机构向新三板市场提交注册申请材料。具有推荐类的中介机构为新三板提供大量企业资源，提高企业注册效率，也可保证资料的完整性和规范性。代理交易类权限是指新三板中介机构为客户代理交易的业务行为，仅有券商拥有此项权限。投资类权限是指具有投资类权限的新三板参与者向新三板正在发行、转让的股份进行投资的权限。创设类权限是指具有创设类权限的新三板参与者将其名下的私募股权进行项目创设的权限。展示类权限是指对项目信息进行发布、展示的权利。出售类权限是指参与人可将所持股份进行出售的权限。

证券公司业务权限包含了代理交易、投资、创设、推荐和展示。私募基金和投资咨询机构业务权限相同，包括投资、创设、推荐、展示。孵化器平台业务权限仅包括创设和展示，其中展示包括展示费用标准、税收优惠、资金支持等信息。机构投资者包括投资、创设、推荐和展示。个人投资者包括投资、创设和展示。企业包括创设和展示。企业创始人和在离、职员工权限相同，包括出售、创设和展示。

二、开设差异化综合服务

（一）以促进市场流动性为目的的服务

1. 减少业务办理

减少业务办理主要包含以下几个方面：其一，从企业注册、信息披露、交易转让等环节简化办理流程。将办理进度可视化，缩短审查环节。其二，建立良好的服务机制。首先，通过中介机构认证机制，对中介机构服务类型和业务标准进行规范；其次，符合要求的中介机构可录入新三板机构库，供企业自行选择。之后，新三板市场认可通过认证的中介机构为企业提交的资料，如估值报告、定期报告、临时报告等，并利用大数据抓取技术对重复报告或重复信息进行豁免披露，以减轻企业负担。其三，减少定期报告的数量，并设一定的延迟提交期，企业信息可由为企业服务的中介机构定时定期提交。其四，新三板市场也可发展金融科技，利用大数据的方式，全网抓取信息，以不断完善企业相关报告。

2. 买卖双方推荐服务

新三板市场利用大数据来实现买卖双方的最优化匹配。借鉴美国纳斯纳克私募股权交易市场的买卖双方匹配服务，即当企业发布融资需求时，系统便自动运行一系列算法，对投资者的资料进行大数据运算。根据投资者偏好及交易的历史信息，例如交易量和已经实现或有兴趣的交易等，对可能的买家进行推送。如果卖家的要价与买家认同的价值之间差异太大无法实现交易，可选择中介机构从中协商。买卖双方达成协议后，中介机构收取一定的佣金。

3. 投资者关系服务

成功撮合或企业被投资者列为关注企业后，新三板市场将及时对企业新动态进行推送。新三板市场也为投资者提供估值、尽调等服务，帮助投资者寻找合适的投资标的。历史买卖双方在新三板市场的估值、尽调、报告等活动，均被新三板市场记录，从而逐步完善新三板市场企业信息建设。

4. 财务顾问服务

除系统自动匹配外，买卖双方还可聘请新三板市场上的中介机构为其推荐合适的交易对手。中介机构根据最终成交价格收取一定的财务顾问费用，即为买方提供合适的标的，为卖方推荐潜在的投资者，或在实际交易中买卖双方一旦有意向则中介机构介入，促进双方进行交易。

5. 做市服务

新三板市场上的做市商为企业提供做市服务，即符合新三板市场做市商要求的参与者（不限于券商），可以成为新三板市场做市商，并同时发布某企业的买价和卖价。做市商可以接受交易对手的询价，并根据询价发出要约报价，经交易对手确认后成交。

6. 探索设立私募股权交易市场基金

随着目前众多股权基金、创投基金期限临近，大量 LP 等待退出。探索设立私募股权二级市场基金，不仅促进股权基金、创投基金良好运作，也将更进一步促进中小微企业的发展及中小微企业市场的完善。美国私募股权平台大多拥有自己的基金，例如 AngleList、SharesPost、Kickstarter。一是增加市场的流动性；二是新三板市场也可获得企业更多信息，降低企业和投资者间的信息不对称；三是非合格投资者可以借由投资基金获得投资新三板市场的机会。

（二）促进信息披露相关服务

1. 估值服务

估值服务是在企业拟进行股权融资、股东拟转让股权时，委托估值商对企业股权进行估值。企业可选择通过新三板市场认证的估值商，由估值商对企业的每股价值、每单位元财产份额价值等进行分析、估算，并披露估值报告。

2. 信息披露服务

信息披露服务主要体现在两个方面：其一，新三板市场上既允许中介机构代企业进行信息披露，也利用大数据抓取技术对重复报告或重复信息进行豁免披露，以减少企业信息披露成本。其二，市场为企业提交的信息进行保密，保密数据只针对企业批准的买家和卖家，并且只能在新三板市场的一个安全的在线的数据库中查看。整个过程确保保密、合法、安全。

3. 研究报告服务

中介机构可为买卖双方提供行业研究报告。企业若获得高流动性，则需要借助第三方服务以降低与投资者的信息不对称，并由此给中介机构带来大量的业务机会。而中介机构要获得更多的业务机会，就需要提高服务质量。在充分竞争的情况下，有了明确盈利模式的中介机构，则有充足的动力进行行业研究。行业研究报告通过分析行业的市场空间、供需特点、产业上下游关系等，整合企业市场、用户、财务等多方面信息，有助于企业和投资者深入了解行业情况，规避风险、发现投资机会。

（三）以促进企业规范治理为目的服务

1. 企业管理咨询服务

企业管理咨询服务主要包括两种：一种是由新三板市场认证的中介机构提供；另一种是由新三板市场提供。其中，中介机构提供的具有定制化、个性化的特点。而新三板市场提供则是面对某一行业、某一发展阶段、某一地区或者某一政策下的服务。

新三板市场中介机构服务：由于中小微企业大多存在治理不规范、生产不足、销售规模不大、财务不规范等问题，新三板市场开通中介机构库，由企业自行选择包括企业中长期战略规划、资本市场规划、政策解读、财务规范、行业研究报告、员工培训、股权激励方案、行业资源对接、优秀人才引进等服务。

新三板市场服务：（1）某一行业的服务。首先，新三板市场自身开通资讯门户，发布全球各行业发展动态及前沿技术、营销等信息。其次，可从国家大力发展的行业入手，并与各行业知名的门户网站、自媒体进行合作。如开设自动驾驶行业门户可与智东西[①]合作，开设新材料行业门户可与新材料在线[②]合作，开设半导体、集成电路可与 EETOP[③] 合作，为广大处于这一行业的企业提

① 自动驾驶行业知名自媒体公众号。

② 新材料行业知名自媒体公众号。

③ 半导体行业知名自媒体公众号。

供全球视野。最后，定期组织论坛、路演、产销会、国外考察等活动，让行业内企业业务发展技术有探讨、发展有方向、产品有销路。(2) 某一发展阶段服务。新三板市场建设企业库，根据行业、发展阶段、地区等进行分类，并为企业设置企业门户，对企业形象、产品进行展示，提供企业联系方式。针对发展期企业推送内容包括早期投资者、企业规范治理、创业优惠政策、孵化器入驻免房租信息、报税小贴士等。对发展期企业推送内容包括政策补贴、银行贷款、转板信息等。(3) 某一地区服务。目前市场投资者一大主力是地方政府，这些基金一般投资本地的企业，因此针对地区内的企业进行投资者推送，或投资者直接拥有权限进行后台数据提取，则可以快速获取这一区域的符合要求的企业。(4) 某一特定政策。目前很多地区已经开始进行中小微企业扶持政策，但大多数企业并不能及时获取到这些信息，因此建设全国实时政策库，针对贫困县或者其他有地方特色的优惠政策则实时对新三板市场筛选出符合申请条件的企业进行服务，并对企业进行申请提醒。

2. 股东结构把控服务

新三板市场可由企业决定交易的关键因素，例如选定合适的买家和卖家、设定股权出售的比例或数量以及决定交易的频率。比如有些公司只同意前雇员出售，有些只同意现雇员去购买。交易频次方面，有些批准每周交易，有的只愿意每季度或每年交易的频率。以便企业对股东结构的掌控具有一定的灵活性。

3. 法律、财务咨询服务

新三板市场允许事务所或者从业人员进行注册，注册后企业和投资者可在线上获得法律、财务咨询服务。法务人员可针对咨询人提出的问题给出相关建议和解决方案，并根据咨询人的需要制定相关法律文书。从事会计服务的人员就有关会计事务问题作出解释、说明，提出建议和解决方案的活动，并进行代理记账、审计等服务。

三、差异化信息披露

信息透明度是建立新三板市场改革的关键，但透明度并不必然意味着每个人都能看到公司的定价细节和财务报表。因此，制定差异化信息披露制度以保护企业信息私密性为主要原则。

首先，新三板市场需要提供定向信息披露功能，保证转让方提交材料可以根据企业需要披露给指定投资人，但对于公司股东则需按照《公司法》的规定，强制要求处于被披露对象范围内，且披露的内容必须完整，同一信息披露内容必须一致，新增的投资者必须可见历史所有信息。同时，非披露对象可以向企业提交信息浏览申请。

其次，新三板市场需要根据企业特征及自身定位制订初步推荐方案，在保证非公开股权信息私密性的前提下吸引足够多的投资者。由于非公开企业股权天然的流动性低，需要新三板市场在设置初期对投资者进行投资意向调查，并结合投资者实际投资偏好和持股偏好进行动态调整，定向推送合适的投资标的，以加强新三板市场流动性和撮合率。

再次，明确中介机构承担信息披露管理的事务。新三板市场可实行中介机构信息披露管理制度，即公司可将信息披露管理交由新三板市场上符合要求的中介机构，由中介机构负责处理潜在投资者的信息浏览申请，审核潜在投资者对象信息。

最后，为提高买卖双方的对接效率、体现新三板市场撮合优势，新三板市场需要汇总投资人投资偏好，实现偏好标签化管理，同时，针对转让方提交的非公开股权，新三板市场应针对性地建立买卖双方对接机制，提高匹配效率。

四、差异化交易机制

在现有的交易机制上，丰富交易产品，如点击成交、协商成交、中介机构推荐、定向成交、做市转让、股权收益权和基金份额转让。以上转让方式同时配以在线即时沟通工具、在线签约功能，为参与者搭建一个便捷、高效的平台。

（一）点击成交

点击成交即由卖方在平台发布卖出的报价，买方直接通过点击确认该报价后，双方即可成交。如果出现多个买家确认成交的情况，则按照时间前后的顺序由系统自动匹配。该种方式适用于平台要约报价的企业。

(二) 协商成交

协商成交是卖方在平台发布卖出报价后，买家有意向购买，并通过线上或者线下的方式与卖方沟通，以确定最终的成交价格、数量和交收方式。该种方式适用于平台意向报价的企业。经过买卖双方协商一致后，任意一方在平台发布要约报价，经平台匹配后成交。

(三) 中介机构推荐

由中介机构充当买卖双方财务顾问的工作，为买方提供合适的标的，为卖方推荐潜在的投资者，或在实际交易中买卖双方一旦有意向则中介机构介入，促进双方进行交易。例如，当卖家的要价与买家认同的价值之间差异太大无法实现交易，可选择平台的中介机构从中协商。买卖双方达成协议后，中介机构可收取一定的佣金。

(四) 定向成交

定向成交是借鉴美国纳斯达克私募股权交易市场服务模式。遵从企业意愿，由企业决定出售股权的数量、价格、投资者等成交的关键因素。具体操作如下：第一，方案设计。由中介机构确认企业本次发行、转让的意愿，充分了解企业出售股份的目标。第二，确认投资群体。根据企业的意愿，寻找合适的潜在投资者，并向潜在投资者发布公司发行、转让信息及相关财务信息、评估报告等。第三，挑选投资者。公司设立投资者标准，根据投资者的情况，选择适合的投资者。第四，成交。中介机构辅助双方进行协商，以确定最终成交价格、数量和交收方式，并将股份分配给企业选定的投资者。由于非上市公司股权的大量转让通常会给公司的经营和管理带来影响，若平台通过定向成交解决这一问题，强调公司在股东股权转让中的控制权。

(五) 股权收益权和基金份额转让

买卖双方注册登记后通过公告或者中介机构推荐获得拟转让企业信息，卖方可向买方出售股权的收益权。若存在卖方为基金公司的，则可对基金份额进行转让。由于非公开发行和直接转让股权需要进行公司管理者干预，而利用基金份额和收益权转让的方式，避开直接股权转让带来的股权转让、交割、公司层面的批准等问题。

第四节　新三板改进的关键因素

一、信息披露的真实性

新三板改进成功的关键因素之一是真实的信息披露，一旦企业披露虚假信息，则会扰乱市场秩序，导致投资者遭受损失。市场依靠信息披露来降低市场风险，而非上市企业具有较少的信息披露义务，从而导致投资者信息获取有限，难以对企业真实情况进行判断。但在不增加企业负担的前提下，明确非上市企业的信息披露义务，让企业为了增加的流动性而主动进行披露信息，并对虚假披露信息的行为配合处罚措施，是保证业务规范开展的有效措施。

二、中介机构的质量

由于中小微企业的信息不对称、融资效率较大中型企业低，因此中介机构服务至关重要。如果缺乏专业性则会导致投资者获得不了企业真实信息，无法进行投资。例如纳斯达克私募股权交易市场除了建设买卖双方直接联系的平台外，还吸引大批中介机构为买卖双方服务，积极消除信息不对称的情况，撮合买卖双方达成交易。在纳斯达克私募股权交易市场的实际交易中，通过中介机构完成交易的占平台大多数。我国由于目前存在大量的私募股权交易中介，这些中介虽然为私募股权交易市场带来资金及流动性，但也不乏出现公开推介私募股权、投资者不合格、违规收取超高佣金、偷税漏税等现象。一直以来，政府对该类中介的监管都很难有效地进行，违法乱纪依然屡见不鲜。因此，新三板市场建设规范的中介机构平台也是为政府监管提供便利。

三、全面的监管体系

在我国监管体系中，需加强对违法违规企业的处罚力度。如今资本市场依然存在企业财务造假、操纵股价以欺骗投资者的情况。主要原因：一是处罚力度达不到威慑的作用。二是法律体系尚待完善。新三板企业数量过万家，给监管部门的工作带来很大的挑战，没有从法律法规的层面明确监管的定位。而美国、英国、日本等发达国家通常会匹配相应的法律法规来提升监管的地位。如美国的《柜台交易市场合格规定》、英国的《金融服务与市场法》、日本的《证券交易法》都对非上市公司所在市场的法律地位、监管模式及制度等有明确规定①。

第五节　进一步服务中小微企业的政策设想

通过研究美国私募股权交易市场的发展逻辑，课题组认为，由于互联网的发展，未来资本市场对于场内与场外、交易所市场和券商柜台市场、私募和公募的界定将逐渐模糊。资本市场仅需对企业规模和投资者类型进行划分，即根据企业规模制定标准化的服务内容，并匹配普通或专业投资者。对于难以标准化的非标服务内容由中介机构补充。其中，成熟期的大型企业在满足大量信息披露要求的前提下，风险较小，可以提供给普通投资者。市场采用竞价交易等模式，交易频繁、活跃。而对于成长期中小微企业来讲，只需满足有限的信息披露要求，以低成本为原则采用多种交易手段，辅以中介机构推介来加强流动性。限制普通投资者进入，风险交由专业投资者判断。因此为了进一步推进中小微企业发展，以下政策则可做适当调整。

一、取消非上市公司股东数量限制

可以取消向特定对象发行股票后股东累计仍不超过200人的限制②，取消非上市股东累计超过200人，以及股东人数超过200人的公众公司需向中国证监会报送定向发行申请文件，中国证监会进行审核的程序③限制。因为投资私

---

① 吴中超，靳静．我国新三板市场发展现状、趋势与监管之对十年间的回顾［J］．现代经济探讨，2017（1）：49－54.

② 《非上市公众公司监督管理办法》第45条。

③ 《非上市公众公司监督管理办法》第42、43条。

募股权交易市场具有较高的门槛，大多为专业投资者，因此只要证券购买者是合格投资者，且投资者采取了合理步骤确认其合格投资者的身份，企业就可以对合格投资者发行或转让股份。

二、允许未股改公司股权发行及转售

只要发行人满足相应信息披露义务，投资者满足相应的市场标准，则允许未进行股份制改造的公司进行发行和转售。目前国内中小微企业市场大多都需要进行股份制改造，但在实际中，新经济“独角兽”公司大多在未改制前就进行多轮融资。因此，为简化现有增资转让手续、减少企业融资成本，应在私募股权交易市场上为此类企业开设服务。

第三篇

新三板市场指数编制理论与实践*

* 本课题承接方为上海华证指数信息服务有限公司。课题负责人：刘忠；课题组成员：胡安韬、李波、靖志远。

摘　要

股票价格指数编制具有重要意义，能够表征市场总体股价趋势、反映典型公司特征，筛选优质企业，引导价值投资，同时基于股票价格指数开发金融创新产品，满足投资者差异化投资需求。小市值指数与大市值指数在流动性、估值等方面存在差异性，而市场上的股票价格指数大多为大市值指数，因此，有必要对契合小市值股票特征的指数编制方法进行深入研究。本文结合境外小市值股票指数发展实践，立足于新三板市场定位和挂牌公司特征，采用非活跃股票估值方法，并引入 ESG 因子，探索构建适用于新三板市场的指数编制方法。

目前，新三板市场共发布 10 只股票价格指数，其中，三板成指、三板做市、创新成指与境外小市值指数的编制目的基本一致，以表征性为主，分别以三板股票、做市股票、创新层股票为样本空间，按照日均成交金额和日均总市值的综合排名，选出总市值覆盖 85% 的股票为样本股，分别表征市场整体、做市股票和创新层股票的价格走势。同时，为契合新三板服务创新型民营中小微企业的定位和挂牌公司行业特征，引导市场增加对创新驱动性强、产业附加值高的企业关注度，新三板于 2019 年 1 月推出了三板龙头、三板制造、三板服务、三板医药指数，于 2019 年 3 月推出三板消费、三板研发、三板活跃等指数编制方案，为引导市场投资提供基础。

新三板与资本市场其他层次相比，具有自己的显著特点。一是高净值个人和机构投资者为主，价值投资属性突出。区别于沪深交易所以中小投资者为主的结构，新三板市场实施严格的投资者适当性管理，市场以高净值个人和机构投资者为主。专业投资者注重价值投资，且投资金额较大，交易频率相对较低。二是部分挂牌公司缺乏最新市场价格。新三板市场挂牌公司过万家，小微企业占比68%，处于初创期的企业存在股权惜售的倾向，使二级市场交易活跃度较低，缺乏最新的股票价格。三是创新型企业占比高。新三板高技术服务业公司2580家，占比24.93%，高技术制造业1338家，占比12.93%；2018年上半年挂牌公司平均研发强度2.97%，较全社会平均研发强度高0.84个百分点。四是挂牌公司治理水平差异较大。新三板市场中小微企业占比近94%，中小微企业与大型上市公司之间在公司治理水平、监管强度等方面存在一定差距，部分企业处于发展初期，暂未关注环境治理、社会责任、公司治理等方面。

因此本文借鉴了境外中小市值股票指数的编制经验，并针对新三板市场特点，重点考虑流动性筛选、估值方法、公司治理等因素在指数中的应用，设计了创新层50、创新层优选50和创新层科创50指数编制方案。针对三条指数的实践结果进行了追溯和分析。并且对下一步继续完善新三板单市场指数体系和探索编制跨市场指数提出建议。

第一章　指数编制的理论与意义

第一节　指数的定义

指数是一种常用的经济统计分析工具，能够为分析经济活动提供参考依据。最早的指数是物价指数，是1650年英国学者 Rice Voughan 为计算货币交换价值而编制的物价指数。此后，意大利经济学家 G. R. Garli 和英国经济学家 W. S. Tevons、Irving Fisher 等人也在1764年、1863年、1900年分别编制了类似的物价指数。到了20世纪初，指数的定义和运用范围不仅仅局限于物价指数，拓宽到反映经济现象动态变动的更广范围，包括宏观经济、微观经营、资本市场等各个领域。

在资本市场中，传统的指数定义是一篮子股票按照市值加权形成的投资组合。如今随着计算机技术的进步和统计与金融的结合，更加多样化的指数出现在了市场上，指数的定义也发生了一定的变化。当前对于指数的定义更为宽泛，只要是严格按照一定的规则，没有任何人为干预所形成的资产组合，就可以称为指数，标的资产的类型也逐步从最初的股票，到后来的债券，再到后来的大宗商品等资产，甚至是大类资产之间的配置，都可以形成指数。

第二节　证券指数的理论与实践发展

世界上第一条证券指数诞生于1884年，这条指数是至今仍然还存在的道琼斯运输业平均指数（DJTA），这条指数也引导了如今最具有知名度的三大指数之一——道琼斯工业指数（DJIA）在1896年的诞生。道琼斯指数的编制者就是Charles Henry Dow，他是道琼斯公司的创始人，他提出的道氏理论也开创了影响深远的技术分析。道氏理论认为股票会随市场的趋势同向变化以反映市场趋势和状况，而且其变化表现为主要、次要及短暂共三种趋势。而道琼斯指数也成为其应用道氏理论来对证券市场整体走势进行技术分析的工具。道琼斯指数最开始的计算方式是取样本股价格的平均值，也就是算术平均价格指数。这种指数计算方法在成分股出现拆分或者合并等情形会导致指数点位的扭曲，不能够真实反映市场的价格变动。因此，指数的价格算术平均的计算方式逐步向市值加权的方式演化。1923年，标准统计公司在Irving Fisher的建议下，编制了一条市值加权的指数，这条指数就是标普500的前身。一直到现在，市场上的主要金融指数仍然沿用着市值加权的计算方法。

1960年，加利福尼亚大学的Edward Renshaw和他的研究生Paul Feldstein率先提出了建立指数基金的想法。他们的研究比较了89只共同基金与道琼斯工业平均指数（DJIA）的收益率，发现只有11只基金的收益率比DJIA更高。然而，当时的基金管理者们普遍认为这只是数字上的巧合而已，他们仍然对战胜市场拥有绝对的信心。

真正让市场认识到指数投资拥有广阔的发展前景的是几条重要的学术理论：Markowitz（1952）提出的现代投资组合理论、Sharpe（1964）提出的资本资产定价模型CAPM，以及Fama（1965）提出的有效市场假说EMH。在MPT理论下，投资者可以通过构建合适的股票组合来提供更好的投资收益。在CAPM模型下，投资者按照市值权重持有全市场的股票既可以构建出一个均值方差有效的投资组合。而在EMH理论中，如果参与市场的投资者足够理性，在一个信息透明和竞争充分的股票市场中，是无法通过任何主动投资方法来获得超额收益的，而且在扣除交易成本和管理费用之后，主动投资的业绩甚至不如市场组合。这三个理论开启了现代金融理论研究的黄金时期，也为指数化投资提供了重要的理论支持。

1971 年，世界上第一只面向机构的指数基金应运而生，随后 1976 年，第一只面向零售市场的指数基金——先锋 500 指数基金上市发行。不过由于和传统的投资理念及投资方式差异较大，当时并没有被广大投资者所接受。而且当时由于技术上的限制，构建跟踪宽基指数的基金是一件极其困难的事情，对于基金的后台运营、基金会计和交易对账都提出了极大的挑战。这使处于产品实践阶段的指数化投资发展步履缓慢。然而，20 世纪 80 年代和 90 年代的大牛市却为指数化投资迅速崛起提供了千载难逢的发展机遇。在 1983—1989 年的 7 年间，平均只有 33% 的大盘主动基金经理收益超过 S&P500 指数；在 1994—1998 年的 5 年间，这一比例仅为 19%。而且随着计算机技术的发展，指数基金的管理和运营也更加方便。对于基金管理人来说，除了在定期调整按照指数样本调入调出进行调仓外，日常几乎不需要进行额外的交易，复制指数所需要的交易量相对于主动投资而言大幅度减少。指数基金的管理费用和运营费用相对主动基金来说大幅减低。指数基金的成功也引导了以指数为中心的创新潮，1982 年三大指数期货诞生，1986 年出现了第一只债券指数基金，1990 年出现了第一只国际股票指数基金，以及 1993 年第一只诞生了 ETF。进入 21 世纪，指数化投资进入快速增长阶段，其中 ETF 产品呈现爆发式发展。

第三节　指数的类别

一、按照加权方式分类

目前市面上的指数按照加权方式主要分为市值加权和非市值加权两大类。其中，市值加权方式出现时间较早，在指数行业中占据主流位置。但近年来也有一系列研究指出市值加权方式的不足和缺陷。市值加权的理论基础主要是 CAPM 模型和 EMH 理论，但在实际金融环境中，市场的有效性一直被人们质疑。主要质疑点在于，当股票价值上涨而市值规模增大的时候，股票在市值加权指数中的权重将会变大，反之亦然，也就是说市值加权指数在投资市场时遵循了简单的追涨杀跌原则，这种投资原则的有效性难以让人信服。尤其是我国市场仍处于发展初期，市场波动较大，股票的错误定价机会也较多，有很多主动投资策略可以战胜市值加权指数。在这种背景下，学术界和实务界相继发展了一系列新的加权方式，这类加权方式统称为非市值加权。主要有以下几类：

（1）基本面加权：以公司基本面、财务指标加权；

（2）等权重：所有成分股权重相等；

（3）波动率优化加权：使组合波动率最低的加权方式；

（4）最大分散化加权：使指数的分散化达到最大；

（5）最高风险收益加权：使组合夏普率最高的加权方式；

（6）等风险贡献加权：使指数成分风险贡献相等。

二、按照选股规则分类

在股票指数中，按照选股规则可以将指数分为综合指数、规模指数、行业指数、主题指数、策略指数五个类别。其中，不同类别指数的主要区别为：

综合指数。一般选择相关市场的绝大多数股票作为指数成分股，用来反映相关市场的总体价格变动情况。比如，上证综指基本将已在上交所上市的所有股票作为成分股，可以反映上交所股票价格变动的整体情况。

规模指数。主要以市值规模作为选择成分股的标准。例如，沪深 300、中证 500 和中证 1000 三条指数，以市值规模进行筛选，分别代表沪深市场中大盘、中盘、小盘股票的走势。

行业指数。主要以一定的行业分类标准作为成分股选择标准。比如沪深 300 能源指数、沪深 300 材料指数等是在沪深 300 成分股中以中证行业分类作为标准进行选样。

主题指数。是动态跟踪市场驱动因素的一种选股方式，通过发现经济体的长期发展趋势和使这种发展趋势产生和持续的驱动因素，将能受惠的相关产业和上市公司纳入选股范围的指数。常见的主体指数包括环保指数、国企改革指数、“一带一路”指数等。

策略指数。是一种根据投资策略选择指数样本，确定加权方法，并设定一定的调整规则而制定的指数。将投资策略指数化具有以下优点：（1）方便投资者通过复制指数的形式实现其投资理念；（2）避免受到情绪的影响；（3）方便向投资者展示风险收益特征；（4）能够基于指数开发指数产品，方便个人投资者投资。常见的策略指数包括红利指数、基本面指数、量化指数等。

三、按照资产类别分类

由于产生的时间最早，并且指数化投资的发展程度较高，一般人们提到的市场主流指数都是股票指数。本文上面提到的指数分类里，涉及的指数种类也基本都是股票型指数。但如果按照资产类别进行分类，股票指数仅仅是指数中的一个细分类，此外还有债券指数、商品指数、多资产指数等。

债券指数是反映债券市场价格总体走势的指标体系，产生于 20 世纪 70 年代。目前比较知名的国际债券指数系列包括巴克莱债券指数、花旗债券指数、道琼斯公司债指数等。而在国内使用较多的是中债债券指数系列和中证债券指数系列。

商品指数是反映某一同质化、可交易的商品市场整体价格走势的指标体系，比如黄金、白银、原油指数等。1957 年美国商品研究局基于 22 种基本的商品价格编制了一种期货价格指数，简称 CRB 指数，这也是经济学领域最常用的商品指数之一。而对于投资者而言，标普和高盛联合推出的 S&P GSCI 指数系列则备受关注，是投资商品市场运用最多的商品指数。此外，DJ - AIG（现为 DJ - UBS）以及罗杰斯意识到商品市场可能面临一波较大的牛市行情，于 1998 年分别发布了更加注重可投资性的商品指数系列。除了这两条指数以外，还有德意志银行、晨星等机构也都推出了自己的商品指数。而国内的大商所、上期所、中证指数、南华期货、格林期货等也都研发了以国内商品期货为基础的商品指数。

衍生品指数。随着金融工程的发展，金融衍生品市场呈现爆炸式增长，而相应的衍生品指数也随之诞生并受到重视，而衍生品指数主要包括两大类：一类是信用衍生品指数；另一类是波动率指数，前者由信用衍生品合约组成，用于衡量信用市场状况，比如 iTraxx 信用风险互换指数系列，后者则是以市场波动率为标的构建而成，最著名的波动率指数就是芝加哥期权交易所（CBOE）

编制的 VIX 指数，是指数期权隐含波动率加权平均后所得，也称“恐慌指数”。除了这两大类衍生品指数外，CBOE 编制的一系列期权策略指数在近年来也逐渐兴起，可以开发成产品供投资者投资，受到投资者欢迎。

其他资产类别指数。除了股票、债券、商品和衍生品以外，房地产、货币、基金等大类资产也逐步被纳入指数的版图中来，这些指数自诞生起就格外受到市场关注，例如美元指数一直都是国际金融市场上最受关注的指数之一，2008 年，标普发布了中国人民币指数和印度卢比指数两个货币指数，也让全世界投资者的目光聚集在这两个新兴超级经济体上，同时这也是专业指数公司首次涉足货币指数领域。

多资产指数是指综合了多种资产类别的指数类别。一般可以用做多资产配置投资时的业绩基准或者投资标的，会采用恒定组合、目标风险、目标日期、风险评价、风险控制等量化技术手段对多个资产进行合理的权重配置。虽然多资产投资指数编制发布和产品应用起步较晚，但是从发展趋势来看，其产品化案例也越来越多。比如，标普道琼斯发布的目标日期策略指数系列，被 Wells Fargo 开发为生命周期基金系列；BlackRock 也在 2008 年成立了 10 只跟踪标普目标日期策略指数系列和 4 只跟踪标普目标风险策略指数的产品。

第四节　指数的主要作用

从全球范围看，编制股票价格指数是各资本市场通行的做法，具有重要意义，主要体现在以下三方面：一是经济发展的“晴雨表”。股票价格指数编制的最初目的是反映资本市场总体运行状况，指数的运行轨迹能够代表企业、行业、宏观经济的发展状况，对整个经济发展状况具有引领作用，是国民经济的“晴雨表”。二是反映资本市场整体运行状况。编制股票价格指数能够表征市场总体股价趋势、反映典型公司特征。三是引导市场投资和产品创新。股票价格指数筛选出市场优质企业，降低了投资者信息搜集成本，引导投资者进行价值投资；基于股票价格指数的创新，可开发指数产品及金融衍生品，满足投资者差异化投资需求，因此股票价格指数在一定程度上具有投资性和交易性，对提高市场流动性具有重要意义。

我国新三板市场作为积极服务与扶持创新型、创业型、成长型企业的排头兵，是我国多层次资本市场的重要一极，也是支持实体经济发展、服务科技创新的坚实力量。因此指数发展对于新三板市场的发展更加具有积极意义。

第一，准确表征新三板市场，提升市场关注度。

经历了六年的快速发展后，目前新三板已经积累了近万家中小微企业，市场内部结构丰富，差异化特征明显。在这种背景下，市场参与者面对着庞大的公司数量，信息搜集难度极大，如果缺乏合适的抓手，难以突出重点地直接把握到新三板发展的脉络和趋势。而通过多层次指数体系的发展，以合理的维度来优选市场中的不同特征不同结构的头部优秀公司，可以更好地表征新三板的市场发展成果，给投资者以直观准确的数据指标，提升市场关注度。

第二，引导增量资金投资，缓解流动性难题。

通过新三板指数的发展，可以引导后续成立指数化投资产品，吸引更多的增量资金进入市场，缓解目前的流动性难题。新三板市场目前在我国多层次资本体系中仍然属于较为年轻和新生的一分子，虽然代表了未来经济创新发展的方向，但是能够充分理解和深入分析新三板市场的投资者仍然较少。在这种背景下，指数化产品是外部增量资金配置新三板市场的最好途径。通过合理的指数和指数产品引导，可以吸引更多看好经济创新方向的增量资金进入新三板。

第三，规范挂牌公司运作，倡导可持续健康经营。

指数是代表市场优质企业的工具，会通过指数的筛选机制来呈现成分股的领先特征，也可以发挥成分股的示范性作用，规范和鼓励全市场挂牌公司的规范运作和健康经营。通过财务基本面、ESG 可持续发展指标、科技创新水平等指标的筛选，既可以优选出代表新经济未来发展方向的优秀企业，也可以给其他企业提供更明确的努力方向和衡量标准，带动全市场挂牌公司的共同进步。

第四，梳理市场痛点和瓶颈，促进进一步深化改革。

通过建设发展丰富的新三板指数体系，可以有助于梳理新三板市场目前存在的痛点和发展瓶颈，促进新三板市场的进一步深化改革。指数编制就是对符合某一特征类别的挂牌公司进行聚类和筛选的过程，通过指数编制的尝试可以为新三板的后续精细化分层提供试点和启发的作用。指数的设计和编制过程中还需要对新三板对应特征的挂牌公司的流动性情况、产业结构特征、科技创新水平、财务健康状况进行全面梳理和分析，也需要对应市场在交易活跃度、可流通市值规模、信息披露质量等方面达到必备要求。并且在指数发布运行之后，还需要定期通过指数成分股调整审核工作，分析识别相关挂牌公司的整体趋势和潜在风险因素。因此，指数体系的建设完善过程，也是不断督促新三板市场建设中发现问题和解决问题的过程。

第二章　境内外小市值指数发展实践

第一节　境外市场指数情况

新三板作为支持中小企业发展的资本市场，其指数编制方案可以借鉴境外市场小市值股票编制实践。比如道琼斯微市值系列指数、富时罗素小微系列指数、MSCI 小微市值指数、标普香港创业板指数、标普小市值 600 指数等都对新三板的指数编制有较强借鉴意义。

道琼斯微市值系列指数包括微市值全市场指数及精选微市值指数。道琼斯微市值全市场指数（以下简称道琼斯微市值）是道琼斯美国全市场指数体系中市值指数的一部分，除了微市值指数以外，还有大市值指数、中市值指数和小市值指数。选样方面，道琼斯微市值的样本股包括所有符合道琼斯全市场指数体系中非大市值、中市值和小市值的股票，加权方式为自由流通市值加权，每年 3 月、6 月、9 月、12 月的第三个星期五之后的星期一进行权重和样本调整，每次调整幅度不超过 5%。

道琼斯精选微市值指数（以下简称精选微市值）的样本空间是道琼斯全市场指数体系中市值低于微市值阈值的所有股票，这里的微市值阈值指的是将道琼斯全市场指数的股票按市值排序后的第九分位数的股票市值。确定好样本空间后，再对市值、交易量和财务指标进行筛选，得到最终样本。具体来说，必须符合以下三个条件的股票才能够有资格进入候选样本：总市值排名样本空间前 1000；近三个月成交量排名样本空间前 1000；近一个月成交量排名样本空间前1500。进一步进行财务指标筛选，满足下列任何一个条件的股票将被剔除：PE排名前20%；PS排名前20%；上季度每股盈利变化率排名后20%；营业利润率排名后20%；近六个月收益率排名后20%。在进行完上述筛选后，对任何PE为负或数据缺失的以及营业利润率为负的股票均排除在样本外，剩余的股票为最终样本。精选微市值和道琼斯微市值一样，加权方式也是自由流通市值加权，每年进行一次股票调样，每季度进行股票权重调整。

比较道琼斯微市值和精选微市值的年化收益率情况可以发现，精选微市值近十年收益率（14.69%）要高出道琼斯微市值（14.18%）一点，而且收益更为稳定，近五年收益率精选微市值（9.48%）则大幅跑赢道琼斯微市值（4.94%），然而近一年收益率精选微市值（-3.18%）略微输给道琼斯微市值（-1.44%）。

富时罗素小微系列指数包括罗素2000指数、罗素小市值指数、罗素微市值指数及其衍生指数，分别约有2000只、2500只、1560只样本股。选样方面，将在美国交易所上市的市值在3000万美元以上的美国上市公司（不包括场外市场、粉单及FINRA ADF）按照总市值排序，罗素2000为第1001～3000家公司；罗素微市值指数为第2001～4000家公司。

富时罗素微市值指数覆盖范围包括美洲、亚太、欧洲及中东&非洲，从发达经济体到新兴经济体均能够完整覆盖。指数的样本股必须满足最小投票权、最小流通市值、外资限制等要求，最小自由流通市值须大于2500万美元，且股票不被包含在富时全球大盘、中盘和小盘指数中。指数在3月和9月每半年进行一次审核，对个股和自由流通市值的调整则每季度进行更新。微市值系列指数旨在为全球市场和投资者提供能够反映微市值股票价格走势的比较基准。

MSCI小微市值指数是MSCI美国市值系列指数的一部分，MSCI美国市值系列指数包括可投资、微市值、低微市值三部分。选样方面，以在纽交所和纳斯达克上市的美国公司为样本空间，按照总市值排名，可投资部分为排名前2500家的公司，约占全市场总市值的前98%，微市值部分是排名在2500之后，市值在98%到99.5%之间，且不低于2000万美元的公司，合计市值占1.5%，低微市值部分是市值排名最末的 0.5% 公司。可投资指数和微市值指数合起来将形成美国宽基市场指数，覆盖了美国股票市场前 99.5% 市值的股票。

标普香港创业板指数是由标普道琼斯指数和香港交易所共同创建的，是用来衡量香港创业板（GEM）市场的表现的指数，指数覆盖占香港创业板 75% 市值的股票。选样方面，所有股票在再平衡日前都必须在创业板上市超过 12 个月，除非该股票流通市值排在创业板前四分之一，且上市时间超过 6 个月。加权方式为自由流通市值加权，每季度进行再平衡，分别于 3 月、6 月、9 月和 12 月的第三个星期五之后生效。

标普香港创业板指数的市场表现不是特别理想，近一年、近三年、近五年和近十年的年化收益率分别为 -47.93%、-32.93%、-24.16% 和 -11.26%，而从指数成立至今则一共跌去了将近 90% 的净值。

标普小市值 600 指数衡量的是美国股市中的小盘股的市场综合表现，该指数和标普 500、标普中盘 400 一起构成较为完整的展现美国股市的综合指数系列。该指数近一年、近三年、近五年和近十年的年化收益率分别为 1.02%、11.44%、7.99% 和 14.58%，目前该指数有多只 ETF 产品。

通过上文对道琼斯微市值系列指数、富时罗素小微系列指数、MSCI 小微市值指数等编制方法的总结和分析，可以发现境外小微市值指数通常以表征性为主，突出小市值和微市值股票特征。此类指数在选样方法方面，运用指标较为灵活，涉及市值、流动性、财务等。指数样本数量确定方面，一般以固定样本数量为主。在指数计算方法上，一般均为自由流通市值加权。

第二节　新三板市场指数编制情况

目前，新三板市场共发布 10 只指数。其中，三板成指和三板做市两条指数发布时间较早，2015 年在市场成立初期就已编制发布。这两条指数分别覆盖了新三板整体市场和的做市转让方式股票 85% 左右市值，主要功能是表征市场整体发展情况。在 2019 年 1 月对外发布的创新成指也与前两条指数具有类似的定位，主要表征创新层股票的整体行情变动情况，因此在指数规则上也基本与前两者相同。三条指数分别以三板股票、做市股票、创新层股票为样本空间，按照日均成交金额和日均总市值的综合排名，选出总市值覆盖85%的股票为样本股，分别表征市场整体、做市股票和创新层股票的价格走势。其中，创新成指共有434只样本股，占创新层股票总数的47.48%，成分股除了市值代表性以外，在流动性、融资能力等指标上都代表了创新层的核心资产，比如说2018年创新成指成分股成交金额占创新层的79.04%，历史融资累计占创新层的70.52%等。

同时，为契合新三板服务创新型民营中小微企业的定位和挂牌公司行业特征，引导市场增加对创新驱动性强、产业附加值高的企业关注度，新三板还分别于2019年1月推出了三板龙头、三板制造、三板服务、三板医药指数，于2019年3月推出三板消费、三板研发、三板活跃等指数编制方案，为引导市场投资提供基础。三板龙头含有51只样本股，涵盖了17个非金融行业中营收前三的股票；三板制造、三板服务和三板医药分别有100只、200只和50只样本股，凸显新三板高技术制造业、高技术服务业和医药制造业的创新特征。而三板消费是新三板民营产业系列指数的进一步拓展，以消费行业为样本空间，从毛利率排名前50%的股票中选取营业收入排名靠前的200只；三板研发以表征市场非金融行业高研发投入股票为目标，在剔除研发费用与营业收入比值小于3%的股票后，选取研发费用排名靠前的100只；三板活跃则强化流动性指标设置，以非金融行业股票的成交和市值综合排序为选样标准，突出具备一定市值规模、交易活跃的50只股票。

第三章　新三板市场特征

第一节　新三板的分层管理制度

随着挂牌公司近年来逐步增多，新三板为了进一步完善市场功能，提升服务创新型、创业型、成长型中小微企业的能力，进行了新三板市场分层制度改革，将挂牌公司分为创新层和基础层，其中符合更高要求的挂牌公司可进入创新层。创新层包括入选条件和维持条件两个维度，其中入选要求包括基本面条件和其他条件。其中，基本面条件为盈利能力、成长性和市值规模三个条件中满足一项即可：

（1）最近两年的净利润均不少于1000万元（以扣除非经常性损益前后孰低者为计算依据）；最近两年加权平均净资产收益率平均不低于8%（以扣除非经常性损益前后孰低者为计算依据）；股本总额不少于2000万元。

（2）最近两年营业收入连续增长，且年均复合增长率不低于50%；最近两年营业收入平均不低于6000万元；股本总额不少于2000万元。

（3）最近有成交的60个做市或者竞价转让日的平均市值不少于6亿元；股本总额不少于5000万元；采取做市转让方式的，做市商家数不少于6家。

其他条件主要是对融资和公司治理的相关要求：

（1）最近12个月完成过股票发行融资，且融资额累计不低于1000万元；合格投资者不少于50人。

（2）公司治理健全，各种制度完备，管理体系完善。

（3）最近 12 个月不存在信披违规、公司治理违规和其他违法行为。

（4）按照全国股转公司的要求，在会计年度结束之日起 4 个月内编制并披露年度报告；最近一个会计年度经审计的期末净资产不为负值；最近两个会计年度的财务会计报告未被会计师事务所出具非标准审计意见的审计报告；按照上述第二项规定进入创新层的挂牌公司，最近三个会计年度的财务会计报告未被会计师事务所出具非标准审计意见的审计报告。

（5）全国股转公司规定的其他条件。

维持条件主要聚焦于投资者结构和公司治理：

合格投资者不少于 50 人；公司治理符合第七条第二项的要求，且最近 12 个月不存在特定违规行为；按时披露年报、净资产不为负，且最近三年年报为标准审计意见；全国股转公司规定的其他条件。

整体来看，新三板创新层股票的公司治理和信息披露的相关要求已经基本接近于 A 股。如果公司是因为满足基本面条件一和条件二入选创新层，那么在盈利能力和成长性方面已经不逊于创业板股票。

第二节　新三板市场投资者结构

目前参与新三板市场的投资者以高净值个人和机构投资者为主，价值投资属性突出。区别于沪深交易所以中小投资者为主的结构，新三板市场实施严格的投资者适当性管理，市场以高净值个人和机构投资者为主。专业投资者注重价值投资，且投资金额较大，交易频率相对较低。对比新三板市场实施的投资者适当性管理，其他同样实施投资者适当性管理的市场均没有新三板严格，例如，新三板要求投资者持有 500 万元金融资产才能开户，而创业板和商品期货市场则没有规定资金下限，股指期货的开户条件则要求资金大于 50 万元即可。对于以中小投资者为主体的中国金融市场，能够参与新三板市场的投资者数量较少，这也是新三板市场交易不活跃的重要原因之一。

第三节　新三板市场交易流动性

新三板市场挂牌公司过万家，小微企业占比68%，处于初创期的企业存在股权惜售的倾向，使二级市场交易活跃度较低，缺乏最新的股票价格。而且在初期的交易制度下，可能出现1分钱极端价格成交、“钓鱼单”、少量资金操纵股价等异常现象。因此2018年，新三板实施了交易制度改革，将原协议转让方式优化调整为集合竞价转让方式，并增加盘后特定事项协议转让方式，丰富和规范了市场交易制度。

集合竞价制度受单个报价扰动较小，能更准确地发挥市场的定价功能，更好地体现企业的价值，同时对提高交易效率、提高市场准确度有着非常明显的作用。基础层企业每天只能进行一次集合竞价，而创新层企业每天可以进行五次集合竞价，创新层企业价格发现能力要强于基础层，因此这种交易制度的改革对创新层的作用更大。

做市转让制度是由做市商不断地向投资者报出股票的买价与卖价，同时接受投资者的交易需求，促成交易。在完善做市转让收盘价形成机制的同时，做市转让企业可以同时采取特殊情况下协议转让及盘后协议转让两种方式进行股票转让，充分满足公司的战略需求及大宗交易需求，形成完整的做市交易链条。

在改革后的交易制度下，新三板市场操纵成本和操纵难度大幅提升，市场乱象得到有效遏制，交易秩序明显规范，但流动性改善程度有限。在交易制度改革初期，三板成指交易额相对2017年大幅下降，并处于历史相对低点。而且2018年未有成交记录的公司数量保持在较高水平。

而2019年至今，平均每天只有537只股票有成交，其中做市326只，竞价211只；日均成交额为3.47亿元，其中做市1.63亿元，竞价1.84亿元；年初至今只有3117只股票有过成交记录，其中做市843只，竞价2274只。

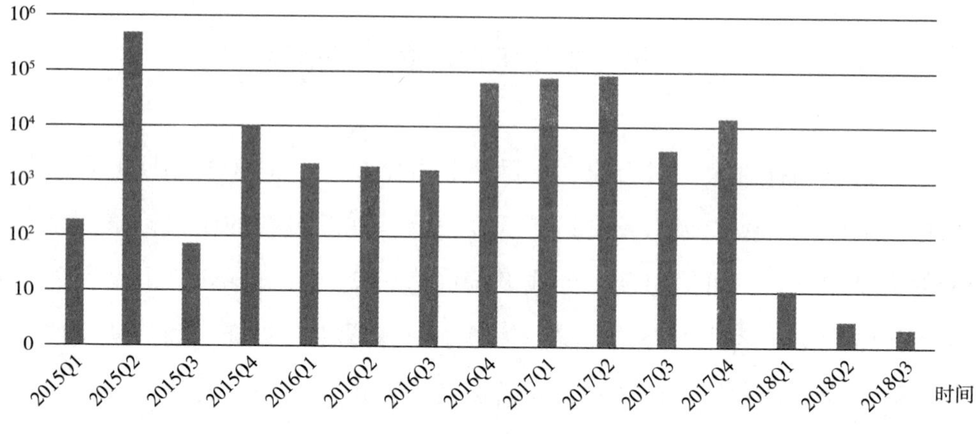

图1　三板成指成交额

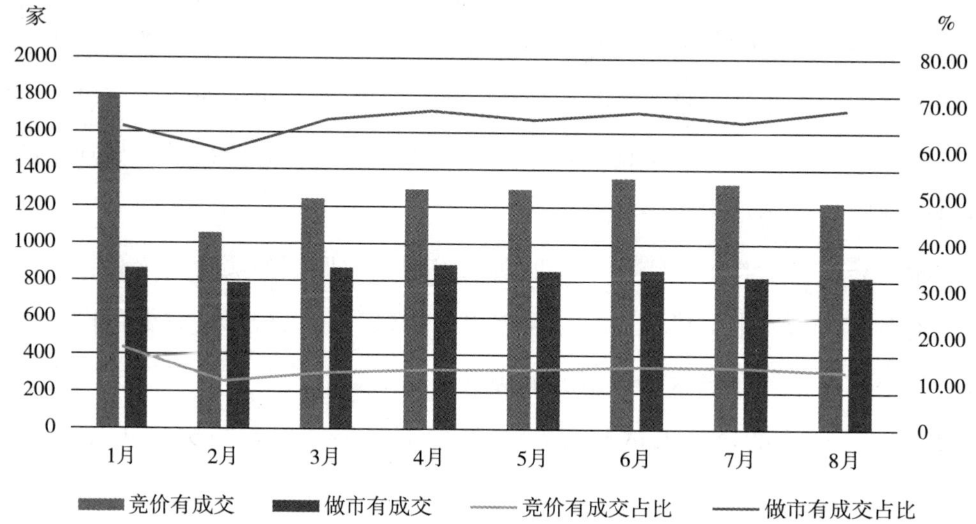

图2　2018年“新三板”有过成交的公司数及占比

第四节　新三板市场挂牌公司特征

新三板主要针对的是中小微型企业，其挂牌公司以创新型、创业型、成长型中小微企业为主，这其中新兴产业公司占比较高，信息技术行业股票数量超过2500家，占到新三板挂牌总数的四分之一。

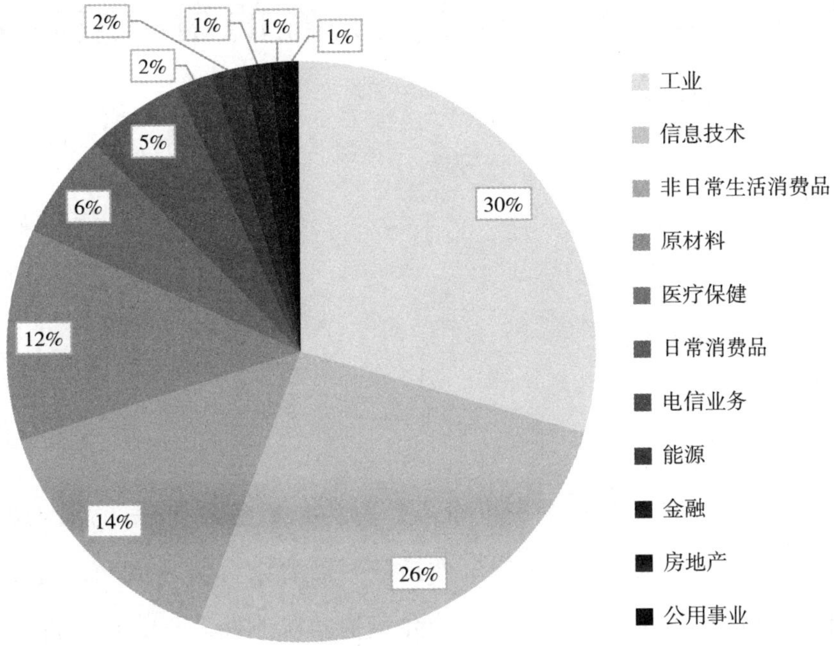

图3　新三板市场挂牌公司行业分布

在全市场中高技术服务业公司2580家，占比24.93%，高技术制造业1338家，占比12.93%。2018年上半年挂牌公司平均研发强度2.97%，较全社会平均研发强度高0.84个百分点。因此，新三板市场重点突出的主题是创新，这些企业也是推动经济发展的重要力量，部分企业拥有很好的发展前景和广阔的发展空间。

但是可以看出，新三板挂牌公司治理水平差异较大。新三板市场中小微企业占比近94%，中小微企业与大型上市公司之间在公司治理水平、监管强度等方面存在一定差距，部分企业处于发展初期，暂未关注环境治理、社会责任、公司治理等方面。也因此出现过一些挂牌公司的经营不规范行为，包括质押比例较高、信息披露不及时不完善、环境违规问题等。例如，2018年11月，上陵牧业受母公司破产和较高的股权质押比例牵连，出现较大的市场风险，包括做市商退出、股价下跌等。

第四章　基于新三板市场特征的指数编制方法研究

新三板市场当前存在几个发展难点，并为指数编制带来了新的课题。第一，整体交易并不活跃，在编制投资性指数时需要结合实际情况，选择合适的指标对样本进行流动性筛选。第二，公允价值较难判断。一方面，部分公司尚未发生过成交，无从判断市值；另一方面，许多成交过的公司，特别是竞价交易的公司，由于交易过少，市值波动较大，公允价值难以判断。第三，作为为中小微企业服务的主战场，新三板设置了相对较低的挂牌条件。但由于中小微民营企业发展不均衡、不充分，整体挂牌公司质量良莠不齐，其中创新层和基础层的股票公司状况有明显差异。所以，在编制投资型指数时应重点考虑流动性、估值方法、公司治理等因素。

第一节　流动性筛选办法

在新三板市场目前的交易制度和流动性情况下，我们考虑采用传统成交金额以外的指标来综合衡量挂牌公司的流动性情况。

方案一：采用月实际成交天数占当月总交易天数之比作为流动性衡量指标，以创新层挂牌公司在 2018 年 4 月至 9 月数据为样本，每月有成交的股票平均成交额在 300 万到 500 万元，有效成交天数占比的平均值在 0.36 至 0.46 之间；每个月成交额大于 100 万元的企业数在 150 家到 270 家，有效成交天数占总交易日天数之比大于0.5的企业数在170家至350家，具体如表1所示。

表1　有成交股票的月成交金额和月实际成交天数占比

	成交额		成交天数占比	
	大于0.5只数	均值（万元）	大于100万只数	均值
4月	323.31	259	0.46	336
5月	471.05	270	0.41	251
6月	395.63	239	0.39	238
7月	407.84	210	0.36	195
8月	444.19	194	0.36	178
9月	372.50	159	0.39	174

方案二：以成交额的连续性为流动性衡量指标，连续6个月成交额均在100万元以上的股票数量仅为52只，均在80万元以上的股票数量为61只，均在50万元以上的股票89只；以成交天数的连续性为流动性衡量指标，连续6个月成交天数占比大于0.5的只有90只股票，总数仅占创新层股票总量的10%左右。

方案三：若采用“月交易天数占比”或“连续6个月成交金额”二者之一作为流动性衡量标准，股票数量有所增加，并且较为稳定。其中满足成交额大于100万元或者成交天数占比大于0.5的股票数量为106只，随着成交额门槛的下降，股票数量逐渐增加至117只（见表2）。

表2　满足两类条件中一种的股票数量

		6个月成交天数占比	
		均大于0.8	均大于0.5
6个月成交额	均大于100万元	59	106
	均大于80万元	67	108
	均大于50万元	92	117

对比上述方案，在满足流动性要求的基础上，应充分考虑样本数量的充裕性，因此对流动性的筛选采用方案三，即近6个月成交额均大于100万元或者近6个月有效成交天数占比均大于0.5，符合条件的股票纳入备选样本，截至

2018 年 6 月底的备选样本有 134 只股票，截至 9 月底的备选样本有 106 只股票。

第二节　非活跃券估值

一、股权估值背景

估值是金融市场运行的重要基础条件。根据最新企业会计准则、资管新规等制度规定，金融机构和资产管理产品在进行金融资产的估值时，应尽可能按照公允价值法进行计量。并且，在指数编制和指数产品设计中，合理的估值也发挥着重要作用。

前文所示，新三板市场作为国内资本市场的重要组成部分，近两年受各种因素的影响，成交活跃度略有下降，部分证券长期无成交或低成交，在这种情况下，股权估值技术的应用就显得非常重要。

然而非活跃券的估值一直是金融资产计量中的难题，为解决参与机构在价值估算中存在的难点和痛点，本研究综合考虑了最新估值指引和各项监管制度的要求，以《私募投资基金非上市股权投资估值指引（试行)》（中基协，2018. 3）和《非上市公司股权估值指引》（中证协，2018. 9）等文件为基础，结合股权投资行业内的先进实践经验，基本实现了新三板市场非活跃券的估值，以为指数编制和金融产品运行提供帮助。

二、股权估值难点和解决思路

虽然新三板市场非活跃券估值对于新三板挂牌公司对外直接融资、股权转让或并购、新三板做市券商收益计量、新三板资管产品基金净值计量等事项中具有重要作用，但是非活跃券估值一直在各项业务中落实普及率较低，经过和行业各机构的沟通讨论，可以总结出非活跃券估值在具体操作层面主要面临估值成本高、主观判断多、数据难收集、估值易波动等难点。为了解决行业内非活跃券估值业务的难点和痛点，本文以估值指引和行业先进经验为基础，总结了以下思路作为估值系统研发的突破口，解决好非上市股权估值业务落实的难题。

（一）兼顾专业性和易用性

在估值整体方案中集成符合估值指引要求和行业内实践的各类成熟估值模型。综合考虑公司发展阶段、行业、股权协议、财务信息等多维度信息。整合各类机构的先进估值经验。估值系统使用较为简单，针对新三板全市场非活跃券可以进行快速高效的估值操作。

（二）平衡精确度和平稳性

最大限度利用已获得信息，遵循实质重于形式原则，估算股权的公允价值，提高估值精准度。通过合理技术避免股权估值的无效波动。通过场景分析法考虑不同股权退出方式概率，避免过度依赖二级市场估值倍数。通过设置过渡期，避免不同估值方法切换的估值跳变。

（三）非活跃券股权估值方案原理

基金业协会与证券业协会的估值指引中针对股权估值提出 5 个具体估值模型分类：（1）参考最近融资价格法；（2）市场乘数法；（3）行业指标法；（4）现金流折现法；（5）净资产法。其中方法 3 的用途范围比较窄，仅在成熟的行业内差别较小的情况下可以使用，在本方案中主要用作结果校验。方法 5 一般仅适用于重资产型的企业或者投资控股企业，适用范围也比较窄。因此方案中会主要使用方法 1 和方法 2 进行估值，并综合使用方法 3 和方法 4 进行估值后续校验。估值方案中综合考虑了挂牌公司的融资近况、行业可比公司情况、盈利稳定性、流动性折扣等因素，采用最合适的估值方法。在估值过程中，优先选用客观已知的信息作为估值模型输入元素，并且需要对需要估计的数值进行合理审慎估算。按照以下流程进行估值分析。

（一）基本信息搜集整合

按照估值模型需求批量搜集待估值公司的基本信息，为后续估值准备基础数据。具体信息包括公司名称代码、行业分类、所处发展阶段和场景、近期融资转让记录、近期财务报表信息等数据。

（二）判断是否需要采用估值技术

依据挂牌公司在新三板市场的成交是否活跃，判断是否需要对该公司使用估值技术。成交是否活跃的主要判断依据是区间换手率和区间有效成交天数等行业内应用较为普遍的指标。

（三）确定可比公司集合

一般采用与待估值公司所处行业的四级投资型行业分类上市公司作为可比公司集合，如果四级行业分类数量不足 3 个，可以使用上一级行业分类上市公司作为可比公司集合。如果根据待估值公司的业务情况和所处行业的特征，判断同行业上市公司不适合都作为同比公司集合，可以通过专家分析等方法进行可比公司集合的主观判断。比如在该公司业务模式和收入结构具有独创性和创新性，与同行业公司具有显著区别时，可以使用该方法进行专业判断和筛选可比公司集合。在确定可比公司集合后，分别计算各个可比公司的 EV/EBITDA、P/E、P/B 等关键估值指标。

（四）筛选最优估值模型

根据估值模型判定树流程进行最优估值模型的筛选。模型判定树流程方法综合考虑了四大会计师事务所的估值实务和境内知名股权投资机构多年经验，是整个估值业务系统的核心模块。主要会根据公司发展阶段和基本面情况、所处行业成熟程度等因素来判断使用成本法、净资产法、参考最近融资价格法、PE 法、PB 法、EV/EBITDA 法、EV/Sales 法等行业内成熟的估值模型。

（五）估值计算与校验

使用合理的估值模型得到估值结果，并且使用“行业指标法”对估值结果进行合理性校验和检查。重点是计算该估值结果的 P/E、P/B、EV/EBITDA、EV/Sales 等指标，与同行业的指标进行比较，对于差异结果的异常情况进行预警和提示。在通过行业指标法的校验之后，进行最终结果的输出和展示，并且可以展示估值的中间过程作为工作底稿使用。

总之，整个估值方案是从该非活跃券挂牌公司的自身情况和市场环境出发，谨慎选择使用不同估值模型和方法，在可合理取得市场参与者假设的前提下采用合理的市场数据。实际估值计算过程中，会采用情景分析的方式综合运用多种估值方法，从投资非活跃券的各种潜在退出方式出发，结合各退出方式的可实现概率对公允价值进行综合分析估算。

综上所述，在新三板指数计算或者相关资管产品净值计量等过程中，对活跃券进行估值具有重要的作用。本方法可以在保证效率与成本、专业性与实用性、灵敏度与平稳度等多要素平衡的前提下，采用智能情景分析技术，结合A股、港股、美股以及新三板等市场的海量数据，动态选择最优的财务估值模型，高效地提供非活跃券的估值参考结果。

第三节　ESG

一、ESG国际发展应用

随着社会发展，投资者对上市公司的评判不仅仅局限于市值、经营收入和盈利能力等传统指标，是否具备正向的外部效应也是重要的考量依据。在全新投资理念的推动下，ESG投资应运而生，根据国际可持续投资联盟（GSIA）统计，在2016年初，全球纳入ESG因素的投资资产总量为22.89万亿美元，占全球投资资产总量的26%。

ESG包括环境（Environment）、社会（Society）、治理（Governance）三个维度，自上而下分别对应面向环境的外部性、面向社会外部性以及公司治理的公共性。联合国提出的责任投资原则（PRI）框架中，将ESG定义为：E（环境）：与自然环境的质量和运作循环有关的因素，具体包括气候变化和碳排放、空气和水污染、生物多样性、能源利用、废物回收等；S（社会）：与人和社会的权利、福利和利益有关的因素，具体包括客户满意度、数据保护和隐私、性别平等、社区关系、人权和劳工标准等；G（公司治理）：与本公司和子公司治理有关的因素，具体包括董事会组成、监事会结构、贿赂和腐败、违规赔偿、政治性献金等。

ESG的发展对市场与社会、上市公司及投资者来说，都有重要意义：首先，ESG发展及ESG投资价值观，能够引导资金投向在环境、社会、公司治理方面表现出色的公司，有利于资本服务实体经济、绿色金融，降低公共成本，促进可持续发展；其次，对上市公司来说，ESG 发展能够使上市公司明确自身 ESG 定位、风险及机遇，改善公司治理，实现公司的长远发展；最后，对广大投资者来说，在投资中使用 ESG 工具，能够识别上市公司 ESG 风险，根据自身的偏好进行资产配置，管控投资组合整体风险。

二、ESG 国内发展

（一）国内 ESG 发展概述

国内的 ESG 发展具有起步早、规模小、发展不足的特点。首先，自 2006 年起，国内 ESG 即开始起步，近两年呈现逐渐加速态势。其中深交所于 2006 年发布《上市公司社会责任指引》，鼓励上市公司发布社会责任信息；上交所于 2008 年发布《上市公司环境信息披露指引》，要求部分上市公司披露环境信息；2017 年，证监会发布《公开发行证券的公司讯息披露内容与格式准则第 2 号——年度报告的内容与格式》，要求重点排污单位在年报、半年报中完善环境信息披露；2018 年，9 月证监会修订《上市公司公司治理准则》，要求上市公司披露环境信息、扶贫及公司治理数据，确立了我国上市公司 ESG 信息披露基本框架。

其次，国内 ESG 相关的资产管理产品体量很小。截至 2018 年 9 月底，ESG 相关基金产品 37 只，总规模约为 319 亿元；指数型产品 13 只（包括 ETF 链接），规模约为 39 亿元；主动产品 24 只，规模约为 280 亿元；E 相关产品 26 只，规模 197 亿元；S 相关产品 5 只，规模 101 亿元；G 相关产品 4 只，规模 18 亿元；ESG 相关产品 2 只，规模 2.4 亿元。

最后，国内 ESG 评价机构有限，主要包括交易所、MSCI、ECPI 等机构，覆盖度（少数大型公司）和时效性不足（按年进行评价）；投资机构主要依据所属行业和主观判断进行产品的管理运营；国内各机构提供的 ESG 相关指数在 30 条左右，多聚焦于绿色环保，社会责任和公司治理覆盖不足。

（二）关于国内 ESG 指数体系的相关研究

根据国际 ESG 发展经验，在针对本土设计 ESG 评价体系过程中，需要把握其核心价值观，但不能照搬体系，其根本原因在于：我国市场特点及信息披露体系与欧美国家存在很大差异。

欧盟主要采用半强制的披露原则（上市公司为强制披露）。所有环境污染企业（超过排放量限制标准或行业要求的企业）及上市公司必须公开环境信息。上市公司还需对有些环境信息进行编码，利于投资者识别、对比和分析，便于普通公众查询。员工人数多于500人的公众公司可选择披露哪些环境问题（如气候变化、用水、废弃物），但必须遵循“不遵守就解释”的原则——对于那些选择不披露的环境问题，需要解释其不需要披露的原因。

美国主要采用强制披露原则。上市公司要披露包括环境负债、环境监控成本、环境问题对公司财务状况和竞争地位的影响、有待裁决的环境诉讼等环境信息。涉及有毒物质排放的相关企业应登记并定期报告650多种化学品的具体排放点和排放数量等情况，向美国环境保护署（EPA）递交有毒化学物品排放的年度数据，以便公众查询。排放温室气体高的公司必须根据美国环境保护局的《温室气体汇报规则》披露其温室气体的排放信息。

我国针对属于环境保护部门公布的重点排污单位的公司或其重要子公司采用强制披露原则，要求其应当根据法律、法规及部门规章的规定披露以下主要环境信息：排污信息、防治污染设施的建设和运行情况、建设项目环境影响评价及其他环境保护行政许可情况、突发环境事件应急预案、环境自行监测方案、其他应当公开的环境信息。重点排污单位之外的公司可以参照上述要求披露其环境信息，若不披露的，应当充分说明原因。但针对其他企业，只是鼓励公司结合行业特点，主动披露积极履行社会责任的工作情况。

基于我国的ESG信息披露体系，在设计本土ESG指标的过程中，需剔除不适用或数据无法获取的指标，并增加中国特色的指标。同时，基于我国的上市公司特点，修改部分指标的定义及计算规则。

（三）A股ESG评价的应用

目前，结合国内市场特点，应用网络爬虫、文本挖掘、命名实体识别等机器学习的方法采集公开数据，按照证监会行业分类，构建了A股ESG评价体系，形成了ESG数据库。目前，ESG数据按季度频率进行更新，评价日期为每年1月、4月、7月、10月底，覆盖2018年10月未处于退市阶段的全部A股上市公司，回溯至2009年1月，数据总量超过300万条。相关评价和数据可广泛应用于ESG因子、规避尾部风险、个股风险预警、债券风险预警、ESG指数编制等方面。

1. ESG因子

ESG因子及E、S、G各分项因子具备显著的阿尔法效应，年化多空收益在8%左右。其中，ESG因子整体偏向大市值、低波动率、低成长、低估值的上市公司，且与其他因子的相关性较低。

2. 尾部风险规避

在尾部风险规避方面，将上市公司按ESG评分分为四档，发现ESG评分低的三、四档上市公司2018年上半年的股价表现整体弱于一、二档上市公司，且ROE水平也显著低于一、二档上市公司。因此，在投资组合构建中剔除ESG评分尾部上市公司，能够规避尾部风险，降低ESG风险，增强收益。

3. 个股风险预警

基于ESG历史数据，基于机器学习算法，训练、提取、并识别ESG风险特征，可以实现个股风险预警。当ESG评分、评级连续多期下调时，意味着上市公司在环境、社会、公司治理维度风险频出，并对公司经营造成较大影响。

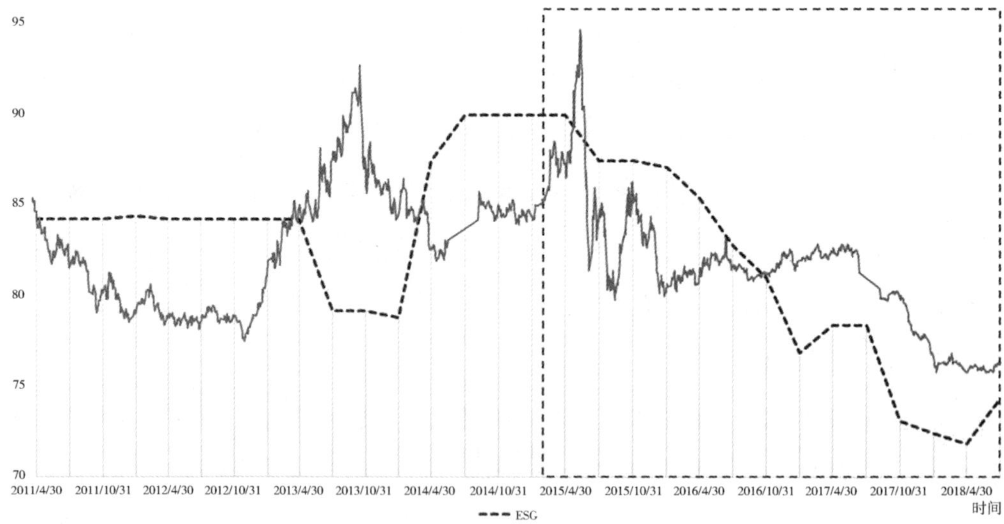

图4　贝因美ESG及股票表现对比

以贝因美为例：2015 年 7 月 31 日，由于贝因美在评价期内发布业绩修正为亏损，其 ESG 得分下调；此后，贝因美连续发生未披露重大事项、业绩变脸、信息披露虚假等公司治理事项，且 2015 年后未继续发布社会责任报告，ESG 评分连续多期下调；2018 年以来，贝因美短期偿债风险显著高于行业平均水平，公司高管未依法履行职责、存在信息披露不合规或严重误导行为，其 ESG 评分大幅下滑，同时公司正式被 * ST。

4. ESG 债券风险预警

除可以进行个股风险预警进行预警外，ESG 评价及其部分指标还可以对债券风险进行预警，以凯迪生态为例：2010 年中，出现信息披露违规；2012 年年报和 2014 年年报均出现了较为明显的短期偿债风险；2016 年初，股权质押风险大幅度上升；2016 年底，高管出现违规买卖股票事件；2017 年底，中证将 11 凯迪债隐含评级由 A + 迅速调整至 A –，后于 2018 年 2 月 1 日调整至 BBB + ;2018 年 4 月，无法及时披露 2017 年年报；2018 年 5 月，11 凯迪 MTN 正式违约。

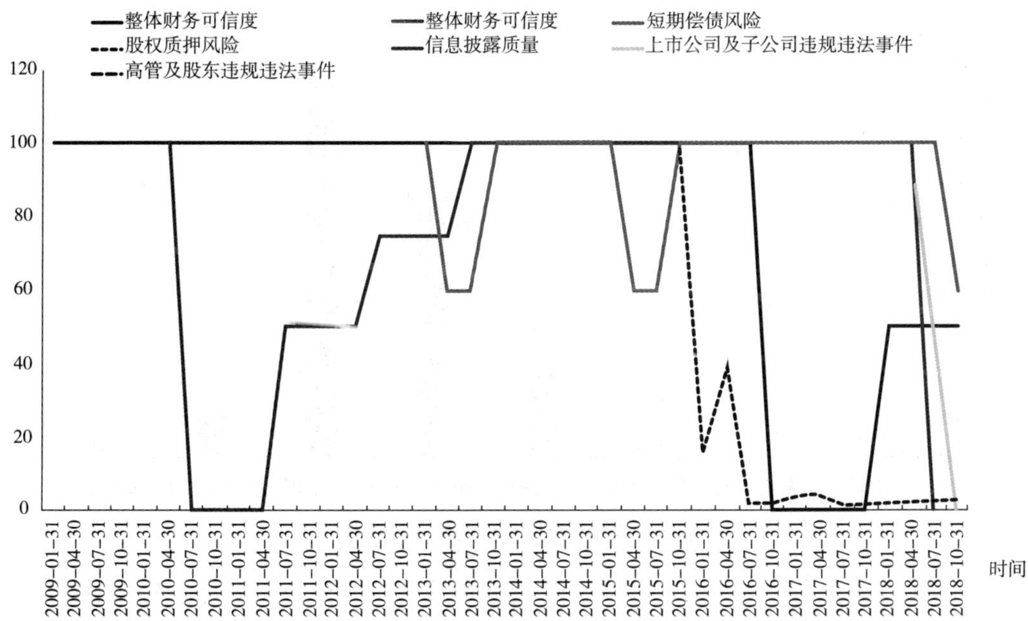

图 5　凯迪生态 ESG 表现

5. ESG 指数

ESG 评价可广泛应用于指数编制中，如在沪深 300 和中证 500 中进行 ESG 风险的剔除，那么均可以获得年化 2% 以上的超额收益。

三、ESG 在新三板中的应用分析

新三板以成长型的上市公司为主，公司治理尚处于建设初期，加之整体数量较多，ESG 风险识别尤为重要。在 A 股 ESG 评价体系的基础上，尝试探索新三板 ESG 的适用性及评价体系的构建。

客观上，与 A 股相比，新三板公司 ESG 相关财务指标披露较为全面，但披露质量有所欠缺。另外，新三板 ESG 相关公告数据和违规披露有限，数据较难获取；社会责任报告数量也较少。整体来看，可选择的 ESG 指标共有 11 个。以 2018 年 10 月 31 日最新一期的新三板创新层为例，主要指标分布如下：

员工增长率指标整体呈现左偏分布，评价期内员工人数有一定增加的挂牌公司最多，占到总体的 45. 60%，员工人数略微减少的次之，占总体的 31. 7%，本期员工人数大幅增加的挂牌公司占总体的 1. 63%。

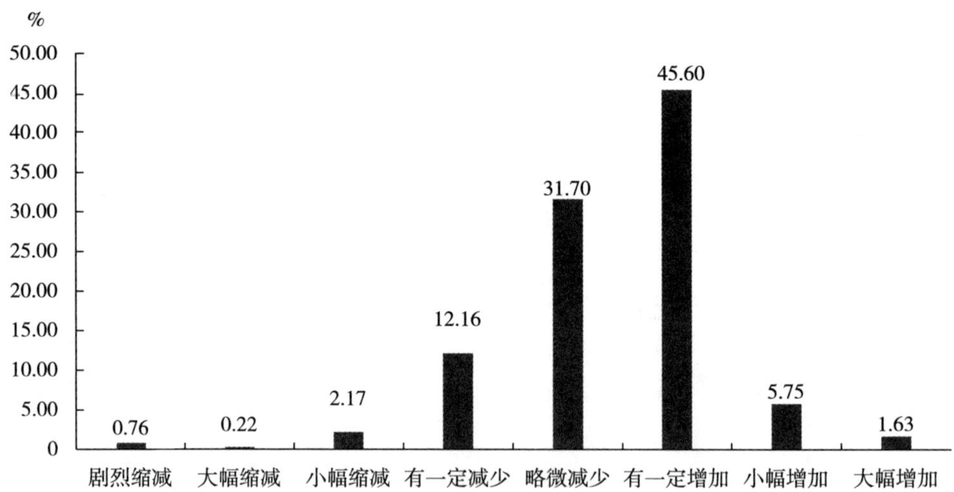

图 6　创新层股票员工增长率指标

碳足迹风险较为明显，其中风险较低的上市公司占比最高，为 63. 63%，但存在一定碳足迹风险的上市公司，占比 29. 53%，存在严重碳排放风险的上市公司占比 5. 43%，两者合计接近 1/3。

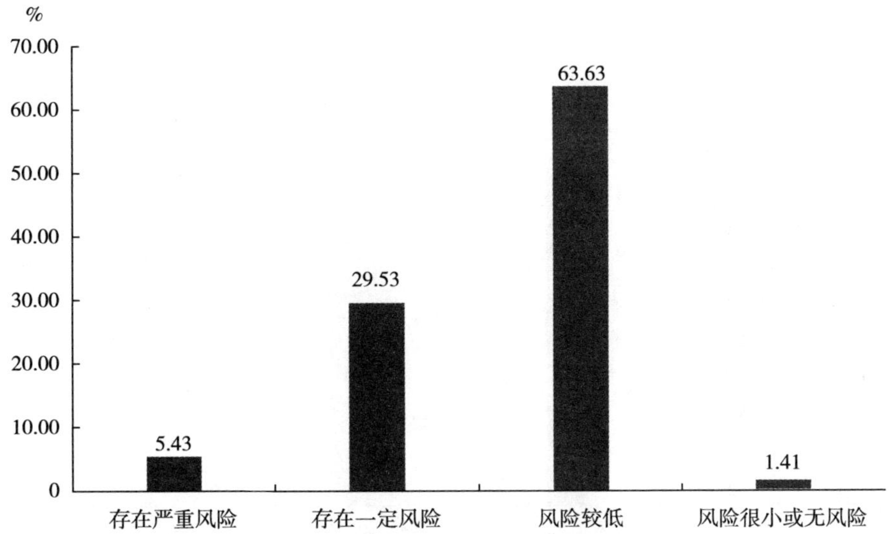

图 7 创新层股票碳足迹指标

短期偿债风险比较显著，其中风险较小的挂牌公司约占 2/3，即 66.12%，同时存在严重风险的上市公司占比 24.97%。

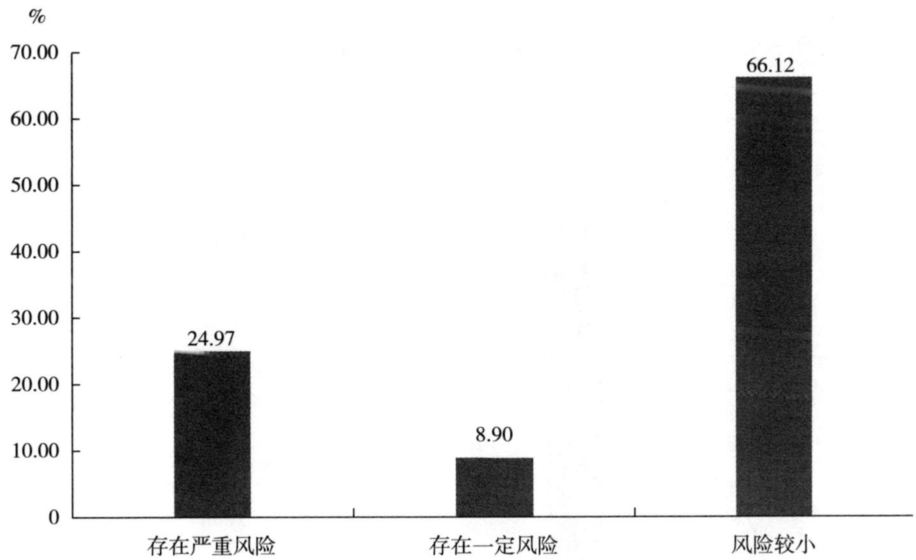

图 8 创新层股票短期偿债风险指标

资产质量、可持续发展的产品或服务、产品或公司获得环境认证、产品或公司获得质量认证的指标得分分布如下：

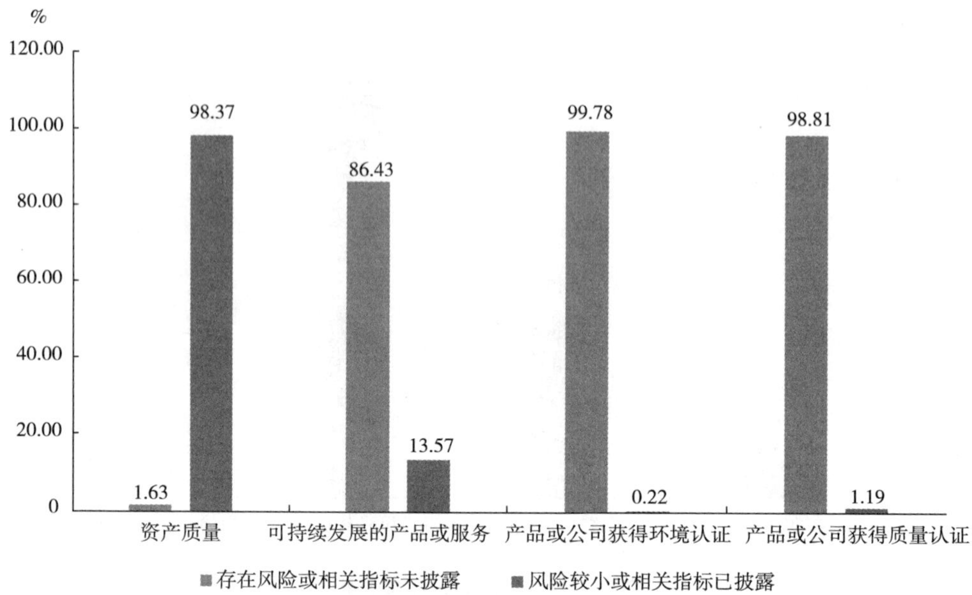

图 9　创新层股票其他主要 ESG 指标

整体来看，创新层公司 ESG 分布如下，BBB 级（中位数）上市公司数目最多，占比 83.93%，C 级（存在严重 ESG 风险）的上市公司 3 家，A 级及以上（ESG 表现较好）的上市公司 59 家，占比 6.41%。

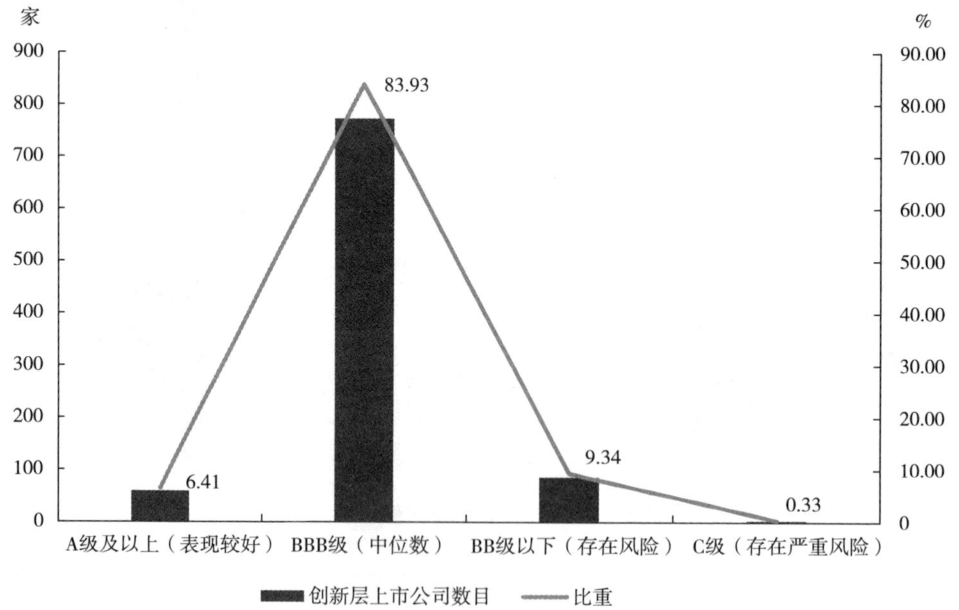

图 10　创新层股票 ESG 评级分布

与 A 股市场类似，可以看到新三板创新层股票中，ESG 评级第三档和第四档，即存在一定风险的股票，ROE 水平显著低于一、二档股票。相应地，如果在指数和投资组合构建过程中，剔除 ESG 评分处于中低档的挂牌公司，能够在一定程度上规避尾部风险，增强收益。

表 3　　　新三板创新层股票 ESG 及盈利能力对比

ESG 得分	创新层上市公司数目（家）	比重（%）	ROE 均值
高	59	6. 41	3. 67
中等	773	83. 93	3. 18
低	86	9. 34	-0. 25
极低	3	0. 33	0. 22

第五章　新三板市场指数编制实践

第一节　新三板指数编制方案研究

上文提到的引入创新性、流动性、估值技术和ESG等要素，分别对应这四个特征，通过这些技术手段，可以形成更具有针对性、投资性的指数。可以先按照传统方法构建创新层50指数，然后在其基础上，引入创新性、流动性、ESG和估值技术等要素，形成创新层优选50指数和创新层科创50指数。

此外，由于股转中心已经对新三板挂牌公司定期做了一定的财务质量筛选，分为创新层和基础层，因此我们在制定投资型的指数时，可以忽略基础层，直接选用创新层的股票作为样本空间。选股方面，以市值和估值为主要选股指标，选出规模相对较大的企业，可以使风险进一步降低。在加权方式上，在满足公司质量要求和流动性条件的情况下，可以采用市值加权方式，其中市值可以参考交易数据和公允价值来共同确定。至于样本数量，还需要通过一定的检验来判断，检验标准主要从市值覆盖、流动持续性、行业代表性三个维度出发，此外还需要判断是否设置权重上限。

一、市值覆盖

通过上文对创新层流动性的研究，对流动性的筛选方案定为：近6个月成交额均大于100万元或者近6个月有效成交天数占比均大于0.5，符合条件的股票才会纳入备选样本。通过流动性筛选后，截至6月底的备选样本有134只股票，截至9月底的备选样本还有106只股票，为了防止后续月份筛选后的备选样本股票数量小于 100 只，因此我们分别测试了样本数量为 50 只、60 只、80 只三种方案，目的都是在保证流动性的前提下，保持市值覆盖率较大且稳定以及具有更好的行业代表性。

首先来看市值覆盖情况，以目前的数据只能检验 6 月底的样本情况，以 6 月选出的股票组合的后续 3 个月的总市值（或流通市值）占创新层所有股票组合的总市值（或流通市值）的比值为参考依据，计算结果如图 11 所示。

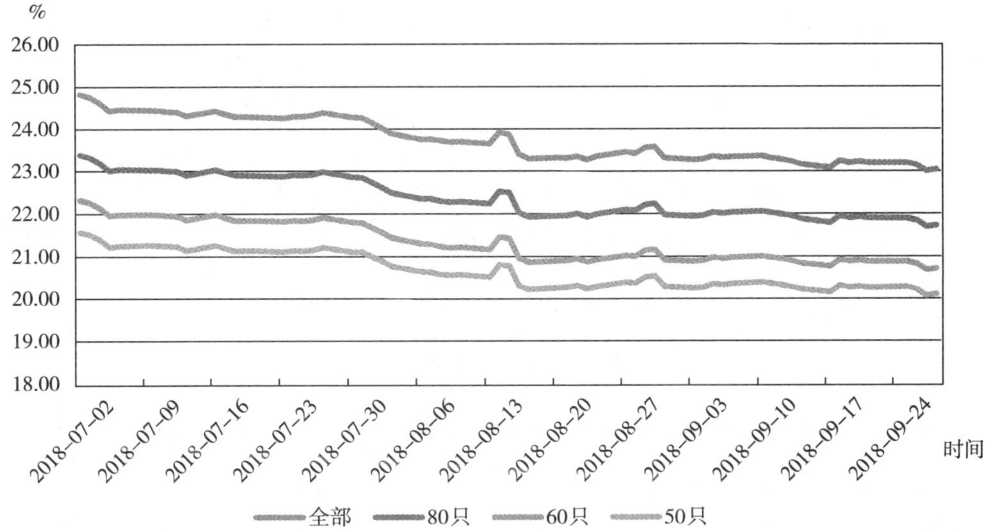

图 11　总市值代表性

先看总市值占比，6 月底经过流动性筛选后的备选样本共有 134 只股票，这些股票在后续的 3 个月中总市值占创新层总市值的 23% ~25%，如果后续选股按照总市值最大的 80 只来选的话，占 21.5% ~23.5%；如果后续选股按照总市值最大的 60 只来选的话，占 20.5% ~22.5%；如果后续选股按照总市值最大的 50 只来选的话，占 20% ~21.5%。总体来看，无论是哪种选股方案，总市值占比均比较稳定，3 个月上下振幅在 2% 以内。

再来看流通市值占比，经过流动性筛选后的股票在后续的 3 个月中流通市值占创新层总市值的 25% ~28%，如果后续选股按照流通市值最大的 80 只来选的话，占 24% ~27%；如果后续选股按照流通市值最大的 60 只来选的话，占 23% ~26%；如果后续选股按照流通市值最大的 50 只来选的话，占 22.5% ~

25%。总体来看，无论是哪种选股方案，流通市值占比均比较稳定，3 个月上下振幅在 3% 以内。

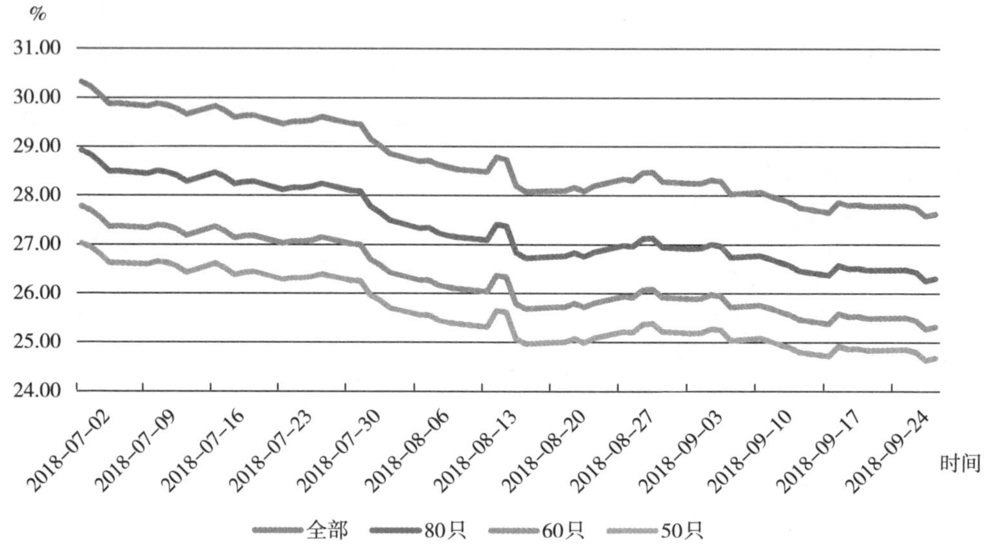

图 12　流通市值代表性

综合上述研究，可以发现几种方案的市值覆盖率相对比较稳定，在未来 3 个月内的振幅在 3% 以内，由于固定样本数量在指数制定和可投资性方面均比不固定样本数量要更容易实现，也更容易获得市场的认可，因此我们认为在能够满足市值覆盖稳定的情况下，选择固定样本数量更好。

二、流动持续性

另一个需要重点考虑的是流动持续性问题，即 6 月经过流动性筛选后的股票是否在接下来 3 个月依然满足流动性要求。

表 4　　　　接下来 3 个月依然满足流动性要求的股票数量

	总市值		流通市值	
	数量	占比	数量	占比
121	89	73.55%	89	73.55%
80	58	72.50%	59	73.75%
60	46	76.67%	45	75.00%
50	39	78.00%	38	76.00%

从统计结果来看，流动性持续性在75%左右，且随着选股数量的减少呈增加的态势，适当减少样本数量对提升流动性持续性有所帮助，但提升并不是特别明显，考虑到增加样本数量还有着分散风险的作用，因此，仅从流动持续性角度出发并不能确定样本大小。

三、行业代表性

接下来需要关注的是行业代表性，这里分为行业股票个数代表性和行业市值代表性来进行研究，其中后者分为总市值代表性和流通市值代表性两部分。

表5　　按总市值选股的行业分布结果

	全部		134只		80只		60只		50只	
	个数	占比	个数	占比	个数	占比	个数	占比	个数	占比
电信业务	4	0.43%	1	0.75%	1	1.25%	1	1.67%	0	0.00%
房地产	13	1.38%	1	0.75%	1	1.25%	0	0.00%	0	0.00%
可选消费	114	12.14%	10	7.46%	4	5.00%	2	3.33%	2	4.00%
工业	236	25.13%	31	23.13%	18	22.50%	16	26.67%	11	22.00%
公用事业	11	1.17%	0	0.00%	0	0.00%	0	0.00%	0	0.00%
金融	12	1.28%	3	2.24%	3	3.75%	3	5.00%	3	6.00%
能源	7	0.75%	1	0.75%	1	1.25%	1	1.67%	1	2.00%
主要消费	55	5.86%	8	5.97%	4	5.00%	4	6.67%	4	8.00%
信息技术	304	32.37%	45	33.58%	24	30.00%	18	30.00%	15	30.00%
医疗保健	69	7.35%	18	13.43%	16	20.00%	11	18.33%	10	20.00%
原材料	114	12.14%	16	11.94%	8	10.00%	4	6.67%	4	8.00%

表6　　按流通市值选股的行业分布结果

	全部		134只		80只		60只		50只	
	个数	占比	个数	占比	个数	占比	个数	占比	个数	占比
电信业务	4	0.43%	1	0.75%	1	1.25%	0	0.00%	0	0.00%
房地产	13	1.38%	1	0.75%	1	1.25%	1	1.67%	0	0.00%
可选消费	114	12.14%	10	7.46%	3	3.75%	3	5.00%	2	4.00%
工业	236	25.13%	31	23.13%	16	20.00%	14	23.33%	12	24.00%
公用事业	11	1.17%	0	0.00%	0	0.00%	0	0.00%	0	0.00%
金融	12	1.28%	3	2.24%	3	3.75%	3	5.00%	3	6.00%

续表

	全部		134 只		80 只		60 只		50 只	
	个数	占比	个数	占比	个数	占比	个数	占比	个数	占比
能源	7	0. 75%	1	0. 75%	1	1. 25%	1	1. 67%	1	2. 00%
主要消费	55	5. 86%	8	5. 97%	4	5. 00%	4	6. 67%	4	8. 00%
信息技术	304	32. 37%	45	33. 58%	28	35. 00%	19	31. 67%	15	30. 00%
医疗保健	69	7. 35%	18	13. 43%	15	18. 75%	11	18. 33%	9	18. 00%
原材料	114	12. 14%	16	11. 94%	8	10. 00%	4	6. 67%	4	8. 00%

电信业务、房地产、公用事业、金融、能源这几个行业由于数量较少，很难满足行业代表性要求，因此这里忽略这几个行业。如果按照总市值选股，其他几个行业中，可选消费随着选股数量减少其股票占比也随之减小，医疗保健随着选股数量减少其股票占比随之增加，其他几个行业股票占比相对稳定。按照流通市值选股的结果与按照总市值选股的结果整体类似，区别不大。

表 7　　按照总市值选股的行业市值代表性

	创新层		80 只		60 只		50 只	
	总市值	总市值占比	总市值	总市值占比	总市值	总市值占比	总市值	总市值占比
电信业务	13. 12	0. 17%	5. 54	0. 31%	5. 54	0. 32%	0. 00	0. 00%
房地产	176. 04	2. 28%	3. 95	0. 22%	0. 00	0. 00%	0. 00	0. 00%
可选消费	901. 05	11. 65%	158. 45	8. 76%	149. 20	8. 64%	149. 20	8. 94%
工业	1359. 39	17. 58%	233. 34	12. 90%	224. 73	13. 02%	195. 03	11. 69%
公用事业	65. 93	0. 85%	0. 00	0. 00%	0. 00	0. 00%	0. 00	0. 00%
金融	421. 17	5. 45%	336. 76	18. 62%	336. 76	19. 51%	336. 76	20. 18%
能源	66. 42	0. 86%	8. 98	0. 50%	8. 98	0. 52%	8. 98	0. 54%
主要消费	429. 98	5. 56%	114. 06	6. 31%	114. 06	6. 61%	114. 06	6. 84%
信息技术	2579. 11	33. 35%	465. 27	25. 73%	440. 57	25. 53%	423. 43	25. 38%
医疗保健	856. 13	11. 07%	400. 46	22. 15%	380. 55	22. 05%	375. 47	22. 50%
原材料	865. 90	11. 20%	81. 44	4. 50%	65. 47	3. 79%	65. 47	3. 92%

表 8　　　　按照流通市值选股的行业市值代表性

	创新层		80 只		60 只		50 只	
	总市值	总市值占比	总市值	总市值占比	总市值	总市值占比	总市值	总市值占比
电信业务	5.62	0.11%	2.84	0.20%	0.00	0.00%	0.00	0.00%
房地产	53.95	1.09%	3.38	0.24%	3.38	0.25%	0.00	0.00%
可选消费	537.69	10.84%	126.87	8.85%	126.87	9.21%	122.76	9.16%
工业	865.36	17.45%	156.08	10.88%	150.23	10.91%	142.18	10.61%
公用事业	46.69	0.94%	0.00	0.00%	0.00	0.00%	0.00	0.00%
金融	314.38	6.34%	259.12	18.07%	259.12	18.81%	259.12	19.34%
能源	34.85	0.70%	7.08	0.49%	7.08	0.51%	7.08	0.53%
主要消费	252.59	5.09%	73.31	5.11%	73.31	5.32%	73.31	5.47%
信息技术	1682.74	33.93%	389.44	27.16%	364.30	26.45%	350.19	26.13%
医疗保健	592.06	11.94%	343.38	23.95%	332.44	24.13%	324.63	24.23%
原材料	572.95	11.55%	72.44	5.05%	60.69	4.41%	60.69	4.53%

电信业务、房地产、公用事业、能源这几个行业由于市值占比过小，在此忽略这几个行业。如果按照总市值选股，金融、医疗保健行业随着选股数量的减少市值占比逐渐有比较大的提升，主要消费有略微的提升，可选消费有略微的下降，而工业、信息技术、原材料则有较大幅度的下降。按照流通市值选股的结果与之类似。

四、权重上限

根据国内大多数指数的制定规则，都可以看到对单只股票的权重上限有着明确的要求，而且对于公募基金公司而言，对单只股票持仓的权重上限也有着严格的要求，因此有必要考虑单只股票权重上限的问题。

表 9　　　　按总市值选股的前十大股票权重

证券代码	证券简称	80 只	60 只	50 只
832159.OC	合全药业	11.04%	11.57%	11.97%
832666.OC	齐鲁银行	8.78%	9.20%	9.51%
834793.OC	华强方特	7.49%	7.85%	8.12%
833840.OC	永安期货	6.80%	7.13%	7.37%

续表

证券代码	证券简称	80 只	60 只	50 只
430127. OC	英雄互娱	5. 66%	5. 93%	6. 13%
834742. OC	麦克韦尔	3. 63%	3. 81%	3. 94%
831550. OC	成大生物	3. 27%	3. 43%	3. 55%
830899. OC	联讯证券	3. 04%	3. 19%	3. 30%
836053. OC	友宝在线	2. 83%	2. 97%	3. 07%
835092. OC	钢银电商	2. 70%	2. 83%	2. 93%

表 10　　　　按流通市值选股的前十大股票权重

证券代码	证券简称	80 只	60 只	50 只
832159. OC	合全药业	12. 43%	12. 94%	13. 30%
832666. OC	齐鲁银行	9. 28%	9. 66%	9. 93%
834793. OC	华强方特	7. 98%	8. 31%	8. 54%
833840. OC	永安期货	6. 66%	6. 93%	7. 13%
430127. OC	英雄互娱	6. 64%	6. 92%	7. 11%
831550. OC	成大生物	3. 96%	4. 13%	4. 24%
834678. OC	东方网	3. 27%	3. 40%	3. 49%
835185. OC	贝特瑞	3. 14%	3. 27%	3. 36%
836053. OC	友宝在线	2. 85%	2. 97%	3. 05%
834742. OC	麦克韦尔	2. 83%	2. 95%	3. 03%

相比按照流通市值选股的方案，按照总市值选股的方案单只股票权重上限更低，根据样本数量的不同，权重最大也只有 11. 97%，而按照流通市值选股的方案中，权重最大为 13. 30%。整体来看，单只股票权重并没有超出 10% 太多，如果设定权重上限，对指数运行效果的影响并不算大，可以考虑设置权重上限来达到投资性的要求。

第二节　新三板指数方案测算

传统的基准指数编制方案中，按照市值和日均成交金额排序选样是最为常见的选样方法。毫无疑问在新三板市场中，这种选样方法同样可以实现，但通过上述理论分析可以看到新三板市场交易十分不活跃，相应选样方式可能适用性不高。下面的研究中我们对该方案，即基于市值和日均成交金额选样的指数也进行了计算和分析。

根据前文初步制定的方案，样本数量确定为50只；选股方案以流通市值和基本面价值为选股标准，选取排名最靠前的50只股票，其中基本面价值的计算来源于估值系统；加权方式为流通市值加权；调整频率为季度。

表11　　　　　　　　　　　　　指数编制方案简述

	创新层50	创新层优选50	创新层科创50
样本空间	创新成指	创新层所有股票	创新层中，非金融行业的所有股票
流动性筛选	无	近6个月成交额均大于100万元或近6个月有效成交天数占比均大于0.5	
选样方法	过去6个月日均总市值和日均成交金额综合排名，选前50位股票	1. 剔除无环境违法违规和重大经营事件；无大比例股权质押；无明显偿债风险的股票 2. 总市值和基本面价值（引入估值技术）按照1∶1进行加权，选择得分总高的50只股票	1. 剔除无环境违法违规和重大经营事件；无大比例股权质押；无明显偿债风险的股票 2. 在创新性因子得分前50%的股票中，总市值和基本面价值（引入估值技术）按照1∶1进行加权，选择得分总高的50只股票
加权方式	流通市值加权	流通市值加权	流通市值加权

一、样本流动性和治理风险

对比创新层50、创新优选50、创新科创50指数的成分股情况，可以清晰地看到各自的指数特征。

表12　　　　　　　　　　　　　指数成分股交易特征

	创新层50		创新层优选50		创新层科创50	
	做市	竞价	做市	竞价	做市	竞价
个数	23	27	37	13	41	9
占比	51.61%	48.39%	64.21%	35.79%	73.20%	26.80%

表 13　　指数成分股流动性特征

	创新层 50	创新层优选 50	创新层科创 50
连续 4 个月成交额在 100 万元以上个数	18	26	22
连续 4 个月成交天数占总交易日 50% 以上个数	16	30	26
满足上列条件之一个数	23	35	31
累计成交额最低值（元）	60320	150900	150900
累计成交额中位数（元）	18283065	18106395	13586530

对比 2018 年 6 月的样本流动性，可以得到以下结论：（1）创新层优选 50 和科创 50 在样本流动性筛选方面，更关注于持续性和稳定性，因此做市股票数量较多；（2）从 7—10 月的成交情况来看，创新层优选 50 和科创 50 指数在累计成交下限和成交稳定性方面略有优势；（3）从累计成交额中位数来看，创新层 50 和创新层优选 50 差异不大，创新层科创 50 则相对较低。

与创新层 50 指数相比，创新层优选 50 指数的公司治理风险更低。由于未做 ESG 筛选，所以创新层 50 指数中，部分公司存在公司治理风险。其中，源和药业的财务行为较为激进，应收账款在总资产中占比较高，同时经营活动现金流和货币资金难以覆盖短期债务；生物谷股权质押比例过高，整体股权质押比例超过 1/3%。而创新层优选 50 指数在各方面都相对平稳一些。

二、样本股行业和权重对比

对比这三条指数的行业分布，可以发现，引入创新因子后，科创 50 指数的高新技术行业占比明显提高，其中医疗保健行业提升最为明显，达到了 42.99%。

从上述三条指数的行业分布来看，可以发现，剔除金融地产行业且引入创新因子后的科创 50 指数，高新技术行业的占比明显提高。具体地，在三条指数中，医疗保健和信息技术行业均是权重最高的两个行业，创新层 50 指数中分别为 24.23% 和 20.80%，创新层优选 50 指数中分别为 22.78% 和 22.46%，创新层科创 50 指数中分别为 42.99% 和 25.62%。其中创新层 50 和优选 50 指数中金融地产行业的权重分别达到 16.75% 和 19.68%，是第三大行业。

表 14　　　　指数成分股行业分布

	创新层 50		创新层优选 50		创新层科创 50	
	数量	权重占比	数量	权重占比	数量	权重占比
可选消费	6	12.76%	2	9.33%	1	1.16%
工业	10	9.38%	12	10.98%	13	14.98%
金融	4	16.75%	3	19.68%	0	0.00%
能源	2	1.68%	1	0.54%	1	1.00%
主要消费	4	6.13%	3	5.01%	2	3.56%
信息技术	10	20.80%	16	22.46%	17	25.62%
医疗保健	9	24.23%	6	22.78%	9	42.99%
原材料	5	8.28%	7	9.22%	7	10.69%

科创 50 的单个成分股最高权重达到了 25.08%，股票为合全药业，创新层 50 和创新层优选 50 最高权重分别为 10.76% 和 13.52%，均为合全药业。

表 15　　　　指数前十大成分股权重

	优选 50			科创 50			创新层 50		
	代码	简称	权重	代码	简称	权重	代码	简称	权重
1	832159.OC	合全药业	13.52%	832159.OC	合全药业	25.08%	832159.OC	合全药业	10.76%
2	832666.OC	齐鲁银行	10.12%	430127.OC	英雄互娱	12.57%	832666.OC	齐鲁银行	8.06%
3	834793.OC	华强方特	8.70%	831550.OC	成大生物	7.95%	834793.OC	华强方特	6.93%
4	833840.OC	永安期货	7.24%	831628.OC	西部超导	5.45%	833840.OC	永安期货	5.77%
5	430127.OC	英雄互娱	6.78%	830931.OC	仁会生物	4.39%	430127.OC	英雄互娱	5.40%
6	831550.OC	成大生物	4.28%	831099.OC	维泰股份	4.09%	833330.OC	君实生物	4.18%
7	834678.OC	东方网	3.56%	430005.OC	原子高科	3.14%	831550.OC	成大生物	3.41%
8	835185.OC	贝特瑞	3.47%	832950.OC	益盟股份	2.76%	834678.OC	东方网	2.83%
9	836053.OC	友宝在线	3.09%	832898.OC	天地壹号	2.20%	835185.OC	贝特瑞	2.76%
10	834742.OC	麦克韦尔	3.08%	830933.OC	纳晶科技	1.76%	836053.OC	友宝在线	2.46%

三、指数追溯结果

由于在进行交易制度改革后仅有 1 期样本，因此追溯结果也只有 2018 年 7 月到 11 月的表现，结果仅做参考。从追溯结果来看，由于优选 50 和科创 50 指数做市股票权重较高，成分股成交较为活跃，指数波动也相对略高。而创新层

50 指数竞价股票权重较高，部分股票缺乏成交，价格变动不及时，因此整体下跌行情中创新层 50 指数下跌更慢和跌幅更小。但在市场行情反转时，创新层优选 50 指数和科创 50 指数的反弹上涨也会更加明显。

图 13　指数追溯结果

第三节　未来指数发展建议

立足于新三板市场服务创新型民营中小微企业的市场定位，结合挂牌公司发展特征，本文引入 ESG 和创新因子，并采用非活跃股票估值方法，构建了适用于新三板市场的指数编制方法，并编制了创新优选 50 指数和创新层科创 50 指数，通过与传统方法编制的创新层 50 指数对比，发现优选 50 指数和科创 50 指数样本股中高科技行业占比及流动性均高于创新层 50 指数，说明挂牌公司环境治理、社会责任、公司治理及创新性会对投资者的投资决策产生影响。在未来指数的研究方向上，建议：

一是继续完善新三板单市场指数体系。新三板市场万家挂牌企业在业务模式、财务表现、发展阶段等形成差异化特征，目前市场上的 10 只指数远不能充分表征挂牌公司的特色，在一定程度上增加了投资者的信息搜集成本，不利于引导市场投资，因此，新三板市场应在深入分析挂牌公司结构特征的基础上，构建行业、主题、策略等多维度指数，丰富指数体系。

二是探索编制跨市场指数。一方面，主板、创业板、科创板、新三板以服务不同规模、不同发展阶段的企业形成多层次资本市场差异化服务，构建跨市场指数对于反映企业成长状况、满足投资者差异化需求具有积极作用。另一方面，在“3 + H”的实践基础上，编制新三板与港交所跨市场指数，对于跟踪两地挂牌公司发展、研究两市场风险收益特征和关联性具有重要意义。

在我国创新经济的蓬勃发展背景下，新三板市场正处于重要的历史机遇期和转折期。结合前沿的指数编制理论，不断丰富新三板指数体系可以给新三板在提升市场关注度、引导挂牌公司规范运作和健康发展、吸引投资者参与市场、促进深化改革和保护创新经济定价权等方面产生积极作用和深远影响。

附　录　成分股及权重

创新层 50			创新层优选 50			创新层科创 50		
代码	名称	权重	代码	名称	权重	代码	名称	权重
832159. OC	合全药业	10. 76%	832159. OC	合全药业	13. 52%	832159. OC	合全药业	25. 08%
833330. OC	君实生物	4. 18%	832666. OC	齐鲁银行	10. 12%	430127. OC	英雄互娱	12. 57%
834793. OC	华强方特	6. 93%	834793. OC	华强方特	8. 70%	831550. OC	成大生物	7. 95%
830899. OC	联讯证券	1. 84%	833840. OC	永安期货	7. 24%	832898. OC	天地壹号	2. 20%
430127. OC	英雄互娱	5. 40%	430127. OC	英雄互娱	6. 78%	831628. OC	西部超导	5. 45%
831550. OC	成大生物	3. 41%	834742. OC	麦克韦尔	3. 08%	830931. OC	仁会生物	4. 39%
832666. OC	齐鲁银行	8. 06%	831550. OC	成大生物	4. 28%	831099. OC	维泰股份	4. 09%
836053. OC	友宝在线	2. 46%	830899. OC	联讯证券	2. 32%	830777. OC	金达莱	1. 75%
831628. OC	西部超导	2. 34%	836053. OC	友宝在线	3. 09%	430005. OC	原子高科	3. 14%
833840. OC	永安期货	5. 77%	835185. OC	贝特瑞	3. 47%	832950. OC	益盟股份	2. 76%
835092. OC	钢银电商	2. 00%	835092. OC	钢银电商	2. 52%	831142. OC	易讯通	0. 97%
834678. OC	东方网	2. 83%	834678. OC	东方网	3. 56%	831710. OC	昊方机电	1. 16%
834742. OC	麦克韦尔	2. 45%	832898. OC	天地壹号	1. 18%	830933. OC	纳晶科技	1. 76%
835185. OC	贝特瑞	2. 76%	833581. OC	长城华冠	1. 92%	430141. OC	久日新材	1. 35%
833581. OC	长城华冠	1. 53%	831628. OC	西部超导	2. 94%	831344. OC	中际联合	1. 21%
835577. OC	庞森商业	1. 69%	830931. OC	仁会生物	2. 37%	830978. OC	先临三维	1. 34%
833819. OC	颖泰生物	1. 57%	831099. OC	维泰股份	2. 21%	833014. OC	中标集团	1. 04%
830931. OC	仁会生物	1. 88%	830777. OC	金达莱	0. 95%	430208. OC	优炫软件	1. 22%
833684. OC	联赢激光	1. 17%	833684. OC	联赢激光	1. 47%	832399. OC	宁波公运	1. 45%
834984. OC	网库股份	1. 45%	430005. OC	原子高科	1. 69%	430225. OC	伊禾农品	1. 37%
833371. OC	蓝天燃气	1. 07%	832950. OC	益盟股份	1. 49%	832329. OC	吉成园林	1. 37%
834179. OC	赛科星	2. 14%	833300. OC	利树股份	0. 19%	832028. OC	汇元科技	0. 85%

续表

创新层 50			创新层优选 50			创新层科创 50		
830993. OC	壹玖壹玖	0. 86%	870984. OC	新荣昌	0. 58%	831890. OC	中润新能	1. 00%
831566. OC	盛世大联	1. 08%	831142. OC	易讯通	0. 53%	430074. OC	德鑫物联	1. 01%
870984. OC	新荣昌	0. 46%	831710. OC	昊方机电	0. 63%	430335. OC	华韩整形	0. 95%
832800. OC	赛特斯	2. 16%	830933. OC	纳晶科技	0. 95%	832026. OC	海龙核科	0. 83%
430005. OC	原子高科	1. 35%	430141. OC	久日新材	0. 73%	832149. OC	利尔达	0. 82%
834720. OC	闽瑞环保	0. 76%	831344. OC	中际联合	0. 65%	831873. OC	环宇建工	0. 65%
430173. OC	欧美城	1. 34%	830978. OC	先临三维	0. 72%	430394. OC	伯朗特	0. 55%
830777. OC	金达莱	0. 75%	833014. OC	中标集团	0. 56%	832317. OC	观典防务	0. 41%
839729. OC	永顺生物	0. 53%	430208. OC	优炫软件	0. 66%	831900. OC	海航冷链	0. 88%
832188. OC	科安达	0. 43%	832399. OC	宁波公运	0. 78%	430139. OC	华岭股份	0. 73%
834206. OC	傲基电商	1. 25%	430225. OC	伊禾农品	0. 74%	832645. OC	高德信	0. 40%
837747. OC	长江文化	1. 17%	832329. OC	吉成园林	0. 74%	831940. OC	网高科技	0. 40%
831930. OC	和君商学	2. 23%	832028. OC	汇元科技	0. 46%	430097. OC	赛德丽	0. 40%
832950. OC	益盟股份	1. 18%	831890. OC	中润新能	0. 54%	430418. OC	苏轴股份	0. 65%
833790. OC	嘉元科技	0. 85%	833694. OC	新道科技	0. 65%	832265. OC	芍花堂	0. 39%
833379. OC	源和药业	0. 51%	430074. OC	德鑫物联	0. 55%	430021. OC	海鑫科金	0. 49%
839797. OC	德丰影业	1. 22%	430335. OC	华韩整形	0. 51%	430377. OC	海格物流	0. 63%
832898. OC	天地壹号	0. 94%	835033. OC	精晶药业	0. 41%	832422. OC	福昕软件	0. 39%
831099. OC	维泰股份	1. 76%	832026. OC	海龙核科	0. 45%	831187. OC	创尔生物	0. 29%
430225. OC	伊禾农品	0. 59%	832149. OC	利尔达	0. 44%	430046. OC	圣博润	0. 40%
832705. OC	达瑞生物	1. 07%	831873. OC	环宇建工	0. 35%	830793. OC	阿拉丁	0. 42%
838053. OC	嘉泰数控	0. 45%	430394. OC	伯朗特	0. 29%	430680. OC	联兴科技	0. 45%
836200. OC	国建新能	0. 61%	832317. OC	观典防务	0. 22%	430140. OC	新眼光	0. 35%
833266. OC	生物谷	0. 54%	831900. OC	海航冷链	0. 47%	430353. OC	百傲科技	0. 46%
430208. OC	优炫软件	0. 52%	430139. OC	华岭股份	0. 39%	830855. OC	盈谷股份	0. 44%
830978. OC	先临三维	0. 57%	834019. OC	大自然	0. 50%	831496. OC	华燕房盟	0. 46%
871224. OC	兆方石油	0. 60%	832645. OC	高德信	0. 22%	831129. OC	领信股份	0. 39%
831344. OC	中际联合	0. 52%	831940. OC	网高科技	0. 21%	831242. OC	特辰科技	0. 29%